發見 50周年 紀念

蔚山 盤龜臺 岩刻畵

生動하는 1萬 年의 韓國歷史

文明大 著

울산 반구대 암각화

생동하는 1만 년의 한국역사

제1판 1쇄 인쇄 2022. 12. 25.
제1판 1쇄 발행 2023. 1. 2.

지은이   문명대
펴낸이   김경희
펴낸곳   (주)지식산업사
         본사 • 10881, 경기도 파주시 광인사길 53
         전화 (031)955-4226~7 팩스 (031)955-4228
         서울사무소 • 03044, 서울특별시 종로구 자하문로6길 18-7
         전화 (02)734-1978 팩스 (02)720-7900
         한글문패 지식산업사
         영문문패 www.jisik.co.kr
         전자우편 jsp@jisik.co.kr
         등록번호 1-363
         등록날짜 1969. 5. 8.

책값은 뒤표지에 있습니다.

이 책을 읽고 저자에게 문의하고자 하는 이는
지식산업사 전자우편으로 연락 바랍니다.

발견 50주년 기념

울산 반구대 암각화

생동하는 1만 년의 한국역사

문명대 지음

차례

일러두기

1. 반구대, 특히 천전리 암각화의 물상들은 저자가 분명하게 판별할 수 있는 도상만 논의 대상으로 삼았다.

2. 이 책의 도판은 대부분 저자의 사진만 사용했고, 대곡리 암각화의 칼라도판 일부는 (주)엔가드 소장 사진을 사용했다.

3. 이 책의 도면은 극소수외에는 모두 저자 팀에서 제작한 것만 사용했다.

4. 이 책은 전문가는 물론 일반인들을 위하여 반구대 암각화를 쉽게 접할 수 있도록 꾸몄다.

5. 문양이나 선들이 겹쳐 도저히 알 수 없는 경우는 중요한 그림 위주로 과감히 정리했으며, 무늬의 선들도 원래의의도를 찾아 선들을 정리하고자 했다.

6. 원고 탈고(2021. 12. 25) 후, 인쇄에 들어간 지 만 1년이 지나 책이 완성되었다.

도1. 새벽의 반구대(김대벽 사진작가 작, 1971년)

도2. 반구대 전경(반고사지)

도3. 반구명(암각화 발견날 촬영, 1970. 12. 24.)

도4. 대곡리 암각화 원경, 근경집청전, 중경 반구대

도5. 집청전

도6. 천전리 암각화 원경(천전리 암각화 조사 때, 1971. 3.)

도7. 천전리 암각화 발견 상태(제보자 최경환 선비, 1970. 12. 24.)

도8. 대곡리 암각화 원경(1971. 12. 25.)

도9. 대곡리 암각화 발견 조사 상태(1971. 12. 25.)

도10. 대곡리 암각화 전경, 제3차 조사(1977. 3)

도11. 대곡리 암각화 전경(2014년)

머리말

2020년 12월 24일은 반구대 천전리 암각화를 발견한 지 꼭 50년째이고, 아울러 2021년 12월 25일은 동국대 박물관 조사단(조사책임자 문명대)이 반구대 대곡리 암각화를 발견한 지 만 50년째 되는 날이다. 10년이면 강산도 변한다는 그 기간이 벌써 다섯 번이나 바뀌었다. 바로 반세기가 훌쩍 지난 것이다.

발견 반세기는 발견자로서 감회가 무량하지 않을 수 없다. 사실 우리나라 '국보 중의 국보'라는 칭송을 받고 있는 이 반구대 암각화는, 우리나라 선사문화의 정점(하이라이트)이라는 사실은 누구나 인정하고 있고, 심지어 울산 시민들은 반구대 암각화를 경주와 바꿀 수 없다는 말까지 서슴지 않고 하는 실정이어서 발견자로서는 형언할 수 없는 감회에 젖을 수밖에 없다.

그 동안 이 반구대 암각화에 대한 학술대회, 세미나, 보고서, 저서, 논문, 감상문, 기행문, 시·소설·수필·그림·조각·상품 등에 이르기까지 수천 가지(1,600편 이상)가 쏟아져 나왔다. 단일 유적·유물에 대해서 이렇게 다종·다양한 글과 예술, 상품까지 쏟아져 나온 예는 우리나라에서는 찾아볼 수 없는 현상이자 전무후무한 일이 아닌가 한다.

발견책임자는 발견한 지 10년이 지난 1980년에야 원고를 완전 탈고했고, 1984년 7월에서야 간신히 연구보고서를 출간할 수 있었다. 원고를 쓰고 난 뒤 수년간 다방면으로 출판하려 노력했으나 뜻을 이루지 못하던 차 발견 당시 관장이었던 황수영 박사가 동국대학교 총장으로 취임하자 부처님의 인연이나 천우신조라 여기고 원고를 들고 찾아가 뵙고 연구보고서 출간을 간청하게 되었다. 황 총장은 그 자리에서 흔쾌히 승낙하여 연구보고서 출간은 일사천리로 진행되어 8개월 남짓 만에 《盤龜臺-울주암벽조각》을 출판하게 된다.

이를 계기로 반구대 연구가 급속히 진행되어 많은 저서와 글들이 쏟아져 나오게 된 것이다. 필자는 연구보고서 출판 뒤 한동안 한걸음 물러서 있었으나 2000년대 들어선 후부터는 학술대회, 논문, 포럼 등을 통해서 반구대 암각화의 연구와 보존에 적극적으로 참여하게 되었다.

연구보고서가 나온 지 38년이나 지났기 때문에 그동안 많은 연구가 진척되었고 필자가 출판한 연구보고서도 단종된 지 너무 오래되어 발견자로서는 반구대 암각화 단행본 출간의 필요성을 절감하게 되었다. 수년 전부터 발견 50주년을 기념해서 새로운 반구대 암각화 단행본을 출판하기로 지식산업사 김경희 사장님과 수시로 다짐하곤 했다.

이에 나로서는 일대 용단을 내려 반구대 발견 50주년을 맞아 뜻 깊은 단행본을 출간하게 되었다. 발견자로서는 연구서와 보고서도 겸하면서 많은 대중들의 교양서로도 널리 읽힐 수 있는 그런 책을 기획하게 되었다. 이 뜻이 얼마만큼 반영되었을지 자신 할 수 없으나 독자들의 기대에 조금이라도 부합되었으면 하는 바람이 간절할 뿐이다.

끝으로 반구대 암각화 발견 조사에 참여했던 동국대학교 박물관·모든 관계자, 조사발견에 협조해 준 최경환씨와 마을 사람들, 반구대 암각화에 대한 조사와 연구에 참여한 모든 연구자, 특히 반구대 암각화의 조사와 연구에 적극 지원하고 동참해 준 이융조, 김정배 교수 두 학우에게 감사드린다. 아울러 반구대 암각화 보존과 홍보에 열성을 기울인 이달희 교수 등 여러분, 이 저서 발간에 적극적으로 독려해 준 지식산업사 김경희 사장님과 발간에 애쓴 편집자분들에게 깊이 감사드린다. 또한 편집과 교정에 헌신한 한국미술사연구소 김현우 간사 등 간사진들과 50여 년 동안 음으로 양으로 도와준 가족들에게도 감사드리고 아울러 은사 황수영 박사 서거 10주년과 반구대 암각화 발견 50주년에 이 졸저가 출간된 것을 진심으로 기리는 바이다.

2021년 12월 25일, 반구대 암각화 발견 50주년 기념일
가회동 서실에서
문 명 대 삼가 씀

제1장

반구대 암각화 어떻게 바라볼까

- 회고와 전망 -

Ⅰ. 명칭

반구대 암각화의 이름에 대해서 잘 모르고 있는 분들이 의외로 많은 편이다. 사실 일반 암각화의 명칭도 전문가들조차 헷갈리기 마련이다. 조각인지 회화인지 구별이 잘 안되기 때문이다. 바위 면에 채색 그림만 그린 경우는 암벽화(岩壁畵), 즉 바위그림이다. 구석기시대 동굴벽화인 알타미라 동굴벽화는 동굴의 암벽화 이른바 동굴의 바위그림이라 할 수 있다. 그러나 신석기시대에는 대부분 강가나 천변의 암벽에 인물이나 동물들을 주로 음각이나 부조로 새기고 있다. 이는 그림 즉 회화가 아닌 새김 즉 조각이다. 이 새김 조각은 암벽조각이라 할 수 있다. 이른바 바위 조각이다. 바위 조각은 한문으로 암각(岩刻)이라 할 수 있고 영어로는 엥그라빙(engraving)이다. 원각이 아니어서 조각이 아니고 바위에 새겼기 때문에 새김 또는 새김조각이라 할 수 있다. 한문으로는 적당한 말이 없어 조각이라 통칭하게 된다. 즉 바위에 새긴 조각을 암벽조각 또는 암각(岩刻)이 되는 것이다.

순전히 바위에 새긴 암각만 있지 않고 바위에 새긴 후 붉은색 등으로 채색하는 경우도 있다. 바위에 새긴 뒤 채색하는 기법이다. 이 기법을 바위에 새기고 채색한다 해서 암각화로 명칭을 붙이고 있다. 즉 바위 조각에는 두 종류가 있다. 하나는 순전한 암각 즉 암벽조각과 다른 하나는 암각에 채색한 암각화 등 두 가지 종류이다.

암벽조각의 종류

암벽조각 〈
　1) 암각(岩刻) = 바위조각
　2) 암각화(岩刻畵) = 바위조각그림

바위미술 〈
　1) 암각(岩刻) = 바위조각
　2) 암각화(岩刻畵) = 바위조각그림
　3) 암화 = 바위그림

우리 반구대 암각화는 암각일까 암각화일까. 두 말할 것도 없이 암각 즉 암벽조각이다. 그래서 글쓴이는 발견 초기에는 암벽조각이라는 이름을 사용하여 "반구대 암벽조각"이라 했다. 그래서 반구대 암벽조각 연구보고서 이름을 《반구대(盤龜臺) 울주 암벽조각》으로 명명했던 것이다.

그러나 일반 학자들이 암각·암벽조각으로 부르니 어감이 좋지 않고 반구대 암각은 모두 그림같이 새겼기 때문에 그림을 넣어 암각화로 부르기 시작했다. 이른바 "반구대 암각화"라는 이름이 대세가 된 것이다. 모든 사람이 통칭으로 "반구대 암각화"로 부르게 되었기 때문에 필자도 독불장군으로 "반구대 암벽조각"이라 할 수 없어서 부득이 반구대 암각화라 부르게 된 것이다.[1]

또한 반구대 암각화 명칭 자체도 대부분 잘못 쓰고 있다. 반구대 암각화는 반구대 주위(아래·위)에 있는 두 암각화를 통칭해서 부르는 이름이라는 사실이다. 반구대 상류(1.3㎞)에는 천전리(울주군 두동면 천전리)에 암각화가 있고 반구대 아래(1.1㎞) 대곡리(울주군 언양면 대곡리)에 암각화가 자리잡고 있다. 천전리에 있는 암각화는 발견당시 문화재 위원회에서 "천전리 각석"으로 국보 이름을 지정하게 되었기 때문에 현재 천전리 각석으로 부르고 있지만 대곡리 암각화와 일치하게 천전리 암각화로 바꾸어야 할 것이다.[2] 대곡리 암각화는 문화재 위원회 지정 심의 때 필자가 지정 조사서를 썼기 때문에 대곡리 암각화로 명명하게 되었다. 따라서 반구대 암각화는 대곡리 암각화와 천전리 암각화를 통틀어 부르고 있는 이름인 것이다.

반구대 암각화 < 1) 반구대 대곡리 암각화
2) 반구대 천전리 암각화

---

1) 황수영·문명대, 《盤龜臺岩壁彫刻》(東國大學校 出版部, 1984.7)
2) 문화재 지정심의에 지정 조사서를 황수영 당시 문화재위원의 요청으로 집필했는데, 천전리 암각화와 대곡리 암각화로 명기했으나 지정 때 암각화보다는 각석이 맞다고 해서 천전리 각석으로 했고, 대곡리 암각화는 물속에 잠겼다고 해서 국보지정을 일시 보류했다고 전하고 있다. 당시 황수영 교수는 둘 다 국보가 되었다고 분명히 말씀했기 때문에 필자는 국보로 알고 있었다. 대곡리 암각화는 필자가 지정했기 때문에 '반구대 대곡리 암각화'로 명명했다.

Ⅱ. 연구사

반구대 암각화에 대한 최초의 학술발표는 1971년 10월 역사학회에서 필자가 〈반구대 천전리 암각화의 연구〉라는 제목으로 발표한 것이다. 천전리 암각화를 시베리아 선사 암각화와 연관지어 우리나라 선사시대 암각화를 논의한 것으로 참석자들의 호평을 얻은 바 있다. 천전리 암각화를 학계에 정식으로 소개한 최초의 발표라 할 수 있다.

이와 함께 반구대 암각화에 대한 최초의 논문은 "문명대, 〈울산의 선사시대 암벽각화〉, 《문화재》7(문화재관리국, 1973)"이다.[3] 이 글에서는 천전리 암각화는 청동기시대이며, 대곡리 암각화는 신석기(내지 일부 초기 청동기)라는 사실과 암각화기법을 7가지 유형으로 분류한 것으로 암각화기법을 유형별로 체계화해 암각화의 편년까지 논의한 것은 세계최초로 암각화를 형식 분류한 학문적 성과가 높은 글이었다.

그러나 당시로서는 크게 주목을 받지 못하고 이 기법논의는 황용훈 교수가 2년 뒤인 1975년에 그의 논문(황용훈, 〈한반도 선사시대 암각의 제작 기법과 형식 분류〉, 《고고미술》127, 고고미술사학회, 1975)에서 표절하고 있는 사태까지 발생한다. 그의 기법 분류는 필자의 분류 방법에서 미완성 기법으로 분류한 것을 한 기법으로 분류한 것 외에는 완전 동일하여 그는 내 논문을 완벽하게 표절하고 있다.

이후 1980년까지 반구대 암각화에 대한 뚜렷한 논문 없이 지나게 된다. 이 동안 필자는 반구대 암각화에 대한 연구보고서를 집필하기에 여념이 없었는데 1976년경에 초고가 완성된 뒤 추고를 거쳐 1979년에야 집필이 완료되기에 이른다. 반구대 암각화를 발견한 지 10년 만이었다. 수 년 동안 출판하고자 백방

---

3) 문명대, 〈울산의 선사시대 암벽각화〉, 《문화재》7(문화재관리국, 1973)

으로 노력했으나 예산관계로 출판이 지연되었다. 또한 1980년에도 한 편의 논문이 집필된다. 김원룡 교수의 "〈울주 반구대 암각화에 대하여〉,《한국고고학보》(한국고고학회, 1980)"이다. 김 교수는 여기서 한대 노와 유사한 예를 들어 대곡리 암각화를 철기시대 초 이후로 보고 있다. 그러나 1983년《예술과 신앙》이라는 글에서는 청동기후기로 추정하고 있다. 이 청동기설은 김 교수의 권위에 따른 영향이 지대하여 교과서 등에 반구대 암각화는 청동기 사회의 산물이라는 설이 통설이 되다시피 되었다.

필자는 1984년에야 반구대 암각화 종합보고서를 출판할 수 있었다. 출판을 위해 백방으로 노력하고 있었는데 마침 황수영 전 박물관장(당시 대학원장)께서 동국대학교 총장으로 취임하게 되었다. 그 직후 글쓴이는 반구대 암각화 원고를 들고 총장실로 찾아가 황 총장께 반구대 암각화 출판을 간청하자 그 자리에서 승낙하여 바로 보고서 출간에 착수하게 된다. 1983년에는 출판 준비를 했고 1984년 1월부터 인쇄에 들어가 우여곡절 끝에 7월에야 간신히 보고서가 나왔다. 당시로서는 파격적으로 30페이지나 되는 원색도판을 사용했는데 원색도판 인쇄는 당시 우리나라 인쇄술에서는 상당히 어려운 작업이어서 색맞춤이 너무 어려웠던 기억이 아직도 생생하다. 또한 과감한 흑백도판 사용, 본문 내용에 천전리 암각화 전 도면과 대곡리 암각화 전 도면 사용, 각 형상에 각 도면 배치라는 파격적인 인쇄는 아마도 이 연구보고서가 우리나라에서는 효시가 아닌가 한다.

또한 천전리 암각화의 전체 도면화된 전도(全圖), 대곡리 암각화의 전도(全圖)는 3년 이상 시도한 신영훈 씨의 실패 뒤 필자의 과감한 발상의 전환으로 이루어진 쾌거였다고 생각된다. 이 한 장의 전도가 제작되지 못했다면 그 후 도면화는 요원했을 것이고 반구대 암각화 연구도 지난하지 않았을까. 후속으로 한두 가지 실측 도면화가 이루어졌지만 필자의 도면이 없었다면 거의 불가능했을 것으로 생각한다. 이 보고서의 도면을 기본으로 거의 모사 수준으로 도면화했으면서도 아무런 인용 없이 사용하고 있는 경우는 출판 윤리상 문제가 있다고 할 수 있을 것이다. 우리가 제작한 도면이 널리 활용되고 있는 것으로나마 위안을 삼고 더구나 이로써 학계에 공헌했다고 자부하는 것으로 만족할 수밖에 없을 것 같다. 또한 이 보고서에서 내용, 기법, 양식, 비교사(특히 동물의 분포상 포함)적 방법론으로 신석기시대(대곡리 암각화), 청동기시대(천전리 암각화)의 우리나라의 생활상과 암각화의 편년 등을 논의한 것은 학계에 신선한 충격을 주었다고 평가해야 할 것이다. 이 보고서의 출간 이후 이를 토대로 1990년 전후부터 대곡리 암각화와 천전리 암각화의 연구가 활발히 이루어졌고 나아가 우리나라의 암각화가 새로이 발견되고 심도 있게 연구되기 시작한 것으로 보고 있다.

같은 해인 1984년에는 임세권 교수가 〈선사 암각화 연대에 대하여〉(동양학논총)라는 논문을 발표했는데, 여기서는 대곡리 암각화를 신석기시대로 편년을 설정했으나 그 후 1994년 박사학위논문부터는 청동기시대로 설정하고 있다. 이런 편년관의 전환은 지도교수인 김정배 교수 설의 영향이 지대했던 것으로 생각된다.

이보다 2년 뒤인 1986년에는 정동찬 선생이 〈우리나라 선사바위그림 연구—대곡리 선사바위그림을 중심으로〉(연세대 석사논문)를 발표하여 고래잡이의 풍속 연구로 신석기설을 주장했는데 그 후 1988, 1996년의 논문과 저서에도 계속 신석기설을 주장하고 있다.

1990년대에 들어서 가장 주목되는 논문은 황상일, 윤순옥 교수의 〈반구대 암각화와 후빙기 울산만의 환경변화〉(《제4기학회지》)라는 논문이 아닌가 한다. 지질학적 방법론으로 바닷물의 들고 남을 통해 대곡리 암각화 제작 시기와 당시의 생활상을 연구한 논문으로 신석기 6,000—5,000BP로 보고 있는데 그 후 2015년에도 계속 동일한 설(7,000—3,000BP)을 주장하고 있어서 신선한 충격을 주고 있다.

1996년에는 전호태 교수가 〈울주 대곡리 · 천전리 암각화〉(한국역사민속학회)라는 논문에서 대곡리 암각화를 신석기후기—청동기중기로 보면서 문제점과 연구과제를 제시하고 있다. 전교수는 계속 여러 글에서 신석기설을 주장하고 있다. 이에 견주어 장명수 선생은 〈한국 암각화의 편년〉에서 문화적 성격을 통해 청동기설을 주장하고 있는데 이후 계속(1999, 2000년) 청동기설을 주장하고 있다.

대곡리 암각화의 청동기설은 김정배 교수도 계속 주장(〈동북아속의 한국의 암각화〉, 1997)하고 있다. 작살이 청동기 연구라는 이유 때문인데 김원룡 교수와 같은 논리이다.

천전리 암각화 발견 30주년이 되는 2000년에는 예술의 전당과 울산시 주최로 국제학술대회가 개최되었다. 필자 등 10명의 발표자가 발표했지만 반구대 암각화와 직접 관계있는 논문은 김건수(어로문화), 장석호(양식), 천진기(민속의례), 조철수(문자), 김수진(보존) 등 7건이었다.

또한 반구대 천전리 암각화 발견 40주년이 되는 2010년에는 필자가 기획하고 주관하여 사단법인 한국미술사연구소에서 "울산 반구대 천전리 암각화"라는 주제로 학술대회를 개최했다. 천전리 암각화만 주제로 학술대회와 학술논문집이 발간된 것은 최초이다. 문명대(기조논문: 천전리 암각화 발견 의미와 도상의 재해석), 정병모(중국 시베리아 암각화인면과 천전리 암각화인면의 도상해석), 김은선(천전리 암각화 동물상의 도상학적 의미와 양상), 강삼혜(천전리 암각화의 기하학적 문양과 선사 미술), 김현권(천전리 암각화의 행렬도와 고구려 벽화), 이완우(암각화 명문 서체 양식) 등이 전문 논문이고 그 외 김정배(천전리 암각화의 한국사에서의 의의), 이융조(천전리 암각화의 고고학적 의의), 최광식(천전리 암각화 발견의 역사적 의의) 등 천전리 암각화와 다른 학문간의 관계에 대해서도 논의한 종합학술대회이자 논문집이었다. 이 논고들은 《강좌미술사》 36호(2011)에 수정 · 보완해서 실었다.

다음 해인 2011년에는 전년의 천전리 암각화에 이어 대곡리 암각화 발견 40주년을 기념하여 필자가 기획하고 주관하여 한국미술사연구소에서 "울산 반구대 대곡리 암각화"라는 주제로 학술대회를 개최하고 학술 논문집을 발간하게 된다. 6편의 전문적이고 세부적인 논문이 발표된 것으로 역시 최초의 대곡리 암각화 학술대회이자 세부 종류별 심도 있는 논문으로도 최초의 시도였다.

문명대(대곡리 암각화의 의미와 기법과 양식을 통한 미술사적 편년 연구), 김현권(대곡리 암각화 인물상의 의미와 도상 양식), 정병모(대곡리 암각화 호랑이상의 의미와 도상 연구), 강삼혜(대곡리 암각화 사슴상의 의미와 도상 연구), 주수완(대곡리 암각화 고래상과 포경선의 의미와 도상 양식), 신은정(대곡리 암각화 보존의 새로운 방안) 등 6편의 논문은 새로운 시각에서 새로운 방법론으로 논의한 참신한 논고라 할 수 있다. 물론 전제는 신석기시대 미술이자 한국 최초의 본격적 미술 작품이라는 대전제 아래 물상의 종류별로 심도있게 논의한 논문들이었다. 이 논고들은 수정·보완해서 "《강좌미술사》47(2016)"에 실었다.

2012년에는 이코모스(국제기념물유적협의회 한국위원회)에서 주관한(주최 문화재청) "대곡천 암각화군의 유산적 가치 국제 세미나"가 개최되었는데 8편의 논문 가운데 직접 관련된 것은 3편이다.

이하우(대곡천 암각화군의 미술사적 특징과 가치), 하인수(동삼동 패총과 반구대 암각화), 강봉원(반구대 암각화에 표출된 육지동물의 인식, 동물사육과 편년에 대한 비판적 검토) 등이다. 하인수 선생은 동삼동 패총과 비교하며 대곡리 암각화를 신석기로 편년했고, 역시 강봉원 교수도 동물사육문제와 관련지어 신석기설을 강하게 제기하고 있다.

이와 함께 2012년에는 문화재청에서 보존학술조사로 《대곡천 암각화군》을 발간하는데 각 분야별로 요약·집대성하여 세계문화유산 등재를 위한 기초작업을 다지고 있다.

2013년에는 반구대 암각화 박물관에서 한국의 암각화 조사시리즈의 하나로 《울주 대곡리 반구대 암각화》를 출간했다. 여기에는 대곡리 유적조사와 함께 6편의 논문이 게재되고 있다.

2015년에는 울산박물관이 주관하여 세계문화유산등재를 기념하기 위한 학술대회 "반구대 암각화 제작년대 규명"을 개최했다. 총 8편의 논문이 발표되어 대곡리 암각화의 편년에 관한 두 가지 설을 심도 있게 논의한 것이다.[4]

문명대(대곡리 암각화의 신석기시대 편년 연구), 강봉원(반구대 암각화 편년의 재검토-신석기시대설을 중심으로), 김관구(반구대 암각화 신석기시대 조성시기설의 논거비판), 이상목(반구대 암각화 제작연대 규정에 따른 방법론적 고찰), 김정배(대곡리 암각화의 문화사적 의미), 서영대(울산 반구대 암각화의 종교사적 의의), 황상일(울산지역의 Holoceme 자연환경 변화와 신석기시대 태화강 중류 및 하류부 인간생활), 김종일(장기지속적 관점에서 본 반구대 암각화의 제작과 그 사회적 의미) 등 총 8편의 논문이다. 8편 가운데 〈서영대 교수의 종교사적 의의〉를 제외하면 7편의 논문 가운데 5편이 신석기설(신석기-청동기 포함)이고 2편이 청동기설이어서 2015년 당시를 기준해서 신석기설이

---

4) 울산암각화박물관·울산대학교연구소, 《반구대 암각화-제작연대 규명》(2015.9)

대세인 점이 잘 반영된 발표로 평가된다. 그 동안 신석기시대 층위에서 고래와 작살 박힌 고래뼈, 사슴 그림 등이 출토된 고고학적 발견이 크게 반영된 결과로 생각된다.

2016년에는 문명대, 이건청, 이달희의 편저로 35인이 쓴 교양서적《반구대 암각화의 비밀》이 출간된다. 전문학자 18인, 문화예술인 8인, 보존관광계 9인 등 35인이 반구대 암각화를 널리 알리기 위하여 쉽게 풀어 쓴 교양서적이다. 이와 함께 소설·시·그림으로도 반구대 암각화를 널리 알리려는 노력이 이 한 권의 책에 담겨 있어서 의미있는 책이라 할 수 있다.

2019년에는《대곡천 암각화군 종합조사보고서》(국립문화재연구소, 2019.12)가 발간된다. 연구개설(반구대 암각화 발견에서 현재까지, 이상목)에서부터 고고미술·편년·역사·민속·자연명승·보존 등 5장으로 나누어 분야별로 논의한 종합 조사보고서이다.

2020년에는 반구대 천전리 암각화 발견 50주년을 기념하여《천전리 암각화의 가치와 의의》(울산암각화박물관·동북아역사재단)라는 학술대회가 개최된다. "천전리 암각화의 발견과 암각화의 의미와 해석학(문명대)"라는 기조발표 외에 9편의 논문이 발표되어 발견 50주년을 기념했다.

이와 함께 이 학술대회의 결과물로 울산암각화박물관과 동북아역사재단에서 각각 종합연구서가 2020년과 2021년에 발간된다. 울산암각화박물관에서는《울산 천전리 암각화》(2020.12) 외에《바위의 기억, 영원의 기록》(2020.12),《고래와 바위그림》(2020.12) 등 세 권의 반구대 암각화 관계 서적들이 출간된 것이다.

《울산 천전리 암각화》에는 11개의 논문이 실려 있다.

천전리 암각화의 발견과 그 의미(문명대), 천전리 각석 주변의 지질(이홍진, 김우홍), 울주 천전리 각석 주변 선사유적(황창한), 지역사로 보는 천전리 암각화(최영하), 천전리 암각화 동물 형상(김경진, 천전리 암각화 기하문 연구(전호태), 울주 천전리 각석의 신라시대 명문에 대한 고찰(강종훈), 천전리 각석의 인물상에 표현된 신라 복색(권준희), 천전리 각석으로 본 바위신앙과 의례(나희라), 천전리 각석의 과학적 정밀진단 및 손상 메커니즘 해석(이찬희), 대곡천 및 천전리 암각 각화 문화콘텐츠 제작과 활용 방안(정봉구)

표1. 반구대 암각화 대표적 학술논문

	연도	발표자	발표논문	주요내용	제작연대	비고
1	1973	문명대	《울산의 선사시대 암벽각화》, 문화재 7	울산 천전리, 반구대 암각화의 발견경위와 제작기법, 연대	신석기 중기	반구대 암각화 최초 논문 모두떼기와 선쪼기로 분류-하위 5가지로 세분
2	1975	황용훈	《한반도 선사시대 암각의 제작기술과 형식분류》, 고고미술 127	새김법에 대한 6형식 분류 1973년 문명대설 표절	신석기 말기-청동기 전기	–
3	1980	김원룡	《울주반구대 암각화에 대하여》, 한국고고학보 9	중국 漢대 弩와 유사한 형상을 비교로 철기 이후 시대로 추정	철기시대 이후	1983년 〈예술과 신앙〉 청동기 후기-원삼국시대
4	1983	김열규	《한국문학사-그 형성과 해석》, 탐구당	도형들을 시각적 언어로 이해하고 이를 신화적으로 해석	–	–
5	1984	황수영 문명대	《반구대》, 동국대학교	암각화의 발견경위와 조사과정, 실측도, 사진, 탁본 도판, 동물 형상 등을 논의한 최초의 종합적 학술보고서	신석기-청동기 초기	최초의 종합 보고서 모두쪼기와 선쪼기-하위 세부 분류
6	1984	임세권	《우리나라 선사 암각화의 연대에 대하여》, 동양학 논총	암면에 새겨진 형상들을 제작기법별로 나누고 그 선후관계 고찰	신석기	1994, 〈박사학위 논문〉 선각화와 면각화로 구분 청동기시대
7	1986	정동찬	《우리나라 선사 바위그림 연구-대곡리 선사바위그림을 중심으로-》, 연세대학교 석사학위논문	고래잡이와 관련한 풍속 등의 비교 연구	신석기	《대곡리 선사바위그림 연구》, 1988, 1996 선그림과 평면그림
8	1991	임장혁	《대곡리 암벽조각화의 민속학적 고찰》, 한국민속학 24	암각화에 등장하는 형상에 대한 민속학적 해석	청동기시대	–
9	1995	황상일 윤순옥	《반구대 암각화와 후빙기 후기 울산만의 환경변화》, 제4기학회지 1	울산만 후빙기 해진 해퇴를 통해 생활상과 제작연대 추정	6000-5000BP	2015, 〈태화강 중류 하류부 인간생활〉

10	1996	송화섭	《한국 암각화의 신앙의례》, 한국 역사민속학회	종교(신앙)적인 해석을 시도	신석기시대 중기	–
11	1996	장명수	《한국암각화의 편년》, 한국역사 민속학회	새김새와 문화적 성격을 통한 편년 시도	청동기시대	1999, 2000년 논문 청동기 면쪼아새김과 선 쪼아새김
12	1996	전호태	《울주 대곡리·천전리 암각화》, 한국역사민속학 회	암각화 연구의 성 과와 문제점, 연 구 과제	신석기 후기–청 동기 중기	2000년 보고서 《울산 반구대 암 각화》
13	1997	김정배	〈동북아속의 한국 의 암각화〉	작살을 청동기로 보고 천전리와 같 은 청동기 사회의 산물	청동기시대	–
14	1999	김권구	《대곡리 반구대 암각화의 이해와 연구방향에 대하 여》, 울산연구 1	암각화 연구에 대 한 이론적 검토와 편년 논의	청동기 후기–초 기철기시대	2015, 〈반구대 암각화 신석기시 대 조성시기설의 논거 비판〉 청동기시대
15	2000	문명대 김건수 장석호 등 10인	논문 10편	울산시·예술의 전당 주최 울산 암각화 발견 30주년 기념 암각화 국제학술 대회 논문집	신석기시대 대세	–
16	2010	문명대 김은선 강삼혜 김현권 정병모	논문 10편	학국미술사연구 소 천전리 암각화 발견 40주년 기 념학술대회 논문 집 《울산반구대 천 전리 암각화》		미술사 방법론 내용·기법·양 식·비교사적 방 법
17	2011	문명대 김현권 정병모 강삼혜 주수완	논문 6편	한국미술사연구 소 주최 대곡리 암각화 발견 40 주년 기념학술대 회 논문집 《울산 반구대 대 곡리 암각화》		미술사 방법론 내용·기법·양 식·비교사적 방 법
18	2012		논문 7편	이코모스 《대곡 천 암각화군의 유 산적 가치》	–	–
19	2012	하인수	〈동삼동 패총과 반구대 암각화〉	–	신석기시대	–
20	2012	이하우	〈대곡천 암각화군 의 미술사적 특징 과 가치〉	–	–	–

21	2013	문명대 외	논문 6편	《울주 대곡리 반구대 암각화》 울산암각화 박물관 〈유적조사〉 이상목	대곡리 암각화 신석기시대	–
22	2015	문명대 외	논문 8편	울산박물관·울산대, 세계문화유산 등재 기념학술대회 《반구대 암각화 제작년대 규명》	신석기설 청동기설 중 신석기설 대세	–
23	2015	이상목	〈반구대 암각화 제작년대 규명에 따른 방법론적 고찰〉	–	신석기시대	–
24	2015	강봉원	〈반구대 암각화 편년의 재검토- 신석기시대설〉	〈반구대 암각화에 표출된 육지동물의 인식〉, 2012, 신석기시대	신석기시대	–
25	2019	이상목 외 연구진	《대곡천 암각화군》上, 下.	문화재청, 국립문화재연구소 종합학술조사		
26	2020	문명대 김권구 하일식 신대곤 전호태 김재윤 장석호 도진영	천전리 암각화 발견 50주년 기념학술대회 《천전리 암각화의 가치와 의의》 논문 9편	울산암각화박물관 동북아역사재단	청동기시대	

제2장

반구대 암각화 어떻게 발견되었을까

-발견과 조사-

Ⅰ. 천전리 암각화 발견과 조사

1. 발견 동기

1970년 12월 24일은 내 인생에서 하나의 획을 그은 날이자 우리나라 선사 역사 연구에도 결코 잊을 수 없는 하나의 전환점이 되었다고 할 수 있다. 그 이유를 풀어보자.

우리나라에서 발견된 최초의 암각화인 반구대 천전리 암각화는 동국대학교 박물관 울산지역 불적조사단(조사책임자 문명대)의 산물이다. 나는 석사과정에서 학위를 받은 뒤 1967년 3월에 동국대학교 박물관 전임연구원이 되었다. 관장 황수영 교수께서 내 석사논문 〈한국의 석굴사원 연구〉를 실질적으로 지도해준 인연으로 박물관 전임연구원에 전격적으로 발탁했기 때문이다.[1]

동국대학교 박물관 연구원이 된 필자는 숙고 끝에 울산지역 불적조사를 3년 계획으로 실시하게 되었다. 1년에 2개 면씩 여름방학과 겨울방학 1개월씩 3년 동안 조사하고 미비한 지역은 재조사하는 방법을 택했다. 상세 계획서는 총장의 결재 뒤 실행에 옮기게 되었다. 이를 위해 우선 문헌조사부터 착수했다. 각 면마다 불교사찰과 사지를 파악하여 목록을 만들고 이를 바탕으로 《삼국유사》, 《동국여지승람》, 《산중일기(山中日記)》, 읍지, 군지, 고고미술지 등 각종 문헌을 뒤져 사찰 또는 사지 그리고 유적, 유물의 역사와 성격 등을 살폈다. 이와 아울러 울산 지역에 정통한 분들을 만나서 현지의 유적 유물의 현황도 탐문하는 입체적 사전조사를 실시했다.

글쓴이가 연구원의 첫 번째 과업으로 울산지역 불적조사를 택한 까닭은, 신

---

1) 필자는 경북대학교박물관 조교로 있으면서 석사과정에서 〈한국 석굴사원의 연구〉로 학위를 받은 뒤 동국대학교 전임연구원이 되었다. 전임연구원 발령은 당시 동국대 이사장이었던 서운큰스님의 원력과 함께 원래 서울 모 전문대학 전임으로 발령났으나 불교학과 박사과정에서 불교미술을 더 공부할 목적으로 황수영 선생님의 제의에 선뜻 응했기 때문이다.

라 초기에는 울산지역이 중국이나 인도 등 동남아 그리고 일본과 교역할 수 있는 대표적 무역항이자 거의 유일한 국제 항구의 구실을 담당했기 때문이다. 중국에 유학 갔거나 다녀온 모든 고승들 자장, 원측, 낭지, 원광들이 울산항을 거쳤고 모든 외교 사절들이 이 항구를 통해 중국·일본·동남아로 내왕했던 것이다. 자장율사는 중국 유학 후 귀국하면서 울산 태화강 옆에다 대찰 태화사(太和寺)를 건립했고 낭지(朗智)대사는 중국 유학 후 울산 영축사를 신창했으며 원광법사는 언양고개 너머 운문사를 창건하였고, 또한 황룡사 장륙불상의 모형과 황금 등 재료가 울산항으로 들어왔다는 전설이 생길 정도이고, 서역 또는 아라비아신으로 알려진 처용의 전설도 망해사 등에 남아있다. 뿐만 아니라 일본에 인질이 된 왕자를 구하러 간 박제상의 전설도 전해지고 있는 등 중국, 인도, 일본 등 외국과의 교역은 물론 문화 교류도 이 울산항을 중심으로 활발히 이루어지고 있었던 것이다. 이러한 문화 교류의 발자취들이 상당수 남아있을 것으로 생각되어 이 울산지역의 유적 유물들을 샅샅이 조사할 필요성이 있다고 판단되었다. 문화 교류 특히 불교문화의 교류야 말로 우리나라 문화 정립에 지대하게 공헌할 것은 자명한 일이기 때문이다.

1968년 9월부터 울산지역 불적조사는 시작되었다. 그러나 조사는 신라 3산 5악 조사(한국미술사학회 주관 한국일보 후원)도 진행하고 있었고 다른 조사도 겹치고 해서 생각보다 활발히는 이루어지지 못하고 있었다.

1970년의 조사는 언양면彦陽面이 대상이었다. 겨울방학을 맞아 언양면을 집중적으로 조사하고자 문헌조사와 탐문조사 결과 반구대 일대와 석남사 일대 등이 가장 주목되었다. 이 가운데 반구대 일대를 먼저 주목하게 되었다. 그것은 망해사와 영축사지를 조사하면서 영축사지의 문헌자료인《삼국유사》낭지승운(朗智乘雲) 조에 원효가 살았던 반고사(磻高寺)를 주목한 것이다. 이 기록을 토대로 반고사 소재지는 언양면 대곡리 부근인 반구대(盤龜臺)라는 사실을 확인할 수 있었다. 반구대는 겸재 정선의 화첩에 실릴 정도로 예부터 명승지로 저명했던 곳이고 이 반구대에는 절터[寺址]가 있다는 사실은 알려져 있었기 때문이다. 그것은《고고미술(考古美術)》에 반구대사지가 보고되고 있고 이 절터의 석불상을 부산대 박물관으로 옮겨 모셔졌다[移安]는 사실

도1. 반구대 전경과 집청전 원경(오른쪽), 그리고 반고사지(왼쪽)(1970. 12. 24.)

도2. 반구대의 "盤龜"銘(1970. 12. 24.)

도 실려 있어서다.[2]

또한 고향이 울산인 경주 골동상 석용식 씨에게도 반구대 절터가 있다는 사실을 확인할 수 있었고 더 나아가 반구대에서 1km 상류에도 절터가 있는데 무너진 석탑도 있으며, 더 상류로 올라가면 강이 굽이진 이른바 9곡마다 절터와 석탑 등이 있다는 사실도 확인한 바 있다. 이 사실은 일찍이 이 일대를 답사했던 정시한 선생의 《산중일기(山中日記)》에서도 확인할 수 있다. 그러나 천전리 암각화를 발견하게 된 결정적인 계기는 앞에서 말한 《삼국유사》 낭지승운 조의 반고사 기록 때문이었다. 이 기록을 살펴보자.

> "원효가 반고사(磻高寺)에 상주하고 있을 때 자주 낭지(朗智)를 찾아
> 가 만났는데〔원효는 낭지대사에게〕서쪽 골짜기(西谷)의 사미가 동쪽 산
> (東岳)의 상덕(上德) 고암(高巖) 앞에 머리를 조아립니다. (반고사는 영
> 축사(靈鷲寺)의 서북쪽이므로 서쪽 골짜기의 사미라 함은 자신〔원효〕을
> 일컫는 말이다)"[3]

여기서 보다시피 영축사지에서 서북쪽이자 1일 거리에 있는 반고사는 어디일까. 언양 반구대와 반고사는 무슨 관계가 있을까. 반구대(盤龜臺)와 반고(磻高)는 동일한 곳이 아닐까. 사실 태화강 상류인 대곡리 일대의 반구천 즉 대곡천(大谷川, 일제 때 명칭)은 원래 이름이 반계(磻溪 또는 盤龜川)라는 사실은 이미 알려져 있으므로 반계 계곡의 높은 곳, 이른바 반고(磻高) 땅은 반구대가 될 수밖에 없는 것이 아닐까. 반고인 반구대에 있는 절터는 반고사지(磻高寺址)일 가능성이 가장 높다고 판단되었다. 그래서 원효가 상주했던 반고사지를 찾고자 1970년 12월 24일에 울산 언양으로 발걸음을 옮기게 된 것이다.

---

2) ① 한국미술사학회(고고미술동인회), 《고고미술》 뉴스 ② 정영호, 〈언양 대곡리 사지의
    조사〉, 《고고미술》3-9호(고고미술동인회, 1962.9)
3) 일연, 《삼국유사》 낭지승운(朗智乘雲)조

2. 천전리 암각화의 발견

> "먼저 언급해둘 사항은 반구대 상류 1km 지점의 사지와 석탑의 존재
> 를 확인해준 사람이다. 탐문조사 때 제보해준 분은 경주의 유명한 골동
> 상인 석용식 씨와 망해사 주지이다. 그런데 어찌된 영문인지 최경환 씨
> 로 둔갑해 세상에 알려지고 있는데 이것은 중대한 착오이다. 반드시 바
> 로잡아야 할 사실이다." 반구대 암각화(천전리·대곡리 암각화)의 발견
> 에 대해서는《반구대-울주암벽조각》에서 간략히 언급한 이래 20여 차례
> 이상 각종 글에서 논했으므로 일일이 거론하지 않겠다. 다만 상세한 발
> 견 논의는 이 글이 처음이라는 사실을 밝혀둔다.[4]

　문헌조사, 탐문조사, 조사장비 보충, 지프차 수배 등을 끝내고 동국대학교
박물관 조사팀(책임자 문명대)은 1970년 12월 23일 우선 경주로 떠났다. 경주
에서 조사일정을 다시 한 번 점검하면서 한국일보 우병익 기자와 연락, 24일
아침 9시에 지프차로 언양 반구대를 향해 떠나기로 했던 것이다.
　24일은 쾌청했다. 반구대 가는 길은 녹록치 않았다. 지프차가 아니면 힘들
다는 석용식 씨의 말이 실감났다.
　아스팔트 길이 아닌 굽이진 고갯길을 지나 반구대에 도착해보니, 그곳에는
사연댐 끝자락이 되는 이곳 물속에 잠겨 반구(盤龜)의 상부만 겨우 남아있었
다. 바위에 새긴 학은 물 속에 찰랑찰랑 잠긴 채로 일부만 보였다. 이 상태로는
원효가 주석했던 사찰, 반고사를 찾는 일은 무망하지 않나 걱정이 태산이었다.
최씨네 재실인 집청전(集淸殿) 앞에 동네 아주머니들 3-4인이 모여 수다를 떨
고 있었다. "아주머니들, 여기 절터는 물에 잠겼겠죠?"하고 물으니 "아, 예. 그
렇죠."하는 말에 미리 예견은 했지만 혹시나 하는 일말의 희망이 일거에 사라
지고 만다. 그래서 석용식 씨가 전해 준 "상류 1km 쯤 되는 곳에 무너진 탑이
있는 절터가 있죠?"했더니 "아유, 어떻게 잘 아네유. 그리로 가자면 집청전 주

---

4) 반구대 암각화(천전리·대곡리 암각화)의 발견에 대해서는《반구대-울주암벽조각》에서
　간략히 언급한 이래 20여 차례 이상 각종 글에서 논했으므로 일일이 거론하지 않겠다.
　다만 상세한 발견 논의는 이 글이 처음이라는 사실을 밝혀둔다.

인 어른에게 부탁해 보시유."하는 것이 아닌가. 그래서 집청전 안 집에 들어가 주인장을 찾으니 점잖은 노인장이 "내가 이 집 주인인데 어찌 찾네유"해서 자초지종을 말하면서 좀 도와주십사 했더니 처음에는 거절하다가 간곡히 청하자 겨우 허락했다. 우리 일행(우병익 기자, 지프차 주인인 경주 보안대장, 운전병, 우리 조사팀 김희욱 등)은 울산−경주 옛길[古路]을 따라 산 중턱 오솔길을 걸어갔다. 골짜기를 내려다보니 굽이진 반계(磻溪)의 계곡이 황량한 겨울인데도 천하절경이다. 굽이진 계곡은 아래위로 굽이굽이 아홉구비를 돌아가고 있어서 구랑(九浪)이라고도 부른단다.

천전리 암각화가 내려다보이는 곳에서 천전리 암각 절벽을 가리키면서 "저 절벽에 이상한 그림들이 보이고 있는데 이끼가 끼고 흙탕물이 흘러내려 무엇인지 잘 모른단다."라는 말에 귀가 번쩍 뜨인다. 절터 옆 절벽에 그림 같은 것이 있으면 십중팔구 마애불이기 때문이다. 신라 마애불을 조사할 수 있다는 부푼 기대에 절터의 무너진 석탑은 사진만 찍고 절벽으로 곧장 가보니 10m 너비에 3m 정도 높이 절벽에 둥근 무늬, 마름모무늬 등이 이끼에 가리고 흙탕물에 덮여 간신히 알아볼 수 있는 정도다. 아래쪽을 바라보니 한문 글자들이 여기저기 보이고 있다. 자세히 살펴보니 "郎"자 들이 계속 보이는 것이 아닌가. 이거 심상치 않은데 마애불이 문제가 아닌 정말 기막힌 유적이 아닐까 하는 생각에 정신이 번쩍 들었다. 냇가에서 주은 천 조각에 겨울의 찬 냇물을 적셔 글자들 위를 닦아내고 기하학 무늬 일부도 씻어내고 건탁을 했다. 주된 명문[主銘文] 등 몇 부분만 건탁한 뒤 전체를 대충 스케치했다.

이후 주명문 부분과 중요하다고 생각되는 "法興大王節" 명문, "郎"자 명문 몇 부분을 읽을 수 있는대로 대충 적어보았다.

당일의 조사카드에는 주명문과 "永郎" 부분 명문, 기하학무늬(원문) 등을 기입하고 조사노트에 적힌 명문은 "過去乙巳年六月十八日"이라는 주명문과 추가명문을 대부분 적어놓았고, "文爲郎惠訓", "辛亥年九月王陪郎書成三人", "乙卯年八月四日聖法興大王節" 등을 적은 것으로 보아 年記가 있고 "郎"자나 大王妃 같은 王, 王妃가 있는 것을 중요시해서 명문을 적은 것 같다.

이 사실은 현장의 조사카드와 조사가 끝난 뒤 언양 한성여관에서 일지를 정리하면서 오늘 조사 요점을 정리해놓은 일지에서 확인된다. 특히 주명문은 대

도3. 천전리 암각화 발견 상태(안내자 최경환 선비, 1970. 12. 24.)

도4. 천전리 연고사지 석탑조사, 우병익 기자 등(1970. 12. 24)

도5. 연고사지 신라석탑 무너진 상태

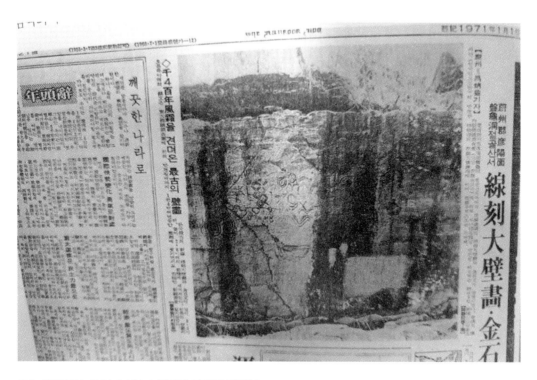

도6. 한국일보 1971.1.1일자 천전리 암각화 발견보도

부분 판독한 것으로 보아 명문 판독에 심혈을 기울였구나 하고 새삼 감탄하게
된다.

> 銘文 100여 자는 新羅 당시 花郞 관계 글씨가 많고 主銘文에는 王 이
> 름 - 정말 중요
> 원, 마음모꼴 등 다양한 문양과
> 사슴, 붕어(?) 등 동물 무늬
> 성격 잘 이해 안 되나 신라 이전 바위 조각은 분명, 매우 중요

라고 적은 일지가 당시의 내 판단을 잘 적어놓고 있다. 1시 30분에서부터 4시
30분까지 천전리 암벽 조각 조사를 마치고, 우리 조사팀은 언양 한성여관에 안
착하였다. 우 기자 일행은 크리스마스 기분 낸다면서 울산 시내로 떠났으나,
반구대에서 돌아오는 길에 우려했던 사건이 터진 것이 못내 미안할 따름이다.
그것은 입구 고개마루에서 길이 험하고 초행길이라 서툰 탓에 지프차 바퀴가
계곡 아래로 빠져 도움을 받고서야 간신히 빠져나온 것이 못내 찜찜했기 때문
이다. 어쨌거나 재미도 없는 조사에 동행해준 보안대 대장과 운전병에게 무척
미안한 마음 뿐이었다.

석남사와 간월사지 조사를 끝으로 이번 조사는 3일만에 마치고 27일에 급
거 박물관으로 돌아와 천전리 암벽 조각에 대하여 황수영 관장께 상세한 보고
를 드리는 것으로 일단락되었다. 이 보고에는 기하학 무늬도 포함되었으나 당
시로서는 그 성격이 분명히 파악되지 않은 상태였고 신라의 명문이 부각되었
을 뿐만 아니라 황수영 관장 자신이 우리나라 금석문을 집대성하고 있던 참이
라 화랑유적이라는 사실만 중요하게 받아드렸던 것 같다.

이 사실은 〈한국일보〉 1971년 1월 1일자 신문에서 확인된다. 〈동국대박물
관 신라 화랑 유적 발견〉이라는 제목으로 사회면 전면을 할애하여 천전리 암벽
조각을 대서특필했고 이와 함께 1면인 정치면에 박정희 대통령의 신년사를 아
랫단 밑으로 밀어내고 〈선각대벽화(線刻大壁畵)·금석문(金石文) 확인〉이라
는 제목으로 권두에 "천전리 암벽조각" 사진과 해설을 실리고 있다. 우리나라
신문발간 사상 신년 특집 1면 권두에 문화재 조사 사진과 글(우병익 기자 발·

예용해 위원 편집)이 게재된 것은 이것이 유일한 예이어서 정말 역사적인 센세이셔널한 사건이 아닐 수 없었다.

그러나 이 역사적 기사에는 '발견자 문명대'는 어디에도 단 한 줄도 없었다. 세상은 결코 녹록치 않다는 사실을 실감한 순간이었다.

3. 천전리 암각화의 조사

1) 천전리 암각화 제1차 조사

글쓴이는 이에 아랑곳하지 않고 천전리 암벽 조각 조사와 성격 규명에 온 힘을 다해 몰두하게 된다. 그래서 1971년 3월 10일부터 5월 2일까지 현장조사에 매진했다. 현장조사는 실측조사와 명문 해독에 집중했다. 1개월 이상 계속된 강행군이었지만 실측은 지지부진해서 성과가 잘 나타나지 않았으나 명문 해독은 진척이 많이 이루어졌다. 학계에서 많은 사람이 찾아와 격려해주었고(반구대 천전리 암벽조각 조사단: 박물관장 황수영 교수, 실측 신영훈 선생, 금석문 해독 홍사준 부여박물관장, 조사책임 문명대 외 조사보조원 5명: 사학과) 인근 주민들도 매일 찾아와 지대한 관심을 보였다. 특히 대곡리 사람들은 오는 사람마다 마을 앞 천변 바위에 호랑이 그림이 있다고 이구동성으로 말하면서 조사해줄 것을 청했다. 겨울방학 때 조사하기로 약속하게 된다.

그 때 마을의 책임자인 손진봉씨에게 12월 25일 무렵 큰 배를 마련해주고 노 저을 분 2-3인을 수배해줄 것을 부탁했다. 이른바 마을 앞 쉼터에 새겨진 호랑이 찾는 일이 1971년 겨울방학 조사의 당면과제가 된 것이다. 2차 조사는 1971년 9월로 예정한 뒤 1971년 1차 천전리 조사는 마치게 된다. 조사 후 황수영 박물관장은 국립박물관장으로 영전하게 된다. 이 천전리 조사는 1971년 11월에도 시행했으나 역시 실측조사는 지지부진해서 소기의 목적을 이루지 못하고 만다. 이 실측조사는 대곡리 암각화 조사 후 필자가 발상의 전환을 해서 천전리 암각화와 대곡리 암각화를 차례로 실측도면을 완성하게 된다.

조사단 구성

  ○조사단장 : 황수영 박물관장

  ○조사책임자 : 문명대, 박물관 전임연구원

  ○조사위원: 신영훈, 문화재전문위원   홍사준, 부여박물관장

  ○조사보조원 : 김길웅, 김희욱, 백명희, 임선희

이와 함께 러시아 오크라니노프의 "시베리아 암각화"나 "유럽 암각화" 등의 논문과 저서들을 부지런히 모아 선사미술 공부에 집중했다.

마침 1971년 10월 18일 역사학회 월례 발표회에 〈울산 반구동 서석 천전리 암벽조각의 특징과 성격〉이라는 제목으로 학술발표를 하게 된다. 여기서 천전리 암벽조각의 기하학 무늬는 스칸디나비아에서 시베리아의 아무르강에 이르기까지 분포되어 있는 선사 암각화(신석기 · 청동기 암각화)와 동일한 성격이고, 아마도 청동기 유적으로 볼 수 있는 우리나라 초유의 획기적 유적이라는 견해를 발표하게 된다. 당시 참석한 학자들의 지지와 격려가 있었고 특히 김정배, 이융조 교수의 적극적 지지는 큰 힘이 되어 못내 고마움을 느끼게 된다.

2차 조사는 여러 사정으로 6개월 뒤인 1971년 11월 12일부터 25일까지 실

도7. 천전리 암각화 1차 조사, 신영훈 전문위원 실측 장면(1971. 3)

도8. 천전리 암각화 1차조사, 홍사준 부여박물관장, 신영훈

도9. 조사단(황수영, 신영훈, 문명대), 대곡리 마을사람들(집청전 안주인, 딸 최외수)

도10. 천전리 1차조사, 동국대 사학과 학생들

도11. 천전리 1차조사, 정양모 국립중앙박물관 학예관, 홍사준 부여박물관장 등

시했다. 2차 조사는

첫째 1차 조사 때 모사한 상단 무늬를 다시 체크하면서 선각 · 음각 · 점각을 판별할 것

둘째 정지된 동물인 한 쌍씩의 사슴 등 암각화와 문양 암각화를 정밀하게 구별하여 조사하고 그릴 것

셋째 하단의 신라시대 명문과 선각화들은 새로운 것을 더 찾아내고 오류는 바로 잡을 것

이러한 조사 방침에 따라 보충 조사, 실측 조사를 세밀히 진행했다. 2차 조사 때는 많은 문제점이 노출되었다. 가장 큰 문제는 제1차 조사 후 많은 호사가와 각 대학 조사팀들이 마구 탁본하고 함부로 낙서하는 등 훼손이 심해진 사실이다. 심지어 주 명문에 탁본을 전혀 할 줄 모르는 누군가가 먹물을 암면에 부은 뒤 종이를 대고 누르는 목판인쇄식으로 탁본하여 주명문이 완전히 새까맣게 되어 회복불가능하게 만든 점이 가슴 아팠다. 또한 연세대학팀이 실리콘으로 모형을 떠서 암면이 떨어져나가는 손상을 입힌 점도 웃지 못할 비극이다.

이런 우여곡절로 말미암아 조사에 차질을 빚게 되었는데, 이때 유적 조사는 완전히 이루어진 뒤 안전이 보장될 때 널리 알려야 한다는 사실을 뼈저리게 느끼게 되었다.

실측 조사는 늦가을의 차가운 날씨와 바람 때문에 어려움이 많았으나 마을에서 큰 천막을 빌려줘 암각화를 덮은 후에야 안정된 조사를 할 수 있었다.

조사단 명단
o 조사책임자 : 문명대, 전임연구원
o 조사원: 신영훈, 문화재전문위원
o 조사보조원 : 김길웅(사학과), 정선진, 문복선, 조숙현, 제상철(불교미술과)

3) 천전리 암각화 제3차 조사

이후 천전리 암각화 조사는 1971년 12월 25일 대곡리 암각화 발견조사로 말미암아 72년에는 중단되었다가 1973년 대곡리 암각화가 계속 물속에 잠겨 있어 조사가 어려워지자 천전리 암각화 3차 조사가 진행되었다. 이 3차 조사는 1973년 3월에 일주일 동안 실시했다. 대곡리 암각화 조사로 말미암아 대대적으로 이루어지지 못하고 필자와 보조원 3명만 참가해서 미비한 점을 보충하는 작업 위주로 이루어졌다. 그러나 1974년 대곡리 암각화의 완전 노출로 전면조사가 이루어져 대곡리 암각화의 실측 도면을 작성할 수 있게 되어 75·76년 2년에 걸쳐 천전리 암각화 도면까지 완성할 수 있게 된 것이다. 천전리 암각화의

▶도12. 중앙일보 1972.3.23일자

▼도13. 중앙일보 72.1.17일자, 문화면. 울주 언양 대곡리 암각 발견 거북

선사시대 원시 신앙의 산 유적 남근과 거북의 암벽화 발견-울주군 언양서 동국대 박물관 조사반에 의해

중앙일보 | 입력 1972.01.17 00:00 　　　　지면보기 ⓘ

기원 초 전후한 한반도의 선주민들이 거북을 놓고 기뻐하는 암벽의 그림이 동남 울주 서석대 가까운 강가에서 새로이 발견됐다. 동국대박물관은 최근 서석대 유적을 재조사하러 이곳 태화강 상류 골짜기를 답사하다가 주민의 귀띔으로 울주군 언양면 대곡리 저수지 변 암벽에 선명하게 음각된 거북 몇 마리와 발을 굴러 춤추는 사람의 모습을 확인한 것. 거북을 뒤로하고 서 있는 사람은 두 팔을 어깨 위로 올리고 두발을 구부정하게 율동하는 자세. 그는 분명히 남근을 내 놓은 채 벌거숭이 형상이다. 몇 마리의 거북은 아주 미개한 표현이지만, 김수로왕의 『구지가』와도 연관시켜 생각해 볼만한 탄생과 풍요의 상징.

그래서 이 단조한 우각화는 원시종교와 고대인의 생활 단면 및 원시미술의 중요한 자료로서 지목되고 있으며 특히 남근 숭배 신앙을 선사시대에서 밝혀보는 최초의 유일한 산 증거물로 주목되는 것이라고 동대 박물관 문명대씨는 주장한다.

지난해 신라시대 서우대 유적의 발굴에 연유되어 비로소 각광 받게된 이 거북 그림의 석각은 그 동안 울산공업용수, 저수지의 수몰지대이다. 그런데 금년 겨울의 이상건조 현상으로 저수지 물이 5m 정도 잦아들어 그림의 일부가 수면 위로 드러남으로 말미암아, 조사반은 뜻밖의 수확을 거두게 된 것이다.

아직도 원래의 하상까지는 5~6m 실히 암벽이 잠겨 있는데 현재 그림이 물 속으로 연속돼 있고 또 벼랑의 여기저기에서 산견되는 점으로 보아 서석대와 비견되는 막중한 유적지가 될 것으로 내다보고 있다.

도면화는 이처럼 매우 어렵게 이루어졌으므로 특히 전면 실측도는 극히 중요하다고 판단된다.

Ⅱ. 대곡리 암각화 발견과 조사

대곡리 암각화는 천전리 암각화와 비교 불가능할 정도로 주목을 받고 있다. 바로 국보 중의 국보로 대단한 칭송을 받아오고 있는 것이다. 고래·사슴·호랑이·멧돼지 같은 친근했거나 현재도 친근한 동물이 생동감 나게 조각되어 있고, 이들 동물을 사냥하거나 고래잡이하는 장면이 손에 잡힐 듯 실감나게 그려져 있을 뿐만 아니라 이들 동물과 사냥 장면을 예술로 과감하게 승화시켜 생략할 데는 미련 없이 생략하고 강조할 데는 거리낌 없이 강조하여 시각적으로 무한한 감동을 주고 있기 때문이다.

이 대곡리 암각화는 어떻게 발견되었을까? 발견과정이 잘못 알려진 오류가 꽤 있어서 이 글 내용을 잘 살펴야 할 것이다.[5]

1. 대곡리 암각화 발견에 대한 오류 5가지

우선 잘못 알려진 대곡리 암각화의 발견 사실부터 알아보자.

첫째, 대곡리 암각화 발견 주체는 일개인이 아니라 이를 기획 실행한 동국대학교 박물관 반구대 암각화 조사단(조사책임자 문명대)임을 분명히 밝혀둔다. 주체가 동국대학교 박물관이기 때문에 엄격히 말하면 마을 사람들 개인이나

---

5) 문명대, 〈대곡리 암벽조각, 발견 및 조사 경위〉, 《반구대―암벽조각》(동국대학교 출판부, 1984.7)

또는 조사에 참여한 교수들은 조사 참여자나 협력자라고 할 수밖에 없다. 유적 발굴 주체가 충북대 박물관이면 첫 발굴 때 참여한 외부교수는 참관자가 되는 것과 꼭 같다고 할 수 있다. 따라서 발견 당시 조사에 참여한 교수나 마을사람들은 대곡리 암각화 발견 조사 참여자와 협력자이며, 발견조사자는 동국대학교 박물관(책임자 문명대)이 될 수 밖에 없고 처음부터 누구나 다 그렇게 인식해 왔던 것이다. 천전리 암각화 발견자도 우병익 기자나 보안대장, 기사 등도 발견자가 아닌 참여자인 것과 마찬가지 논리인 것이다.

둘째, 또한 대곡리 암각화 제1차 조사 주체가 국립중앙박물관의 황수영 관장이라는 기사(서울신문 문화면)는 서울신문의 명백한 오보였고, 국립중앙박물관장이 동국대학교 김동익 총장에게 정중하게 사과했고, 각 신문과 언론기관이 정정보도 했다.

셋째, 대곡리 암각화에 대한 제보는 동국대학교 박물관 조사단이 1971년 3월부터 실시한 천전리 암각화 1차 조사 때 구경 차 보러온 대곡리 마을 사람들 모두의 "마을 앞 개울가 쉼터 절벽에 호랑이 그림이 있다는" 제보에 따라 동국대 조사단이 1년간의 면밀한 조사계획 아래 12월 25일에 마을 사람들의 안내로 조사가 이루어진 것이다. 일부 기자들이 24일 저녁에 집정천 주인 최경환 선비가 알려주었다는 것은 전혀 사실이 아닌 오보이다.

넷째, 대곡리 암각화 발견 첫 보도는 〈중앙일보〉 이종석 기자의 1972년 1월 16일자 문화면 기사이며, 1차 조사(1972년 3월) 첫 취재기자도 이종석 기자였으나 동국대 조사단의 조사기사는 〈중앙일보〉 사주 측의 보도 금지로 말미암아 국립박물관이 제공한 〈서울신문〉의 오보가 먼저 기사화되었다.

다섯째, 유적 발견, 발굴이나 사건 등이 유명하게 되면 자칫 왜곡되어 오보와 오해가 중첩하여 곤경에 처해지게 되는 것은 인지상정이듯이 반구대 암각화가 이 전철을 고스란히 밟게 된 것이다. 이런 점이 초래된 것은 순전히 필자의 부덕의 소치이고, 필자의 안이한 대처 때문임으로 유감을 표하지 않을 수 없게 되었다.

2. 대곡리 암각화 발견 동기

앞에서 잠깐 말했다시피, 대곡리 암각화를 발견하게 된 동기는 대곡리 마을 사람들이었다. 호기심 많은 이 지역 주민들이 1971년 3월과 11월 2차에 걸친 조사 때 삼삼오오 동국대학교 박물관 조사단(조사책임자 문명대)이 조사하는 광경을 구경왔다가 가곤 했다. 대곡리 마을 사람들은 너도나도 할 것 없이 모두들 "우리 마을 앞 냇가 쉼터 절벽에 호랑이 그림이 있네유, 그것을 조사해야쥬" 하면서 이구동성으로 말하는 것이 아닌가. 그래서 호랑이 소리를 귀가 따갑도록 들어서 대곡리 마을 책임자를 찾아가 금년 12월 25일께 하류계곡을 조사할 겸 쉼터 절벽의 호랑이를 조사하러 올 테니 큰 배와 안내할 세 사람만 수배해주기를 부탁하게 된다.

이때 또 한 가지 중요한 정보를 들었다. 역시 구경하러 온 아랫동네(사연리·범서리) 사람들 몇 사람이 사연댐 바로 옆 절벽에도 이런 그림들이 있다는 것이다. 이 정보는 몇 사람의 전언이어서 신빙성이 다소 떨어지지만 만약 확인된다면 획기적인 성과가 될 것이었다. 필자는 구체적인 조사 계획도 세웠고 실제로 조사시도도 했지만 현실적인 난관이 많아 중단할 수밖에 없었다. 다만 1974년도에 댐 상류에서 7-800m 정도 떨어진 지점의 물이 빠져 노출된 곳에서 신석기시대 석기들을 채집하는 성과는 올릴 수 있어 다행이었다. 이 유적은 그 후 아직 아무도 조사하지 않고 있는 것 같다.

이처럼 대곡리 암각화를 발견하게 된 동기는 8개월 이상 동국대 조사단이 기획하고 실행한 계획적 조사이고 발견이지 일부 기사들의 보도처럼 1971년 12월 24일 저녁에 최경환 선비의 말만 듣고 즉석에서 조사결정을 내린 것이 아니라는 사실이다. 필자는 최경환 선비에게는 대곡리 절벽 호랑이에 대해서 1·2차 조사 기간 내내 한마디 말도 들은 적이 없고 또한 내가 물은 적도 없다는 사실을 분명하게 말할 수 있다. 그것은 마을 사람들로부터 익히 들어왔기 때문에, 그에 대해서는 언급할 필요조차 없었기 때문이다.

따라서 대곡리 암각화 발견 동기는 대곡리 마을 사람들 모두로부터 "마을 앞 개울가 쉼터 절벽에 호랑이 그림이 있다는" 전언을 마음 깊이 새겨듣고 8개월 이상 기획하고 마침내 실행에 옮긴 것이었던 것이다.

3. 대곡리 암각화의 발견

동국대학교 박물관 반구대 암각화 조사단(조사책임자 문명대)은 조사 계획에 따라 1971년 12월 24일 울산 반구대(언양면 대곡리) 집청전에 도착하여 여장을 풀었다.

우리 조사팀과 동행한 분은 두 사람 뿐이었다. 김정배 교수와 이융조 교수이다. 앞에서 말했다시피 1971년 10월 18일 역사학회 월례 발표회 때 내 발표(문명대, 〈울산 반구동 서석, 천전리 암각화의 특징과 성격〉 발표)가 끝나고 토론회 때 천전리 암각화를 참관했으면 좋겠다는 의견이 많아 내가 "그러면 동국대 조사팀이 12월 25일 무렵에 천전리 암각화와 하류계곡조사를 하게 되어 있으니 참관하고 싶은 분은 같이 가세요"라고 광고를 하게 된 것이다. 당시 신청은 많았으나 막상 같이 동행한 분은 두 분밖에 없었다. 참여한 두 분의 참여비 일체도 동국대 박물관에서 출장비를 끊어 부담했음은 물론이다. 조사비 청구는 총장 결재 사항이기 때문에 참여자에 외부 두 교수도 기재했고 총장께 보고도 한 것이다.

반구대 집청전에 도착한 뒤 우리 일행은 곧장 천전리 암각화로 갔다. 현장에서 암각화 실물을 보면서 시베리아 아무르 암각화와 관계 깊은 선사시대 암각화라는 사실에 두 분 다 동의해주었고, 우리 세 사람 모두 의견일치를 보았으며 이융조 교수는 근처에서 구석기를 찾아 헤매기도 했다. 저녁에 한담하면서 내일 일정에 대해서 "우리 동국대 박물관 조사팀은 마을 사람들의 전언인 호랑이도 조사할 겸 하류계곡도 조사하고자 하는데 바로 상경할지 우리 조사팀에 동행해서 조사를 참관할지 정하시라"는 내 말에 두 분은 같이 동행하겠다 해서 이튿날 25일 아침 10시에 하류 계곡 조사에 나서게 된 것이다. 마을 사람(손진용·손중관·최경환씨 등)까지 모두 7, 8명이 큰 배로 하류 계곡으로 출발한 지 10분 만에 저 아래쪽에 보이는 절벽 일부가 멀리서도 반질반질 윤기가 나는 암벽이 보여서 "저곳이 호랑이가 있는 곳 맞지요"라고 물으니 "물론입니다. 바로 저곳입니다"하는 것이 아닌가. 1965년에 사연댐을 막은 지 5년 밖에 안되었기 때문에 암각화 부분은 원 상태를 유지하고 있었던 셈인데 필자는 1971년 3월 천전리 1차 조사 때 이미 이 암벽 건너편까지 답사했기 때문에 예비지식이 있었다.

배를 가까이 갔다 대어 보니 성기를 노출한 체 춤추는 사람과 바다거북이 3마리, 그리고 새끼를 등에 태운 고래 머리 부분만 물 밖으로 노출되고 있을 뿐 기대했던 호랑이는 볼 수 없었다. 마을 사람(손중관·손진용 등)들은 "물 아래로 호랑이가 많이 있는데 물 때문에 볼 수 없네요"란다. 이분들의 뇌리에는 고래나 사슴은 없고 오직 호랑이만 기억에 강렬하게 남은 것 같았다. 사람은 '자기가 믿는 것만 보인다'는 말이 여기서도 실감할 수 있다.

먼저 사진부터 찍고 그다음 미리 준비해간 건탁 용구를 꺼내어 두 부분에 건탁 각 1매식 탁본한 뒤 그대로 둔 체 다시 촬영한 뒤 자를 꺼내어 크기를 재고 간단히 메모하는 조사 방법으로 조사를 일단락했다. 천전리 암각화에 대한 공부를 한 뒤라 천전리 암각화 발견 때처럼 대곡리 암각화의 성격에 대해서는 어느 정도 그 진실을 이해할 수 있었다.

천전리 암각화와 비슷한 청동기시대 암각화이거나 그 이전의 암각화일 가능성이 있다고 판단되었다. 그래서 이 암각화는 모두 조사할 수 있다면 대단한

도14. 대곡리 마을사람들(집청전 딸 최외수 씨 등)과 조사단(황수영, 문명대)대곡리 마을사람들의 대곡리 앞 절벽 호랑이그림 증언

암각화이겠구나 하는 판단을 내릴 수 있었다.

2시간 남짓 걸친 조사를 마치고 오래 기다린 일행에게 미안한 마음을 표하면서 아쉬움을 남긴 체 현장을 떠났다 다음 해 3월 무렵에 물이 많이 줄어든다는 마을 사람들의 전언에 따라 1972년 3월의 조사를 기약하면서 1972년 3월 무렵 본격 조사 때도 동네 공동소유인 큰 배를 대여해줄 것을 그 자리에서 예약해 두었다. 이에 마을 사람들과 김정배, 이융조 교수의 협조에 깊이 감사드린다.

조사 후 박물관에 출근하니 어찌 냄새를 맡았는지 〈중앙일보〉 이종석 기자로부터 울산에서 무슨 조사를 했는지 꼬치꼬치 묻는 전화가 걸려왔다. 이종석 기자는 노련한 기자적 후각을 가진 터라 발뺌해도 소용없어 결국 실토하고 말게 되었다. 그래서 〈중앙일보〉 1972년 1월 16일자 문화면에 동국대학교박물관팀(책임자 문명대) 춤추는 사람과 고래·거북 발견이라는 기사가 실리게 된 것이다.

4. 대곡리 암각화 1차 조사

1972년 1월 16일 〈중앙일보〉에 대곡리 암각화 기사가 나간 뒤 여러 곳에서 문의 전화가 오기도 했다. 이후부터 수시로 사연댐 수위를 체크했는데 계속 수위가 낮아지기 시작해서 2월 15일 무렵에는 대폭 낮아졌다는 사실을 확인했다. 집청전에서도 알려왔고 황수영 국립박물관 관장께서도 다녀와서 전하기도 했고 또한 직접 확인도 했다. 3월 중순부터 조사하는 것이 적기로 생각되어 조사 준비에 착수했다. 주로 탁본용구와 실측도구 그리고 장기간 배 생활에 필요한 물품들을 챙기는 등 만반의 준비를 갖추고 3월 16일부터 조사를 시작하게 된다. 3월 중순이 수위가 가장 낮아지는 시기로 판단되었기 때문이다.

동국대 박물관 대곡리 암각화 조사단은 7명으로 구성(조사단 고문: 황수영 국립박물관장, 조사책임자: 문명대, 보조원: 미술과 문복선·김선태·정선진·조숙현, 사학과 김길웅)하여 총장의 결재를 받은 뒤 3월 15일에 반구대에 도착했다. 그날 오후 내내 조사준비에 만전을 기했고 드디어 3월 16일 오전 9시부터 조사에 착수했다. 조사단 고문이신 황수영 국립박물관장은 1주일 지나

도15. 반구대와 대곡리 암각화 원경(집청전 뒷산에서 바라본 반구
대와 대곡리 암각화 절벽)

도16. 반국대 암각화 절벽
전경

1일만 다녀갔다.

우선 큰 배를 고정시키는 것이 가장 큰 문제였다. 바닥면에 밧줄을 고정시키는 방법을 택하였다. 마침 암반까지는 물이 깊지 않아 배가 안정적으로 고정되었고 드나드는 것은 작은 배를 이용했다. 암각화가 새겨진 최하 부위까지 수위가 낮아지지 않았기 때문이다. 암각화가 새겨진 암반까지는 1m나 물이 차 있어서 전면 조사는 불가능 했다. 9시부터 사진을 찍은 뒤 탁본부터 시작하기로 했다. 막 탁본 종이를 붙이고 있는데 뜻밖에도 미술사학계의 태두인 진홍섭 교수와 마당발로 통하는 정영호 교수, 미술사학회 후원자인 장형식 한국은행 간부, 그리고 〈중앙일보〉 이종석 기자 등이 건너편에서 나를 부르는 것이 아닌가. 작은 배를 보내 달라는 것이다. 원래는 물 위에서 조사하기에 많은 사람이 오면 사고 나기 쉽기 때문에 조사는 비밀리에 하고 발표는 공동 기자회견식으로 한다는 원칙을 세워 일체 알리지 않고 조사에 착수했는데, 뜻밖에도 많은 분들이 갑자기 나타나 무척 당황했다. 탁본 작업을 중단하고 몇 시간 동안 이분들의 촬영에 협조할 수밖에 없었다.

이분들이 상경한 뒤 며칠 지나자 울산지방 언론들이 몰려들기 시작하여 소란하기 짝이 없게 된다. 처음에는 그 까닭을 알 수 없었는데 기자들이 어떻게 알고 왔는지를 묻자 〈서울신문〉에 국립중앙박물관에서 반구대 암각화를 조사한다는 기사가 나서 왔는데 와보니 국립박물관 조사단은 단 한 명도 없고 모두 동국대박물관 조사단이어서 자기네들도 당황스럽다는 것이 아닌가. 그제야 자초지종을 대개 알 수 있었다. 황수영 국립박물관장이 조사단장 인줄 알고 〈서울신문〉이 오보를 냈구나 생각했는데 그날 이후 모든 도하신문들은 동국대학교 박물관 조사단이 반구대 대곡리 암각화(암벽 조각)를 조사하고 있다는 내용의 기사를 싣기 시작하게 된다. 황수영 관장은 내려오지도 않았고 국립박물관에서는 암각화 조사와는 아무런 관계도 없는데 이런 오보가 난 것은 황수영 관장을 대접 차원에서 조사단 고문으로 모신 것이 오보의 원인이 된 것이다. 이 오보가 나자 동국대학교에서는 한바탕 소동이 났다고 한다. 그래서 총장실에서 필자를 급히 찾는다는 전화가 와서 필자는 급히 상경하여 황수영 관장과 함

도17. 대곡리 암각화 발견 조사 건탁 상태
(1971. 12. 25.)

도18. 대곡리 암각화 발견 조사 문명대 연구원
건탁 조사 광경(1971. 12. 25.)

도19. I면 상단 춤추는 사람과 거북이 건탁 상태
(1971. 12. 25.)

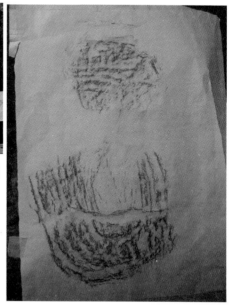

도20. 동암 상단 그물과 고래 건탁 상태
(1971. 12. 25.)

께 동국대 총장실로 찾아가 나는 당시 김동익 총장님께 자초지종을 보고드리고 황수영 국립박물관장은 정중히 사과하는 선에서 오보소동은 일단락된다. 모든 일에는 호사다마가 따르는 법인지 이 오보 소동은 발견 된 지 몇 십 년이 지난 뒤 대곡리 암각화 최초 발견자 문제로 또 한 번 소동이 벌어진다.

대곡리 암각화 제1차 조사는 기자들과 호사가들의 내왕이 많아 소란했지만 착실히 진행되었다. 탁본을 마치고는 실측 조사에 들어가 크기나 깊이는 물론 기법과 특징 등을 세밀히 조사했다.

이와 함께 점토로 중요 암각화 부위를 떠내는 작업도 시도했다. 천전리 암각화 조사 후 연세대학교 박물관에서 실리콘으로 천전리 암각화를 전체적으로 떠내어 조각 면이 떨어지는 부작용 때문에 시끄러웠으므로 실리콘 대신 전통 방식인 점토로 모형을 뜨게 된 것이다. 점토 모형 작업에 경험이 많은 경주국립박물관 박일훈 관장과 이종성 관원이 수고해주어 성공적으로 작업이 완료되었다. 이 점토모형은 대곡리 암각화 실측도면 작성에 요긴하게 쓰인다.

20일께부터 비가 내려 점차 수위가 높아지기 시작했으므로 3월 26일 동국대학교 김동익 총장님의 참관을 끝으로 대곡리 암각화 1차 조사는 끝마치게 된다.

조사단 명단
o 조사책임자 : 문명대, 전임연구원
o 조사원: 문복선, 정선진, 조숙현, 김선태, 김길웅

5. 대곡리 암각화 2차 조사

1972년 1차 조사 후 1973년에는 수위가 별로 내려가지 않아 조사할 수 없었고 1974년에는 수위가 많이 내려가 2월인데도 암각화 조각 부위는 완전 노출되었다. 물의 수위가 암반 위로 10㎝정도 높게 형성되어 있어서 조사에 적기로 생각되었다. 조사 적기로 생각되어 2월 12일부터 2월 17일까지 조사를 실시하게 된다. 2월이어서 물이 꽁꽁 얼어 암각화 현장에 드나들기도 쉬웠고 얼

도21. 대곡리 암각화 1차 조사 암면 상태(1972. 3. 16.)   도22. 대곡리 암각화 1차 조
사 광경(김길웅, 정선
진, 김선태 조사원)

음 위가 평평해서 작업하기도 안성맞춤이었다.

추위를 무릅 쓰고 우리 조사단(조사책임자 문명대, 보조원 문복선·조숙현·정선진·김선태·김길웅)은 탁본도 하고 실측도 하는 등 다시 한 번 정밀조사를 실시했다. 대곡리 암각화가 전부 드러난 뒤 처음 조사여서 1974년 2월의 조사야말로 전체 암각화에 대한 최초의 완전한 조사라 말할 수 있다.

6. 대곡리 암각화 3차 조사

1975년 1976년 2년간동안 수위가 많이 내려가지 않아 본격조사는 하지 못했다. 1977년에는 가뭄이 심해 3월에 수위가 반계(磻溪) 대곡천의 바닥 가까이 까지 내려갔으므로 완벽하게 조사할 수 있었다. 암반이 불균형스러워 조사하기가 녹녹치 않았으나 탁본과 실측 작업은 순조롭게 진행할 수 있었다. 조사는 5일 동안 실시되어 소기의 성과를 얻을 수 있었다. 74년 작업으로 도면화할 수 있었으므로 77년에는 도면의 수정작업도 병행하게 된다.

도23. 동국대학교 김동익 총장 조사단 격려

도24. 황수영 국립박물관장 1차 조사 격려

7. 실측 도면 작업과 연구보고서 작성

1974년부터 대곡리 실측 도면 작업이 실시되어 1년 이상의 시간이 걸려 1차 도면이 작성되었다. 현장 실측을 기본으로 사진·탁본·점토본을 종합하여 과감한 도면 작업을 실시한 것이다. 천전리 암각화와 함께 대곡리 암각화의 도면은 발상의 전환 없이는 도면화가 불가능했다고 할 수 있다. 이 암각화 도면은 이후 조사연구는 물론이고 다른 도면 작성의 모태가 되고 있는 것은 잘 알려진 사실이다. 이후의 도면은 동국대 박물관 조사단의 도면에서 약간씩만 변화한 것이지 그 바탕은 동국대본을 크게 벗어나지 못하고 있다는 것이 정평이다.

이 도면을 기본으로 삼아 연구보고서 작성에 몰두하게 된다. 겨울방학과 여름방학에는 대개 1개월 정도 반구대 집청전에서 원고 집필과 수정 작업을 열심히 하게 된다. 도면과 도판만으로는 한계가 있기 때문에 의심스러운 것은 현장에 가서 확인하는 과정을 반드시 거치게 된 것이다. 1979년에는 초고가 완성되었고 1980년에는 수정도 거의 완료된 상태였다. 그러나 수 년 동안 출판하기 위하여 동분서주했으나 모두 실패로 돌아가고 말았다.

1983년 황수영 당시 동국대학교 대학원장이 총장으로 취임하게 되자 이를

도25. 대곡리 암각화 2차조사 탁본 광경(문명대, 문복선, 1974. 2. 15.)

반구대 암각화 출판에 천우신조로 여기고 곧장 총장실로 찾아가 반구대 암각화 출판을 건의 드리게 된다. 황수영 총장님은 그 자리에서 쾌히 승낙해서 일사천리로 출판이 진행되어 1984년에 드디어 《盤龜臺－蔚州岩壁彫刻》이라는 제목으로 발견된(1970년) 지 14년만이고 조사 완료(1974년)된지 10년 만에 대망의 보고서가 출간된 것이다. 이처럼 이 보고서는 천신만고 끝에 출간되었고, 당시의 보고서로서는 파격적이고 최상의 보고서로 출판되었기 때문에 이 보고서는 한국 암각화 연구의 기본서가 될 수 있었던 것으로 평가된다.

　도면 작업의 완성은 문명대·김창균·신인철·문복선·조숙현 등이 담당했다.

도26. 대곡리 암각화 제3차 조사, 암각화 전경　도27. 대곡리 암각화 제3차 조사, 탁본
　　　(1977. 3)　　　　　　　　　　　　　　　(1977.3)

Ⅲ. 반구대 암각화 발견의 의의

1. 천전리 암각화 발견의 의의

천전리 암각화의 발견은 학계에 많은 파장을 일으켰다. 우리에게는 전혀 낯설고 아무도 알지 못한 미지의 세계로 우리를 안내한 역사적 사건으로 우리 앞에 홀연히 등장한 것이다.

첫째 천전리 암각화의 발견은 바위 조각, 암각, 암각화라는 선사예술의 분야를 우리에게 제공한 것이다. 1970년대까지만 하더라도 우리나라에서는 바위면에 새긴 마애불은 알아도 선사시대 암각화는 전혀 알지 못하던 낯선 분야였다. 절벽이나 커다란 바위 암면에 선사시대의 갖가지 물상을 새긴 이른바 암각화는 새로운 학문세계를 활짝 열어준 보석같은 존재라 할 수 있다.

둘째 천전리 암각화의 발견은 우리나라 청동기시대의 역사를 넓고도 깊게 바라볼 수 있는 안목을 높여준 계기가 되었다고 할 수 있다. 천전리 암각화는 청동기 미술의 최고 걸작일 뿐만 아니라 이 청동기 미술을 통하여 청동기시대의 우리나라 전체 역사를 새롭게 밝힐 수 있는 열쇠를 제공해주고 있는 것이다.

셋째 천전리 암각화의 발견은 천전리 암각화 특히 기하학적 무늬들은 청동기시대의 우리나라 최초의 초기 문자로 생각되므로 우리나라 청동기역사가 문자로 기록되었기 때문에 이것이 사실로 밝혀진다면 우리나라는 고대문자를 갖게 되는 것이고 우리나라 청동기역사는 선사시대가 아닌 역사시대로 진입할 수 있는 것이다. 즉 단군조선이 신화의 영역이 아닌 역사의 영역으로 편입할 수 있는 역사적 의의를 갖게 된다.

넷째 천전리 암각화의 발견은 고신라(古新羅)의 미술영역을 활짝 확대할 수 있게 된다. 고구려처럼 고분벽화가 전무한 신라에 고분벽화와 같은 고신라의 행렬도, 인물도 등 본격적인 미술을 제공하고 있는 것이다. 즉 고신라미술이 더 한층 승화되게 된다.

다섯째 천전리 암각화의 발견은 고신라의 잊혀진 역사를 새로이 조망할 수 있고, 살아있는 역사로 승화시켜주고 있다. 즉, 법흥ㆍ진흥대왕대의 산역사와 통일기의 살아있는 역사 그리고 통일 이후의 역사도 이 천전리 암각화의 명문들이 산 증거로 작동하게 하고 있는 것이다.

2. 대곡리 암각화 발견의 의의

첫째 대곡리 암각화는 천전리 암각화보다 1년 늦게 발견되었지만 기하학적 무늬 위주의 천전리 암각화보다 200여 점이 넘는 고래나 사슴, 호랑이 그림이 장관을 이루고 있기 때문에 세상 사람들에게 강렬한 인상을 남겨 반구대 암각화하면 대곡리 암각화로 인식하게 되었다. 나아가 대곡리 암각화는 우리나라 암각화의 대명사로 알려지게 된 것이다.

둘째 대곡리 암각화의 발견은 진정한 의미에서 한국 선사미술의 새 역사를 쓰게 된 것이다. 10×3m 주(主) 바위[岩面]에 200여 점 이상의 물뭍 동물이 파노라마식으로 펼쳐져 있는 암각화는 우리나라는 물론 세계적으로도 전무후무한 선사미술의 보고라 할 수 있기 때문이다.

셋째 대곡리 암각화의 발견은, 한 장(10×3m)의 바위 면에 200여 점이 넘는 신석기 육해동물이 장관을 이루고 있는 유적으로, 이 역시 우리나라는 물론 세계에서도 오직 대곡리 암각화밖에 없는 희귀한 예가 출현하게 된 것이다. 구석기시대 유럽의 알타미라나 라스코 동굴벽화와 쌍벽을 이루는 신석기시대 세계 최고의 암각화의 발견이라 할 수 있다.

넷째 대곡리 암각화의 발견은 해상동물인 고래 암각화 보고의 발견으로 50마리 이상의 신석기시대 고래집단의 종류ㆍ형태ㆍ습성ㆍ예술성 등을 한 눈에 파악할 수 있게 된 것이다. 이 역시 세계 최고ㆍ최대의 고래 예술의 보고로서 의의를 가지게 되었다고 할 수 있다.

다섯째 대곡리 암각화의 발견은 10여 마리가 넘는 신석기시대 호랑이 암각화의 보고로써 호랑이의 종류ㆍ형태ㆍ습성ㆍ예술성 등을 잘 이해할 수 있게 된 것이다. 이 역시 세계 최대ㆍ최고의 호랑이 암각화의 보고로서의 의의를 가지게 되었다고 할 수 있다.

여섯째 대곡리 암각화의 발견은 50마리 이상의 사슴이나 10여 마리 넘는 멧돼지 암각화의 보고를 찾아낸 것으로 우리나라 신석기인들의 식량자원의 원천을 이해할 수 있어서 우리나라 신석기시대 역사를 더 잘 파악할 수 있을 것이다.

일곱째 신석기인들의 고래사냥이나 사슴·멧돼지·호랑이 등의 다양한 사냥기술이나 방법 등은 물론 당시의 의식이나 사상·문화·사회경제상 등을 일목요연하게 이해할 수 있어서 한국은 말할 것 없고 동북아와 세계 신석기시대 연구에 크게 기여할 수 있는 역사적 의의를 지니고 있다.

Ⅳ. 반구대 암각화의 환경과 암석

1. 자연 환경

반구대 일대의 자연 환경은 반구대에서 상류 1.2㎞에 천전리 암각화가 있고 1㎞ 하류에 대곡리 암각화가 있는데 계곡 절벽에 두 암각화가 각기 새겨져 있어서 계곡이 이를 결정짓고 있다고 할 수 있다.

이 계곡을 예부터 반계(磻溪) 또는 반구(盤龜)계곡, 이 계곡에 흐르는 물을 반계천, 반구천이라 불렀는데 일명 구랑(九浪)이라고 부르기도 했다. 대곡천(大谷川)은 옛 기록이나 구전에는 없던 이름인데, 일제 때 행정용어에 쓰이면서 붙여진 이름이다. 구랑은 구곡(九曲)이라고도 부르고 있는데 구랑은 계곡 물이 아홉굽이로 굽이굽이 도는 계곡이라는 뜻이다. 필자가 처음 반구대를 조사할 당시는 구랑이라 부르고 있었다. 아홉구비 계곡은 위로는 연화산 아래 백운정사 위에서부터 대곡리 암각화 구비까지 대개 9곡을 이루고 있었기 때문이다.[6] 가장 아름다운 구비는 천전리 암각화 구비와 반구대 구비라 하겠다. 신라시대부터 조선 초까지 9곡마다 절이 있었고 이 절들은 정시한(丁時翰) 선생의 〈산중일기(山中日記)〉에서도 알 수 있다. 또한 구비마다 불상과 탑이 있어 이를 잘 알 수 있다.

이 구곡 즉 구랑인 반계 계곡은 구비마다 절벽을 이루고 골짜기가 깊고 그윽하여 절경을 이루고 있다. 굽이굽이 S자 곡선을 이루는 좁은 계곡을 감입곡류(嵌入曲流: Incised meander)라 부르고 있다. S자형 곡류가 오랜 세월 침식 과정을 거쳐 직선화되는 경우도 있는데 직선화하면 그 곡류 안은 평지로되어 비옥한 땅이 되는데 이 땅을 곡류단절지(曲流斷切地)라 부르고 있다. 곡류단절지는 사람이 살기도 좋고 경치도 빼어나 배산임수의 명승지가 된다. 그 대표

---

6) 송한규(언양 출신 선비)선생의 반계구곡음(磻溪九曲吟)에서 잘 알 수 있는데 사연댐 위 곡연에서부터 백련정사까지의 구비를 말하고 있다. 구곡이나 구곡도는 조선시대에 가장 인기 있었던 선비들의 로망이었다.

적인 예가 반구대와 대곡리 암각화가 있는 대곡리 마을이라 하겠다.[7] 바로 반구대 구비와 천전리 암각화 구비 및 대곡리 암각화 구비라는 절경의 명승지라 하겠다.

이 반계 계곡의 산야에는 소나무나 참나무가 많고 고광나무 · 광릉골무꽃 · 병꽃나무 · 노랑무늬붓꽃 · 한난 등 많은 식생이 자라고 있다.

오래전 중생대(2억 4800만년–6500만 년 전)의 말기인 백악기에는 지구 전체가 온난하여 식생이 풍부하였으므로 거대한 공룡들이 서식하기 좋은 환경이었다. 이 반계 구랑 계곡 일대에도 공룡들의 서식지여서 공룡들의 발자국이 많이 남아있다. 천전리 암각화 천변 일대와 대곡리 암각화 천변 일대에 많은 공룡 발자국이 남아있어 문화재로 지정되어 크게 명성을 얻고 있다. 이 발자국은 초식 공룡인 울트라사우르스(네 발로 걷는 목긴 공룡)와 고성사우르스(고성룡)로 알려져 있다.

따라서 이 9랑 반계 계곡은 중생대 백악기부터 신석기시대 · 청동기시대 · 신라시대 · 조선시대에 걸쳐 공룡과 인류들이 대를 이어 가면서 서식하던 아름다운 경관의 땅이라 하겠다.

2. 인문 환경

반계 계곡 일대의 인문 환경은 신석기시대부터 전개되었다고 생각된다. 현재 이 일대에서는 아직까지 구석기 유적이 발견되지 않고 있기 때문이다.

1) 신석기시대

신석기시대에는 이 반계 계곡 일대에 사람들이 살고 있었던 것으로 판단된다. 신석기시대의 주거지 유적은 사연댐 위, 반구대 암각화 구비를 돌아가면 수위 아래 왼쪽 언덕에 석기들이 출토되는 신석기 유적지를 필자가 1974년에

---

7) 다음 글을 참조할 수 있다. ① 국립문화재연구소,《대곡천암각화군》上·下(2019.12) ② 문화재청,《대곡천 암각화군 –보존학술조사용역》(문화재청, 2012.12)

발견했다. 이 유적지는 대곡리 암각화와 밀접히 연관되는 유적지로 주목해야 할 것이고, 이 외에도 몇 군데의 신석기시대 유적지가 있어서 신석기시대는 사람의 활동이 활발히 이루어졌던 곳이다.

특히 대곡리 암각화는 신석기시대 울산 일대 신석기인들의 가장 중요한 의식 장소였다고 할 수 있다. 울산 일대의 신석기인들이 모두 모여 바다와 육지 동물들의 수렵·어로 활동을 위한 의식 장소로 활용된 곳이므로 당시 울산 일대 신석기인들의 중심 활동지였다고 할 수 있다.

2) 청동기시대

이 중심지는 청동기시대가 되면 2.2㎞ 상류의 천전리 암각화로 옮겨진다. 울산 일대 청동기시대 인들은 천전리 암각화에 모두 모여 제사의식을 행했다고 할 수 있다. 또한 이 반계 계곡에는 신석기시대보다 더 많은 사람이 살고 있었다고 할 수 있다.

3) 신라시대-고려·조선 초 시대

신라시대가 되면 천전리 암각화는 울산 일대 뿐 아니라 수도 경주의 사탁부, 왕실을 중심으로 상류 계층이나 화랑도 등 다양한 계층의 사람들의 유행처로 크게 각광 받았던 곳으로 유명했다. 신라시대 주 명문과 각종 명문(銘文) 및 행렬도 등에서 확인된다.

특히 신라 법흥대왕 이후에는 반계 계곡 일대는 구비마다 사찰이 있어서 불교 문화가 번창했다고 볼 수 있다. 필자는 1974년 등 수차례 반계 계곡 일대를 답사하여 사지들 다수를 찾아내었는데 그 뒤 대곡리 수몰 지역 구제 발굴로 필자의 사지 발견이 현실화되었다.

첫째 반구대 바위와 바위 동쪽과 반고 일대에 반고사(磻高寺)가 있었는데, 이 절에는 원효스님이 수년 동안 거주하면서《안심사신론》등 3권의 저서를 남긴 유명한 절이 있었다.[8]

이 절에는 고려시대에 정몽주 선생이 유배 와서 3년 동안 거주했다고 알려

---

8) 일연,《삼국유사》낭지승운조

져 있다. 이 절터에서 1960년대에 석불상 1구를 부산대학교 박물관으로 옮겨 모셨는데[9] 그 대좌는 1974년에 모래에 일부 묻혀 있었던 것을 집청전 마루 밑에 옮겨 놓았으나 1998년경에 도난 맞았다. 반고사지를 천전리 암각화 옆의 탑 있는 사지로 잘못 알고 있는 경우도 있는데 이것은《반구대》보고서를 읽지 않고 듣고 적은 오류이다.[10]

둘째 천전리 암각화 옆 사지인데, 암각화 오른쪽 건너편 층단 논밭이 신라 절 터로 통일신라 탑의 부재는 아직도 남아있다. 이 탑의 존재를 알려준 분은 경주 골동상 석용식씨인데 이 분은 언양 사람으로 경주 골동상의 대표로 알려진 분이 다. 1969년 망해사 조사 때 망해사 주지 스님도 반구대 한구비 위에 석탑이 무너 져 있다고 말해 주었다. 반구대에 있는 반고사지가 물속에 잠겨있어서 천전리 암 각화 옆 탑 사지를 찾고자 최경환씨를 모시고 절터가 보이는 곳에 오자 최경환씨 가 건너편 절벽을 보면서 저기 바위에 희미한 그림 같은 것이 있다는 귀띔을 받고 물을 건너 조사한 것이 천전리 암각화인 것이다. 따라서 이 천전리 암각화 신라 사지는 천전리 암각화 발견의 일등 공신인 셈이다. 이 절터 이름은〈산중일기〉에 서 언급한 연고사(連高寺)일 가능성이 짙다고 생각된다.

셋째 천전리 암각화 상류로 한 구비를 지나 다음 구비 절벽 아래에도 절터가 있다. 바로 장천사지이다. 여기에도 신라 석탑의 부재가 남아 있었는데 사방불 이 새겨져 있어 매우 중요시되는 석탑의 부재인 것이다. 절은 장천사지로 알려 져 있는데 발굴에 따라 다수의 기와들이 출토되었다.

넷째 백련정사도 백련사 신라 절터로 알려져 있다. 이곳에 탑의 부재와 신라 기와편들이 흩어져 있었기 때문에 여기도 신라 절터로 알려져 있다. 발굴에 따 라 건물지와 기와들이 다수 출토되었다.

현재 4곳에서 신라 절터가 발견되었지만 구비마다 신라 사지가 있었다고 생 각되므로 아마도 이 반계 계곡은 신라의 불교문화가 활짝 꽃 피웠던 지역으로 생각된다. 이 신라 사원들은 고려와 조선 초까지 번창했다고 생각된다.

---

9) ① 고고미술동인회,《고고미술》문화재뉴스 ② 정영호,〈언양 대곡리사지의 조사〉,《고 고미술》3-9

10) 문화재청,〈반고사지〉,《대곡천 암각화군 – 보존학술조사연구용역》(문화재청, 2012.12), p. 175

4) 조선시대

조선시대 특히 조선 후기에는 이 반계 계곡 일대가 유교문화의 집성지로 유명해진다. 조선시대 문화를 대표하는 서원과 누정이 구곡의 구비마다 있었기 때문이다. [11]

첫째 백련정과 백련정사가 두동면 천전리 방리 마을에 있었는데, 대곡댐의 건설로 수몰되었다. 이곳에서 정자와 함께 후학 양성을 하던 서원도 겸했던 유명한 곳이다.

둘째 반구서원이 1712년에 건립된다. 반구대 바위 위에 건립된 서원이었으나 대원군 서원철폐 때 없어지고 뒤에 집정천 옆에 새로 건립되었다.

셋째 집청전이 반구대 건너편 대숲 속에 1713년 최신기(1673-1737)에 의하여 건립된다. 경주최씨 일가의 정자로 최신기의 7세손 최경환(1909-1978) 선비가 근래의 집청전 주인이었다. 필자는 최경환씨의 안내로 천전리 암각화 옆 신라 사지를 조사하여 천전리 암각화를 발견했으며 조사 기간 1970년부터 1983년까지 집청전에서 반구대 보고서가 완성되었으므로 반구대 보고서는 집청전이 산실이었다고 할 수 있다. 최경환 선비는 한시는 물론 우리 시조에도 조예가 깊었던 분으로 반계 계곡을 읊은 시집인 집청전 시집(406수)을 엮었는데 필자는 이 시집에서 대곡천 이른바 반구천이 반계임을 확실히 알게 되었다.

넷째 모은정(慕隱亭)도 반구대 옆에 1920년에 정안 이씨의 정자로 건립되었다.

다섯째 관서정이 사연리에 김정(1683-1747)에 의하여 건립된다. 관서정도 유명 정자였는데 영조 때 울산 부사를 역임한 권상임(權尙任) 울산 부사가 〈관서정기〉를 남기고 있다.

이처럼 반계 계곡에 서원과 정자와 누각이 많이 들어선 것은 유교 이념의 구현이라 할 구곡도 문화와 밀접한 관련이 있다고 판단된다.

---

11) 신형석, 〈대곡천 유역의 시기별 공간 활용 역사〉, 《대곡천 암각화군》2(국립문화재연구소, 2019.12)

3. 암석 상태

대곡리 암각화와 천전리 암각화의 암석(岩石)은 암갈색인 자색 또는 암갈색 세일(Shale)로 구성되며, 일부 이암도 섞여있는 것으로 분석되고 있다.

세일은 중생대 백악기(白堊期)에 형성된 퇴적암인데, 퇴적암 자체는 풍화에 약하지만 화산 활동으로 말미암아 열변성 작용을 받아 절리가 수직 방향으로 발달되어 수직 암벽 즉 절벽이 잘 형성되고 일반 퇴적암보다 풍화에 다소 강한 암석이 되었다고 알려져 있다. 따라서 대곡리 암각화나 천전리 암각화는 암각화를 새기기에 아주 적합한 환경이 되었다고 할 수 있다.[12]

세일 암석의 굳기 정도 즉 강도(強度)는 2.5-3.5 전후인데, 이 암각화 암석은 강도가 3전후여서 풍화 작용에 강하면서 새기기에도 적합하여 암각화 조성에는 매우 좋은 암석이라 할 수 있다.[13] 조각기는 강도가 7-8정도의 석영 같은 암석으로 만들면 암각화를 새기는데 적당한 것이다.

새기는 방법은 첫째 조각 석기인 끌 종류의 석기를 바위 면에 대고 망치 종류의 돌로 쳐나가면서 세일의 암면에 깊거나 얕게 쪼기한 타흔을 내면서 물상을 새길 수 있게 된다.

둘째로 조각석기로 직접 세일 암면을 쪼아가면서 물상을 새기는 방법도 있는데 첫째 방법이 암각화를 새기기에는 좀 더 효율적이라 할 수 있다. 아마도 반구대 암각화는 두 가지 방법이 모두 사용되었을 것으로 판단된다.

　　ｏ 세일 암석 광물 구성 성분 : 엘바이트 25.1%, 석영 10.0%, 정장석

　　10.5% 운모 23.0%, 녹니석 7.0%, 방해석 21.2%

이 세일 암석은 풍화 작용이 일어나면 동전 크기의 사각형 돌조각으로 층층으로 켜켜히 부서지는데, 이런 현상은 대곡리 암각화 동암 그물(2) 부근과 주

---

12)　다음 글을 참조할 수 있다. ① 국립지질연구소, 《한국지질도-울산도록》(1968), 조사자 이인기씨의 증언 참조. ② 장윤득, 〈대곡천의 지질학적 환경〉, 《울주 대곡리 반구대 암각화》(울산암각화박물관, 2013)
13)　정창열, 《신지질학개론》 및 로버트.R슈라크, 《성층암의 층서》 참조.

암면(主岩面) 최하단에서 1971년 이전부터 현재까지 나타나고 있다. 또한 수직 절리로 나타난 절벽 암면에는 세로로 균열이 일어나는데, 이 현상은 오래전부터 대곡리 암각화에 나타난 현상이다. 또한 암석 표면에 얇은 층으로 박락되는 현상은 천전리 암각화에 많이 나타난 현상이고 대곡리 암각화에도 보이고 있는 현상이다.

이런 풍화작용은 더이상 방치하면 대곡리와 천전리 암각화에 치명적인 부작용을 일으켜 돌이킬 수 없는 최악의 상태가 될 것이다. 암면 보존에 최선을 다해야 할 것이나 최우선적으로 수위 조절을 하루 빨리 시행하는 것이 무엇보다도 중요하다.

제3장

대곡리 암각화

도1. 반구대 전경

도2. 대곡리 암각화 주암면 전경(1977. 3. 10.)

도3. 대곡리 암각화 Ⅰ·Ⅱ부

도4. 대곡리 암각화 Ⅱ · Ⅲ · Ⅳ부

도5. 대곡리 암각화 Ⅲ · Ⅳ부

도6. 춤추는 사람과 거북(1972. 3)

도7. 인면(탈) (1972. 3)

도8. 새끼가진 사슴(1972. 3)

도9. 사슴 무리(호랑이) (1972. 3)

도10. 사슴(1972. 3)

도11. 사슴 무리(1972. 3)

도12. 울랑이와 표범(1972. 3)

도13. 표범(사슴, 축제비) (1972. 3)

도14. 호랑이(고래잡이) (1972. 3)

도15. 멧돼지 교미 장면(1972. 3)

도16. 멧돼지5(1972. 3)

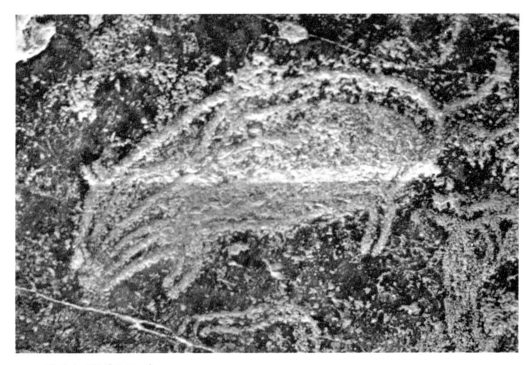

도17. 멧돼지5 탁본(1972. 3)

도18. 고래 사냥 장면(호랑이) (1972. 3)

도19. 대곡리 암각화 전경(2014년)

도20. 대곡리암각화 Ⅰ부

도21. 대곡리암각화 Ⅲ, Ⅳ부

도22. 대곡리암각화 Ⅳ부 하단(2014년, 하단 흠이 많이 벌어진 상태)

도23. 대곡리암각화 Ⅴ부 하단

도24. 대곡리암각화 Ⅰ부 상단

▲도25. 대곡리암각화 Ⅰ부 상단, 춤추는 무당과 거북, 고래1

▶도26. 대곡리암각화 Ⅰ부 상단, 춤추는 무당과 거북, 고래1

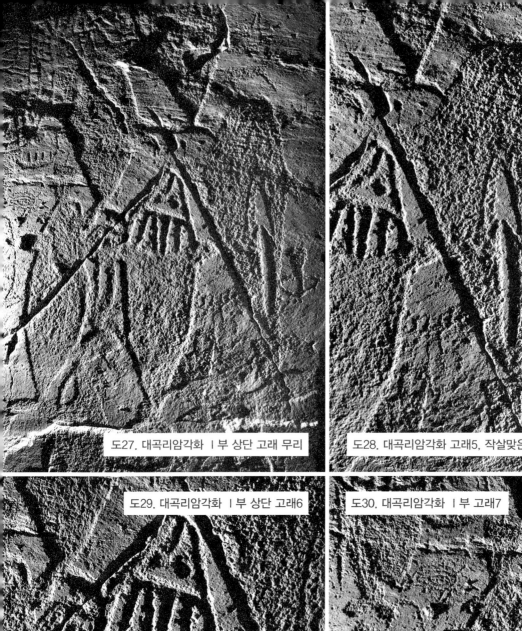

도27. 대곡리암각화 Ⅰ부 상단 고래 무리

도28. 대곡리암각화 고래5, 작살맞은 고래

도29. 대곡리암각화 Ⅰ부 상단 고래6

도30. 대곡리암각화 Ⅰ부 고래7

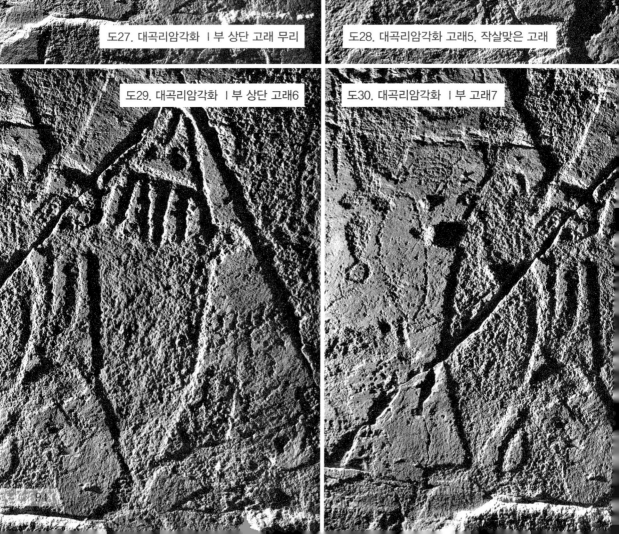

▲도31. 대곡리암각화 Ⅰ부 하단 물뿜는 고래11, 12, 13

▶도32. 대곡리암각화 Ⅰ부 하단 상어1

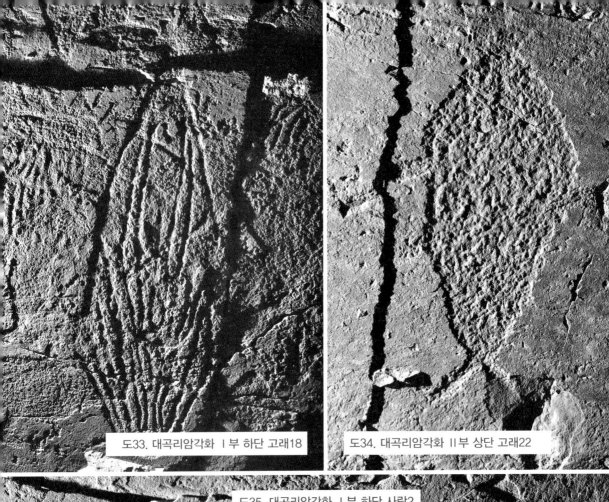

도33. 대곡리암각화 Ⅰ부 하단 고래18

도34. 대곡리암각화 Ⅱ부 상단 고래22

도35. 대곡리암각화 Ⅰ부 하단 사람2

도36. 대곡리 암각화 Ⅲ부　도37. 대곡리 암각화 Ⅲ부 고래28, 물개2, 3

도38. 대곡리 암각화 물개3　도39. 대곡리 암각화 Ⅲ부 물개2

도40. 대곡리 암각화(2014년)

도41. 대곡리 암각화 Ⅰ부

◀도42. 대곡리 암각화 Ⅳ부 인면1

▼도43. 대곡리 암각화 Ⅳ부 사람3(사냥꾼)

도44. 대곡리 암각화 IV부 사람4, 고래36, 사슴18

도45. 대곡리 암각화 IV부 사람3

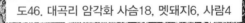

도46. 대곡리 암각화 사슴18, 멧돼지6, 사람4

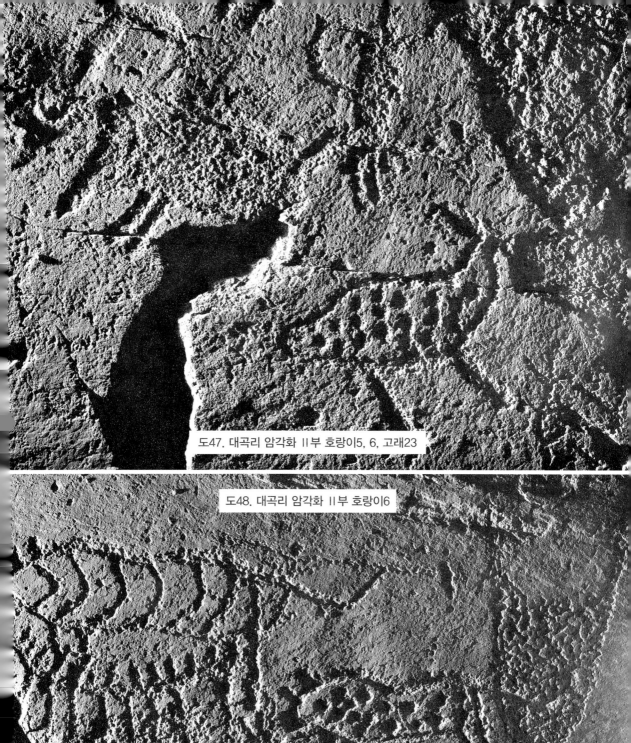

도47. 대곡리 암각화 Ⅱ부 호랑이5, 6, 고래23

도48. 대곡리 암각화 Ⅱ부 호랑이6

도49. 대곡리 암각화 Ⅲ부

도50. 대곡리 암각화 Ⅲ부 호랑이8

도51. 대곡리 암각화 Ⅲ부 멧돼지1, 2, 3

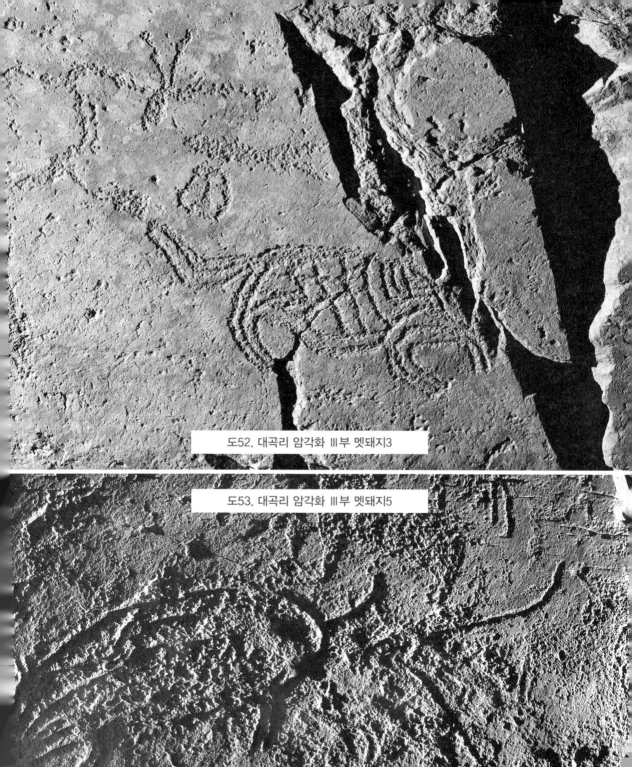

도52. 대곡리 암각화 Ⅲ부 멧돼지3

도53. 대곡리 암각화 Ⅲ부 멧돼지5

도54. 대곡리암각화 멧돼지

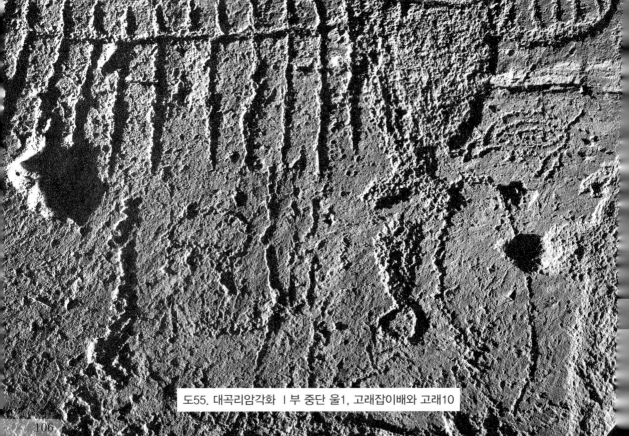

도55. 대곡리암각화 Ⅰ부 중단 울1, 고래잡이배와 고래10

도56. 대곡리암각화 그물1, 고래2, 3

도57. 대곡리암각화 Ⅴ부 고래잡이 배, 고래와 호랑이

도58. 대곡리암각화 전경, 2014

도59. 대곡리 암각화 전면 실측도

Ⅰ. 대곡리 암각화의 분포

대곡리 마을 앞산 북쪽의 거대한 절벽 하안
ㄱ자 암면에 200여 점의 물상이 다채롭게 새겨
져 장관을 이루고 있다. 이 암각화를 울산 반구
대 대곡리 암각화라 부르고 있다.

암각이 주로 새겨진 주암면(主岩面)은 남암
(南岩)이고 약간 작게 새겨진 암면은 동암(東
岩)이다. 주암면은 너비가 10여m이고 좀 더

떨어져 몇 점의 암각까지는 15m 이상이며 높이는 3m 정도이다.

1. 주암면(남암)

주암면인 남암은 세로로 자연 균열이 나있어서 앞면이 자연적으로 5등분되
어 있다. 균열선이 뚜렷하고 5등분된 각 부분의 암각화 성격도 약간씩 달라 5
등분은 자연스럽다. 왼쪽(동쪽)에서 오른쪽(서쪽)으로 5등분된 암면은 Ⅰ·
Ⅱ·Ⅲ·Ⅳ·Ⅴ 부분으로 나눌 수 있다. 보고서에는 가·나·다순과 A·B·C
순으로 나누었지만 숫자로 구분하고 괄호 안에 A·B·C순을 붙이면 좀 더 국
제적으로 이해될 수 있을 것이다.

1) Ⅰ(ㄱ, A)부
◆ 1부-상단

주(主)암면의 상단 동쪽면이자 제일 왼쪽 부분이다. 이 부분은 사람, 동물
(사슴·호랑이 등), 바다 물고기(고래·거북 등), 고래잡이, 사냥물 등 가장 다
채로운 암각화로 가득한 편이다.

가장 상단에는 발가벗고 나체로 춤추는 인물(사람 1호)이 새겨져 있다. 두
손을 머리까지 올린 동작으로 보아 두 손을 올렸다 내렸다 하면서 춤추는 추임

새인데 현재도 무당이 굿할 때 하는 춤사위 동작이다. 필자가 1979년 겨울방학 때 《반구대 암벽조각》 보고서 원고 수정차 반구대 집청전에 머물고 있을 때 집청전 앞 물가에서 용왕 굿하는 무당의 춤사위 동작이 이 암각화 춤추는 인물(샤먼=무당)의 동작과 꼭 같아서 신석기시대부터 수 천 년 간 면면히 내려오는 오랜 전통이라는 사실에 놀라움을 금치 못했던 생각이 아직도 생생하다.

바로 샤먼(무당)의 발 앞에는 새끼를 업고 유영하는 큼직한 고래가 있고, 바로 뒤로는 바다거북이 3마리가 헤엄치고 있다. 이 샤먼은 발 앞의 새끼 업은 고래(고래1)과 교감하거나 고래잡이의 풍요를 기원하는 기원제를 지내는 광경을 묘사했을 가능성이 농후하다고 판단된다.

샤먼의 발 아래로는 거대한 고래(고래1)이 수직으로 새겨져 있는데 머리 부분에 작은 고래 형태가 얹혀 있어서 새끼를 업고 유영하는 커다란 고래로 인식되고 있다. 이 새끼 부분은 쪼기로 새기지 않고 원 암면을 새끼 형태로 그대로 둔 체 주위를 쪼아 이 새끼는 자연적인 부조형태가 되고 있다. 이 고래는 부리 고래로 보기도 한다.[1]

고래 오른쪽 지느러미 아래에는 물개 종류로 보이는 물개(1)과 바로 아래에 오른쪽으로 뛰어가는 사슴(1) 한 마리가 보이고 있다. 이 고래 왼쪽에는 고래(2) 한 마리가 하부가 물에 잠긴 체 새겨져 있다. 고래(2)의 바로 위이자 샤먼의 뒤에는 삼각형을 이루면서 나아가는 바다거북 3마리가 보이고 있다. 위 거북(1)과 좌와 우에 각각 1마리씩의 거북이 있는데 좌 거북(2), 우 거북(3) 모두 네 발을 벌린 체 유영하는 모습이다. 거북(3)과 고래(2) 아래에는 커다란 그물(1)이 위로 향하여 놓여 있다. 그물은 새끼같은 줄 종류를 촘촘히 엮어 타원형 울로 만든 것이다. 안에는 호랑이로 생각되는 동물 한 마리가 갇혀있는 형상인데 머리 부분이 잘린 체 보이지 않고 있다. 이 동물은 호랑이(1)로 생각되고 있다.

그물 울 오른쪽에는 큼직한 고래(3)이 수직으로 새겨져 있고 그물 왼쪽에는 사슴 한 마리(2)가 왼쪽을 향해 서 있다. 고래(3) 아래쪽 좌우로 수직으로 된 7마리 정도의 고래가 좌우로 배열되어 있다. 그물(1) 밑에 깔려 머리 부분이 잘

---

1) 김장근, 〈반구대 암각화 고래 그림의 고찰〉, 《고래박물관에서 만난 암각화 속 고래》(장생포 고래 박물관, 2017.12)

Ⅰ부

도60. Ⅰ부 실측도

린 체 고래(4)가 있고 이 오른쪽에는 고래잡이 배(포경선)로 추정되는 배(1)이 놓여있는데 이 아래는 작은 동물(1)이 보이고 있다. 오른쪽에는 작살 박힌 고래(5)가 꿈틀대는 모양의 휘어진 몸통으로 새겨져 있는데 몸속에는 비교적 날카로운 작살(1)이 박혀 있다. 형태로 보아 뼈(骨) 작살로 생각된다. 이 작살도 표면을 그대로 둔 채 주위를 쪼기로 새겨 자연 작살형 부조가 되고 있다. 작살 옆에는 물에 뜨게 하는 부구(1)이 놓여 있다. 이 부구는 쇠뇌로 보아 이 암각화는 금속기시대 또는 청동기시대로 내려 보는 근거가 되기도 했다.

고래(5) 왼쪽에는 울(2)가 보이는데 아래쪽에는 작은 고래 1마리(고8)이 큰 고래(6) 몸체에 깔려 있다. 이 작은 고래(8)은 큰 고래(6)의 새끼로 판단된다. 이 고래는 짧은 주름이 5개인 것으로 보아 귀신고래로 파악되고 있다. 이 큰 고래(6) 왼쪽에는 약간 작은 고래(7)이 같은 포즈로 유영하고 있고 이 두 큰 고래 사이에 고래(7) 아래에 왼쪽 몸통이 깔려 있는 작은 고래 1마리(9)가 새겨져 있다. 고래(7) 왼쪽에는 더 작은 고래(10)이 동일한 자세로 새겨져 있고 이 왼쪽에도 작은 고래로 추정되는 고래(10-1, 정확히 고래인지 분명하지 않아 고10-1로 일단 분류했음.) 한 마리가 있는데 고래(4)의 꼬리 아래가 된다. 이들 왼쪽에는 그물 울 아래에 긴 울[木柵]이 새겨져 있는데 안에는 호랑이 종류의 동물(2)가 갇혀있다. 울 아래에는 작은 동물(3)이 뛰어가는 모습으로 새겨져 있는데 작은 멧돼지나 설치류일 가능성이 있다. 이 아래에는 바다 문어나 오징어처럼 보이는 어류(1)이 보이고 있는데 작은 고래(10-1) 왼쪽이 된다.

이 어류 아래에는 사람이 많이 탄 긴 배(2)가 있는데 오른쪽 그물에서 긴 밧줄이 나와 고래(10)에 연결되어 있어서 이 배는 고래(10)을 잡아 끌고 가고 있는 포경선으로 보인다. 긴 배(2) 아래에는 비교적 큼직한 호랑이(호2) 한 마리가 오른쪽을 향하여 가고 있는 듯 한 형태인데 내장이 표현되어 표면은 알 수 없다. 이 호랑이 다리 사이에는 작은 새끼(호3)가 보이는데 점무늬로 보아 표범 새끼일 가능성도 있어서 큰 호랑이는 표범일 가능성도 있다. 호랑이(2) 꼬리 끝부분 아래에는 사슴(3)으로 보이는 동물이 오른쪽을 향해 움직이고 있다.

이 아래에는 좌우(동·서)로 길게 균열이 되고 있는데 조각 암면의 중심부가 되므로 이 위쪽을 1부분의 상단, 이 아래로 1부분의 하단으로 구별하고자 한다.

◆ 1부-하단

사슴(3) 아래쪽에는 물 뿜고 있는 사슴 세 마리가 역시 수직으로 새겨져 있다. 두 갈래로 물을 뿜고(憤氣) 있고 꼬리를 오른쪽으로 뒤틀고 있으면서 가슴 지느러미가 뭉툭한 좌측면관의 고래 형태인데 왼쪽 고래(11)이 가장 작고 중간 고래(12)는 긴 편이며 오른쪽 고래(13)은 비대하면서 가장 잘 남아있는 편이다. 이런 특징의 고래는 북방 긴수염고래로 분류되고 있다.

고래(11)과 (12) 사이에 작은 동물 한 마리(동물4)가 있는데, 호랑이 종류인지 워낙 작아서 명칭을 정확히 알 수 없다. 고래(12)와 (13) 사이에도 동물 두 마리(동5·동6)이 아래위로 새겨져 있고, 동물(5) 위에 사람(사2) 형상이 보인다.

고래(13) 오른쪽 아래 부분에 고래인지 상어인지 불분명한 고래(14, 상어1)이 있는데 오른쪽으로 활처럼 휘어져 있고 지느러미가 넷이나 된다. 고래(14) 오른쪽에 거대한 고래(고15)가 있는데 아래위로 두 마리처럼 보이고 있어서 불명확한 편이다. 몸통 밑에 또 하나의 고래(고16) 형태가 왼쪽으로 약간 보이고 있다. 고래(15)의 오른쪽에 이보다 작은 고래(고17)이 보이는데 위로는 발이 많이 달린 거대 문어나 낙지 같은 발이 무수히 달린 이름이 불분명한 바다고기(어류2, 문어1)이 있다.

고래(17)의 오른쪽에 주름이 많은 무서운 형상의 고래가 다른 고래와 달리 주둥이를 아래로 향한 반 수직 고래(고18)이 새겨져 있다. 이 고래 왼쪽 지느러미와 주둥이 부분에 걸쳐 고래(19) 한 마리가 보인다. 또한 고래(14) 왼쪽에 위쪽에 있는 북방긴수염고래와 분기만 없을 뿐 거의 동일한 형태의 고래(고21)이 있다.

고래(21)의 오른쪽에 서 있는 인물상 2인(사람3, 사람4)으로 추정되는 상이 있고 이 오른쪽에 손발이 거대한 사람이 좌우로 두 발, 두 손을 한껏 벌리고 있다.

◆ I-1(ㄱ, A-1)부

1부 왼쪽 길게 깨어져 I부와 구별되는 암면 부위를 I-1부로 분류하면 이 상단부 울1과 평행 부위쯤에서 사람 1명이 새겨져 있다. 이 인물은 긴 악기를 불고 있는 것으로 간주하고 있는데 길고 커다란 막대형이 나팔 같은 악기인지는 더 논의해야 되겠지만 두 손으로 들고 있는 창 같은 무기일 가능성이 더 높지 않을까 한다.

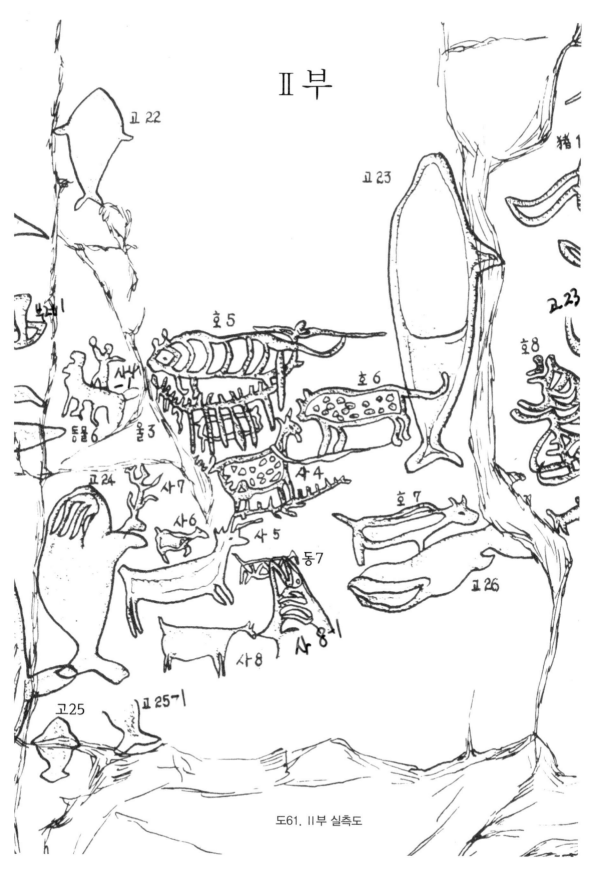

Ⅱ부

도61. Ⅱ부 실측도

117

2) Ⅱ(ㄴ, B)부

1부분 오른쪽이 Ⅱ(B)부이다. 이 부분은 ①상단 거의 대부분에 암각화가 새겨져 있지 않고, ②하단의 반이 바위 자체가 모두 떨어져 나간 공동(空洞)상태이며, ③공동 위의 부분은 그림들이 4·5겹으로 겹쳐 물상들을 구별할 수 없을 정도이기 때문에 15점 내외의 암각만 확인되므로 주암면에서는 현재 가장 적은 암각화들이 있는 셈이다.

◆ 상단부

작살 맞은 고래(고5) 오른쪽에 고래 한 마리(고22)가 외로이 떨어져 있는데 이 고래(22)는 작살 맞은 고래와 같은 무리로 생각된다.

이 고래(22)와 떨어져 오른쪽 Ⅱ부와 Ⅲ부의 경계선인 세로로 된 균열선에 면해서 큰 고래 한 마리(고23)가 역시 수직으로 서 있다. 고래 상체는 윤곽선 외에는 일체 조각하지 않고 있는데 새끼 업고 있는 고래(1)의 새끼의 표현처럼 쪼기로 새기지 않고 자연적인 부조 형태가 되는 기법은 분명한 의도일 가능성이 있다. 바로 배 부분을 표현하고자 의도한 것으로 생각된다. 이 고래는 범고래로 분류되고 있다.

작살 박힌 고래(5)의 꼬리 오른쪽에 동물 한 마리(동6)과 동물 등 위에 사람한명(사4)가 팔을 벌린 체 서 있는 형상이 있다. 동물은 낙타처럼 생겼는데 다리가 많아 두 다리가 겹쳐 있다고 볼 수 있다. 그러나 어떤 동물인지 알 수 없고 사람과 별개인지도 잘 알 수 없다.

이 오른쪽에 호랑이(호5) 한 마리가 왼쪽을 향하여 가고 있는 형태인데 줄무늬가 있고 꼬리가 길다. 호랑이(5) 아래쪽에 울[木柵:3]이 빙 둘러 있고, 안에는 동물(동7) 1마리가 갇혀있는 모양이다. 이 동물은 멧돼지일 가능성은 있지만 분명하지는 않다. 울 오른쪽에는 표범(호6)으로 생각되는 동물이 울 쪽을 향해 가고 있는 모양이 새겨져 있다. 점무늬로 보아 표범이 분명하지만 여기서는 호랑이(표범)로 일단 분류해 두고자 한다.

◆ 하단부

이들 조각상의 아래로는 좌우로 긴 균열이 가늘게 나있어서 상·하단을 구별할 수 있다.

동물(6) 아래쪽에 고래(고24) 한 마리가 수직으로 새겨져 있다. 이 고래는 고래(6)과 동일종으로 귀신고래로 분류되고 있다. 이 고래(24) 지느러미 밑에 깔려 머리와 뿔만 보이는 사슴(사7)이 보이고 있어서 사슴이 고래 보다 이전에 새겨진 것임을 알 수 있다. 이 오른쪽에는 작은 사슴(사6)이 오른쪽으로 향하고 있다. 이 사슴(6) 오른쪽이자 울(3) 아래쪽에 뿔이 없는 얼룩사슴(사4) 한 마리가 호랑이(6)과 반대로 오른쪽으로 향하고 있다. 이 부분에서는 호랑이는 왼쪽, 사슴은 오른쪽으로 향하고 있어서 연대차는 있지만, 육식동물과 초식동물을 구별하고자 하는 작가의 의도가 있다고 판단된다.

사슴(4) 아래에는 사슴(사5)가 있는데 뿔이 너무 길어 과장된 수법이 보이고 있다. 이 뿔은 울(柵)로 보기도 하지만 목책이라면 아래쪽 나무가 너무 작고 적어서 울로 보기에는 무리가 있어서 일단 사슴(5)의 뿔로 간주해 두고자 한다. 사슴(5)는 몸통이 늘씬하고 머리가 비교적 긴 특색 있는 모양이다. 사슴(5)의 턱 밑에 작은 동물(7)이 보이는데 지그재그무늬로 보아 멧돼지일 가능성도 있지만 부정확하므로 동물로 두고자 한다.

사슴(5) 아래에는 같은 방향의 사슴(사8) 한 마리가 있는데 큰 몸체에 견주어 머리가 유난히 작고 목도 유난히 가는 사슴이다. 이 사슴(8) 주둥이 앞에는 가지가 많은 사슴뿔 형태가 머리로 추정되는 형태 위로 묘사되고 있는데 사슴(8-1)일 가능성이 있지만 부정확한 편이어서 사슴(8-1)로 우선 분류해 두고자 한다.

동물(7) 오른쪽에는 역시 오른쪽으로 향한 동물 한 마리가 있는데 꼬리로 보아 멧돼지나 소 같은 우제과 동물로 생각되지만 호랑이일 가능성도 있어 호랑이(7)로 분류했다. 그러나 호랑이 보다는 소과 동물로 보아 우제 동물(1)로 일단 분류해 두고자 한다. 앞으로 좀 더 밝혀져야 할 대상이다.

이 동물 발 아래쪽에는 고래(고26) 한 마리가 왼쪽을 향하고 있다. 3부분 하단부의 고래와 마찬가지로 1부분 고래처럼 수직이 아닌 좌우의 수평방향이어서 특이한 편이다. 입이 옆으로 긴 것으로 보아 긴수염고래일 가능성도 있지만 지느러미로 보아 재고해야 할 점도 있어서 명칭은 일단 보류해 두고자 한다.

고래(24)의 꼬리 아래쪽이자 고래(18) 주둥이 오른쪽에 고래 두 마리가 보인다. 왼쪽에 작은 고래(고25)와 오른쪽에 꼬리만 보이는 고래(25-1)이 있다.

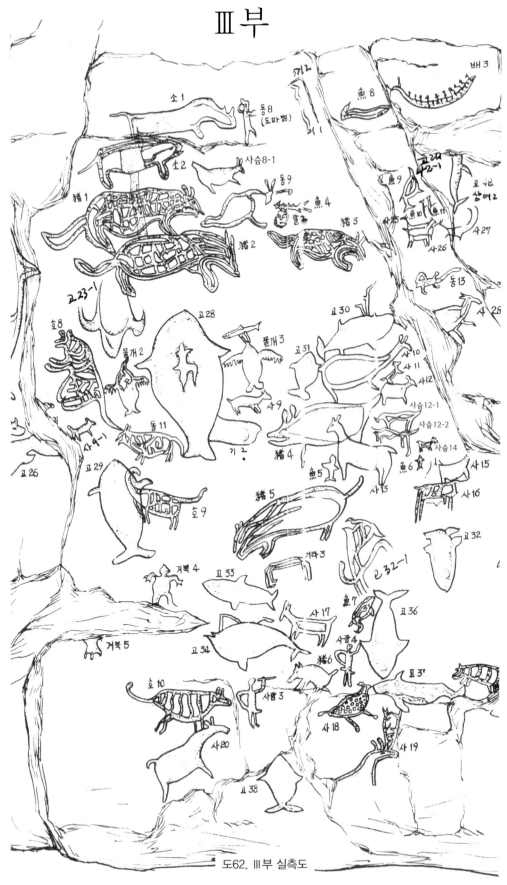

도62. Ⅲ부 실측도

이 아래쪽에 암면이 떨어져나가 공동이 된 부분인데 이 주위와 공동(空洞) 위쪽 부분은 4·5차례 이상 겹치게 조각한 부분이어서 거의 구별할 수 없다. 이로 보면 공동이 된 것은 떨어져 나간 암면에 계속 조각기로 두드렸기 때문에 그 충격으로 약하게 연결되었던 부분이 어떤 충격 때문에 일시에 떨어져 나간 것으로 파악된다.

3) Ⅲ(ㄷ, C)부

Ⅲ부는 오른쪽 균열상태가 왼쪽에서 오른쪽으로 비스듬히 내려가 아래가 점점 넓어져 사다리꼴을 이루기 때문에 암면이 가장 넓고 도상들도 개체수가 가장 많은 편이다. 또한 Ⅰ, Ⅱ에 비해 바다동물(고래)보다 육지동물이 현저히 많아진 부분이다.

◆ 상단

제일 상단의 동물은 목이 올라가고 몸체가 긴 동물인데 두 개의 뿔과 꼬리 상태로 보아 소(소1)일 가능성이 가장 높은 편이다. 소 주둥이 앞에는 서 있는 사람 형상과 유사하지만 사람이 아닌 도마뱀 비슷한 동물일 가능성도 있어 정확하지 않으므로 동물(8)로 우선 분류해 둔다. 앞으로 사람인지 좀 더 확인할 필요성은 남아있다. 이 오른쪽에는 지그재그 형상(기타1)이 보이는데 이 역시 문양인지 물상인지 불명확하다. 소1 아래에는 머리가 불분명하지만 소1과 유사한 몸통과 꼬리를 가진 동물이 있는데 이 역시 소(2)일 가능성이 높은 편이다. 이 소 오른쪽에는 사슴(8-1) 한 마리가 뛰어가는 모습을 묘사하고 있다. 이 아래에는 목이 가는 긴 동물(동9)가 뛰어가는 모습인데 사슴일 가능성이 높지만 일단 동물(9)로 분류해 두고자 한다. 이 오른쪽에는 긴 어류로 생각되는 물상(어1)이 있고 아래쪽에 면해서 아주 작은 인면, 탈(1)이 보이고 있다.

이들 주위 옆과 아래로 동적인 동물 3마리가 있는데 사슴도 아니고 호랑이도 아닌 뾰족하고 긴 주둥이로 보아 멧돼지일 가능성이 가장 높은 것 같아 멧돼지로 분류하고자 한다. 즉 동물(9) 왼쪽에 주둥이가 뾰족하고 긴 동물인 멧돼지(1)이 있고 등 위에 또 동일한 모양의 한 마리가(2)가 있어서 마치 교미하는 자세로 보인다. 다른 유럽 암각화의 예로 보면 교미하는 동물로 간주되고 있어서 여기서도 일단 교미하는 멧돼지로 분류해둔다. 멧돼지(2) 앞인 오른쪽에도 멧돼지(1·2)와 동일한 멧돼지(3)이 뛰어가는 모습을 묘사하고 있다.

Ⅱ부 고래(23)의 오른쪽이자 멧돼지(2)의 뒷부분에 깔려있는 고래(23-1)은 머리가 아래로 향한 Ⅲ부분의 고래들처럼 머리가 아래로 향한 수직형 고래(23-1)이다. 배가 하늘로 향한 뒤집힌 고래로 생각되는데 고래(23)도 이런 뒤집힌 고래일 가능성도 있다. 또한 고래(23-1)도 고래(23)과 같은 종인 부리고래일 가능성이 크다고 판단된다.

이 고래 아래쪽 오른편에 거대한 고래(고28)이 있고 좌우로 같은 형태의 어류가 나란히 유영하고 있는 모습이 보인다. 고래 등에는 새끼일 가능성이 있는 형상이 보이는데, 다른 어류가 고래 등 위에 있는 형상일 수도 있다. 좌우의 어류는 물개(물범·물사자) 종류로 생각되는데 오른쪽 물개(물3)은 갈치 같은 어류를 입에 물고 헤엄치는 장면이고 왼쪽 물개(물2)도 머리를 길게 빼고 있는 것으로 생각된다. 이 두 물개 종은 새로 분류하기도 하지만 좌우의 날개형은 물갈퀴로 보아야 하므로 물개 종으로 보는 것이 좀 더 타당하다고 판단된다. 큰 고래(28) 꼬리 부분 밑에 물상이 깔려 있지만 고래인지 확인이 잘 안되어 기타(2)로 일단 분류했다. 물개(3) 오른쪽에 고래(30)과 고래(31)이 오른쪽 수평으로 헤엄치고 있다. 고래(31)은 고래(11-13)처럼 두 가닥으로 분기하고 있는 북방긴수염고래로 생각된다.

물개(2)의 왼쪽이자 고래(23)의 오른쪽에 거의 수직으로 서서 기어 올라가고 있는 듯한 호랑이(호8) 한 마리가 있다. 이 호랑이는 표피가 아닌 내장을 표현하고 있는데 특히 배가 앞으로 불룩 솟아 있어 새끼 밴 호랑이로 보는 것이 가장 합리적이라 생각된다. 이 불룩한 배를 무시하는 경우도 있지만 이 호랑이의 성격은 바로 이 배가 상징적으로 보여주고 있다고 판단된다. 호랑이 꼬리 왼쪽 옆에는 작은 동물이 있는데 짧은 꼬리를 곤두세우고 있어서 사슴인지 개인지 구분이 잘 안되지만 일단 곧추세운 꼬리로 보아 개과일 수도 있지만, 사슴(사9-1)으로 분류해 두고자 한다. 호랑이(8) 꼬리에 면해서 동물 한 마리가 있는데 이 동물 꼬리가 길게 내려져 고래(28)의 꼬리에 맞닿고 있어서 주둥이나 몸통으로 보아 멧돼지나 호랑이일 가능성이 있지만 멧돼지로 보기에 무리가 있어서 일단 멧돼지 같은 동물(11)로 분류해 두고자 한다. 이 동물은 내장이 표현되고 있어서 멧돼지 1·2·3과 동일한 성격을 가지고 있다고 생각된다.

고래(30)의 아래쪽이자 고래(31)의 오른쪽에는 큰 사슴(사10) 한 마리가 있고 이 아래쪽에는 대소 7·8마리의 사슴 무리가 떼지어 있다. 큰 사슴도 목이 길고 머리가 가늘고, 다리가 짧고 몸통이 큰 사슴이다. 목 아래에는 작은 사슴 두 마리가 있는데 매우 작은 사슴(11)과 그 아래 좀 더 큰 사슴(12)가 놓여 있어서 어미 사슴이 새끼 사슴을 데리고 어디로 향해가는 광경으로 보인다. 사슴(12)의 아래쪽에는 몸통이 가는 동물 두 마리가 있는데 추상적 표현이어서 정확히 판별할 수 없지만 짧은 꼬리로 보아 사슴일 가능성이 높아 윗사슴(12-1)과 아래사슴(12-2)으로 분류해 둔다. 이 두 사슴은 교미하고 있는 사슴일 가능성도 있다. 사슴(12-2) 아래쪽에는 큼직한 사슴(13) 한 마리가 왼쪽으로 향하고 있는데 작은 머리와 긴 목은 멧돼지(4) 몸통 위에 새겨져 있어서 멧돼지 위에 겹쳐 그린 것으로 생각된다. 이 사슴 오른쪽에는 너무 작아 판별이 어렵지만 어류(6)으로 보이는 형상이 있고, 이 위에 매우 작은 사슴(14)가 있으며 어류(6) 오른쪽에 사슴 두 마리가 있다. 위의 사슴(15)는 머리가 불분명하며, 아래사슴 역시 머리가 분명하지 않은데 이 사슴은 내장을 표현하고 있는 것 같다. 사슴(13)의 앞다리 앞에는 작은 형상이 보이고 있는데 거북처럼 보이지만 잘 판별할 수 없어 어류(5)로 분류해 둔다.

◆ 하단

Ⅲ부 암면 중간이 되는 부분에는 좌우로 약간의 빈 공간이 있어서 상·하단으로 구분할 수 있다.

동물(11)의 아래쪽에 큰 고래(고29) 한 마리가 새겨져 있는데 형태는 고래(28)과 비슷하게 잘 정제된 모양이다. 이 고래(29)의 오른쪽 지느러미 부분과 겹쳐 긴 꼬리가 말려 올라간 호랑이(9)가 새겨져 있다. 목이 길고 머리가 작은 것 같지만 머리 부분이 겹쳐 불분명한 편이며, 내장이 표현되어 있다. 고래(29) 아래쪽에는 두 팔을 벌리고 두 다리로 서 있는 것 같은 사람 형상이 있는데 사람인지 거북인지 불분명하지만 거북 형상일 가능성이 있어 일단 거북(4)으로 분류해 두고자 한다.

호랑이(9)의 오른쪽에 약간 떨어져 잘 생긴 멧돼지(5) 한 마리가 새겨져 있다. 주둥이가 길고 머리에서 줄무늬가 있고 짧은 꼬리가 올라가 있어 멧돼지(5)로 생각된다. 멧돼지(5) 주둥이 아래쪽에 왼쪽으로 향하고 있는 평행 고래(33)가 있다. 이 아래쪽에도 머리를 왼쪽으로 두고 주둥이가 위로 향한 고래(34)가 꼬리를 비틀고 있어서 아래·위가 뒤집힌 고래로 생각된다. 고래(34) 꼬리 부분에 사슴 한 마리(17)이 있고, 고래34의 위쪽에 고래에 면하여 어떤 물상이 깔려있는데, 이 물상이 무엇인지 정확히 알 수 없다. 고래(33) 위이자 멧돼지(5)의 아래쪽에 다리 4개에 몸통이 가는 동물인 듯한 형상이 보이는데 머리와 꼬리가 없어 정확히 명칭을 단정할 수 없어서 기타(3)로 분류해둔다. 이 오른쪽에 고래 주둥이 부분으로 생각되는 형상이 새겨져 있는데, 고래(32-1) 몸체는 불분명하여 전체적인 형태는 잘 알 수 없다. 오른쪽에는 고래(32)가 아래로 향한 수직으로 새겨져 있고 고래(32) 오른쪽에는 물개(4) 형태가 주둥이를 위로 향하고 있다. 물개(4) 오른쪽에는 머리가 작고 몸체가 큰 편인 사슴(37)이 새겨져 있고 이 몸체 위에 작은 사슴(22) 한 마리가 앙증맞게 서 있다.

Ⅱ부 암면 오른쪽이자 고래(34)의 왼쪽에 거북(5) 한 마리가 있는데 주둥이 부분이 떨어져 없어졌다. 이 거북 오른쪽 아래이자 고래(34)의 아래쪽에 호랑이(10) 한 마리가 뛰어가고 있다. 긴 꼬리 끝이 말려 올라가고 호랑이 특유의 줄무늬가 묘사되고 있어서 호랑이가 분명하다. 호랑이(10) 발아래에는 산을 오르는 듯한 사슴(20)이 있고 이들 주둥이 앞이자 오른쪽에는 사냥하는 장면이 묘사되고 있다.

허리에 오른손을 대고 왼손으로 긴 창 같은 무기를 들어 바로 앞에 있는 멧돼지(6)를 향하여 던질 듯 한 자세를 취하고 있는 인물상, 사냥꾼(사3)이 있다. 오른손에 든 창 모양을 부는 악기로 보는 견해도 있다. 앞에 있는 멧돼지(6)은 두 다리를 버티고 안간힘을 쓰는 듯한 자세에서 공격 직전의 제스처인지 방어 자세인지 잘 모르겠다. 이 멧돼지 꼬리 뒤인 오른쪽에는 사람(3)과 동일한 자세의 인물상 사람(4)가 있다. 왼손에 든 창모양은 보이지 않는데 이것은 고래(36)에 가려서인지도 모르겠다. 이 인물은 앞의 사냥꾼(사3)과 협공하고 있는 사냥꾼으로 간주된다. 이 고래(36)은 주둥이를 아래로 향한 아래 수직 자세의 고래인데 이런 반대 수직 자세는 3예 밖에 없어서 희귀한 자세로 평가된다. 이 고래(36) 꼬리 왼쪽에 개구리 모양의 어류(7)이 있는데 어떤 종류인지 불명확하다.

사람(4) 아래쪽에는 얼룩무늬가 있는 사향노루 사슴(18)이 뛰어가는 모습을 새기고 있다. 이 사향노루 사슴과 입을 맞대고 고래(37)이 수평으로 왼쪽을 향하고 있다. 사향노루 사슴(18) 아래쪽에는 커다란 뿔을 가진 사슴(19)가 있는데 가슴 이하가 떨어져나가 보이지 않고 있다. 사슴 뒤이자 왼쪽에는 고래(38)이 수직으로 헤엄치고 있는데 고래(28, 29)와 유사한 형태이다.

고래(37)의 꼬리 부분에는 줄무늬가 있는 동물이 왼쪽을 향하고 있는데 줄무늬로 보아 호랑이(호14)일 가능성이 높지만 꼬리가 불분명하여 단정할 수는 없다. 호랑이(14) 오른쪽에 호랑이와 반대 방향인 오른쪽으로 가고 있는 사슴(23)이 있는데 목이 길고 머리가 작은 사슴이다. 이 사슴의 등 위에는 마치 짐처럼 보이는 물상이 있는데 2중 4각형 안에 무늬가 있는 것처럼 보이고 있어서 무슨 형상인지 잘 알 수 없어 기타(4)로 분류해 두고자 한다. 사슴(23) 오른쪽에 사람 얼굴인 탈(2)가 새겨져 있는데 이마 이상이 없는 삼각형으로 귀가 없고 눈·코·입이 커다란 삼각형 인면, 탈이다. 탈 아래는 균열이 계속되고 있고 균열 아래위로 울(木柵, 울4)가 보이고 있다.

울(4) 아래 왼쪽에는 사슴(24) 한 마리가 있는데 목이 가늘고 머리가 작은 형상이다. 이 사슴 오른쪽에는 고래(40)이 몸을 틀면서 유영하고 있고 이 오른쪽에 거북(6) 형상이 있다. 고래의 오른쪽이자 거북 아래에는 몸체가 뒤집힌 고래(41) 한 마리가 있다. 이 고래는 내장 표현 같은 선이 있는데 이 선들은 고기를 분배할 분배선으로 생각된다. 고래 오른쪽에는 작은 호랑이 한 마리가 있는데 긴 꼬리 끝이 말려 올라가 있어 호랑이(15)로 판단된다. 호랑이 아래로는 울(5)로 생각되는 형상이 있는데 사슴뿔처럼 보이기도 한다. 호랑이(15), 울(5)는 Ⅳ부에 해당되지만 현재는 Ⅲ부와 연결되어 있고 주위 암면이 모두 깨어져 Ⅲ부의 무리로 포함시키는 것이 합리적이어서 Ⅲ부에 포함시켰다.

4) Ⅳ(D)부

◆ 상단

이 Ⅳ부분에는 고래 종류가 거의 사라지고 사슴이 많이 분포하고 있다. 제일 상단에는 꽤 큼직한 배(3) 한 척이 있다. 10여 명의 어부가 타고 있는 것 같다. 배 왼쪽에는 물고기 종류로 생각되는 어류(8)이 있는데 명칭을 정확히 알 수 없다. 어류(8) 아래쪽에 고래 같은 어류가 있는데 머리 부분이 불확실하고 너무 작아 잘 구별할 수 없지만 몸통과 꼬리 부분이 고래(42)와 비슷하여 여기서는 고래(42-1)로 분류해 두고자 한다. 이 아래에는 이 고래보다 훨씬 작은 어류 2마리가 있는데 고래나 상어 새끼를 표현한 것 같지만 너무 작아 여기서는 왼쪽 것은 어류(10), 오른쪽 것은 어류(11)로 분류해 둔다. 이 오른쪽에도 꼬리 부분이 꿈틀대는 고래(42)가 있는데 머리 부분이 균열 때문에 잘려져 없어졌다. 이 고래(42)는 날씬한 몸체와 휘어진 꼬리로 보아 상어(2)로 보는 것이 적절할 것 같아 고래(42)와 상어(2)를 동시에 사용하고자 하지만 상어일 확률이 더 높은 것 같다.

어류(10, 11) 아래에는 미니 사슴 3마리(앞사슴 25, 26, 뒷사슴 27)이 왼쪽을 향하여 뛰어가고 있는 모습을 새기고 있다. 목은 한선으로 새기고 머리는 너무 작아 앙증맞은 미니 사슴이라 할 수 있다. 사슴(26)의 아래쪽에 도마뱀 같은 형상의 작은 동물이 있는데 명칭이 분명하지 않아 동물(13)로 분류한다. 이 아래쪽에는 오른쪽으로 뛰어가는 사슴(28) 한 마리가 있는데 뒷다리 부분이 균열로 잘려나가고 없다. 이 상의 형상들은 왼쪽과 오른쪽에 각각 수직으로 비스듬한 균열이 나 있는데 왼쪽 균열은 중간쯤에 오른쪽 균열과 합쳐지게 되어 한 선으로 아래 끝단까지 내려간다.

사슴(28) 오른쪽으로 떨어진 곳에 왼쪽으로 전속력으로 질주하는 호랑이(11)이 새겨져 있다. 이 호랑이는 머리에서 꼬리까지 생명선이 있고 여러 가지 내장이 표현된 표범 종류로 생각된다. 호랑이 아래쪽에는 오른쪽으로 향하고 있는 커다란 사슴 한 마리가 있다. 기린처럼 목이 유난히 길고 머리도 길며 내장이 복잡하게 새겨져 있어 호랑이(11)과 동일한 시기에 동일 작가가 조성한 것으로 판단된다.

Ⅳ부

도63. Ⅳ부 실측도

호랑이(11) 꼬리 위에는 지그재그무늬 두 줄이 보이는데 어떤 형상인지 잘 알 수 없고 무늬일 가능성도 있지만 여기서는 기타(5)로 분류해둔다. 사슴(29) 오른쪽에는 한 무리의 사슴과 고래가 모여 있다. 상단에는 사슴(30)이 오르막 을 뛰어가는 형상이고 이 아래에는 고래(31)이 있으며 이 아래쪽 사슴(29) 주 둥이 앞에도 위로 뛰어가는 사슴(32) 한 마리가 있는데 머리 부분이 불분명하 고 간략한 2줄선 무늬가 있다. 이 사슴 아래쪽에 주둥이가 아래로 향한 역 수 직 작은 고래 두 마리가 나란히 유영하고 있는데 왼쪽 고래(42)는 지느러미가 한 개 보이고 오른쪽 고래(43)은 지느러미가 두 개 보이고 있다. 이들 오른쪽 에는 거위 비슷한 동물 한 마리가 있는데 머리를 뒤로 돌리고 입이 뾰족하여 거위 종류로 보았으나 이 보다는 다리나 몸통으로 보아 사슴으로 보는 것도 하 나의 관점이 아닐까 싶다. 앞으로 좀 더 밝혀야 할 과제이다.

큰 사슴인 사슴(29) 아래쪽에는 꼬리가 유난히 길고 위로 비스듬히 뻗친 오른 쪽을 향한 동물이 새겨져 있는데 족제비(1)나 담비 종류로 생각된다. 사슴(29) 꼬리쪽에 어류 종류 하나가 있는데 정확히 알 수 없다(어 12). 이 아래쪽에 족제 비와 나란히 서 있는 사슴(33) 한 마리가 있다. 뿔이 막 돋아나는 사슴이어서 늦 봄의 숫사슴으로 판단된다. 이 사슴(33) 뒤이자 왼쪽에는 호랑이(12)가 산을 오 르고 있는 모양을 새기고 있는데 내장이 표현된 호랑이다. 이 호랑이 밑에 뒷 다리 부분에 깔려 있는 토기 한 마리가 보이고 있어서 흥미진진한 편이다.

또한 호랑이의 엉덩이 밑에도 사슴(33-1) 한 마리가 깔려 있는데 이 사슴은 위로 수직으로 향한 사슴(34)의 앞다리에도 깔려 있어서 중복 묘사의 확실한 물증이 되기도 한다. 이 사슴(34)은 호랑이처럼 내장이 표현되어 있어서 새긴 시기가 토끼(1)나 사슴(33-1) 보다 후대인 것이 분명한 것을 알 수 있다. 이 사슴(34) 오른쪽에는 동물의 머리 같기도 하고 사람 2인이 서있는 모양 같기도 한 불분명한 형상이 있는데 동물(16)으로 일단 분류해 둔 첫 논의대로 두고자 한다. 사슴(33, 34)와 호랑이(12)와 사슴(33) 무리 오른쪽에 작은 사슴 세 마 리가 새겨져 있다. 위쪽 사슴(49), 중간 사슴(50), 아래쪽 사슴(51) 모두 앙증 맞고 귀엽게 생겼다.

◆ 하단

Ⅳ부 하단은 수직 사슴(34 아래쪽 균열 부분 아래쪽에서 시작된다. 가장 상단에 큰 사슴(35) 한 마리가 서 있는데 커다란 뿔을 가지고 있는 잘 생긴 사슴(35)이다. 이 사슴 꽁무니에는 작은 사슴(36) 한 마리가 따르고 있는데 새끼로 생각되며 Ⅲ부에서 Ⅳ부로 이어져 있는 사슴(37)과 사슴(35) 사이에 있어서 사슴 가족 관계로도 생각된다. 사슴(35) 아래쪽에는 꼬리가 유난히 길어 족제비(1)과 비슷한 동물이 있는데 형태로 보아 여우과일 가능성이 더 있지만 일단 족제비(2)로 분류해 두고자 한다. 이 족제비 아래쪽에는 거대한 사슴(38)이 뛰어가고 있는 모습을 새기고 있다. 이 사슴의 주둥이 앞에는 둥근 방패 같은 무기를 들고 칼을 차고 있는 사람(5)가 사냥하는 자세로 서 있는데 둥근 방패형은 올가미일 가능성이 높아 올가미로 사슴을 사냥하는 장면으로 볼 수 있어서 무척 흥미롭다. 사냥꾼 사람(5) 머리 뒤에는 통통하게 살찐 멧돼지(7)이 있다. 작은 머리에 견주어 살이 너무 쪄 비만형의 멧돼지가 왼쪽을 향하여 버티고 있는 자세라 하겠다. 멧돼지 아래쪽에는 오른쪽으로 향한 사슴(39) 한 마리가 서 있고 멧돼지 뒤인 오른쪽에는 서 있는 듯한 물개(5)가 새겨져 있으며, 이 오른쪽에는 물개와 짝을 이루는 고래(43) 한 마리가 비스듬히 위로 향한 자세로 있다. 물개는 항상 고래와 짝을 이루고 있는 것이 특징이다.

이들의 아래쪽 깨어진 균열 부위에 면하여 동물 한 마리가 서 있는데 줄무늬가 호랑이(3, 14)와 유사한 편이어서 호랑이(16)로 판단된다. 호랑이 아래 부분은 없어졌는데 이 아래쪽 암면이 떨어져 나가면서 없어진 부분이다. 이 아래쪽에서부터 암면 하단까지 대부분 암면이 깨어져 없어진 상태이다. 호랑이(15) 오른쪽에 오른손을 허리에 대고 왼손을 내린 사람(6)이 서 있는데 오른쪽과 아래쪽 암면이 모두 없어져 구체적으로 무엇을 하는 사람인지 잘 알 수 없다. 만약 동물이 좌우 어느 곳에 있었다면 사냥꾼일 것이다. 호랑이 아래쪽 떨어지지 않고 간신히 남아있는 암면에 기타(4)와 유사한 4각형 물상이 남아 있다. 사각형 안에 고사리형 무늬 3개와 줄무늬가 있는데 문양인지 동물인지 불분명하여 기타(6)으로 분류해 둔다.

5) Ⅴ부(ㅁ, E)

Ⅳ부 오른쪽은 암면이 대부분 깨어졌지만 2.5m 떨어진 부분부터는 암면이 상당수 남아 있어서 이 부분에 동물들이 새겨져 있다.

◆ 상단

상단에는 호랑이 · 고래 · 배가 남아있다. 호랑이(10)은 어깨를 추켜 올린 체 꼬리를 위로 휘어지게 감아올리고 호랑이 줄무늬를 꺽쇠형(◇)으로 부르르 떠는 형상으로 하여 어르렁거리는 모습을 표현하고 있어서 현대적 감각이 물씬 풍기고 있다. 마치 이중섭의 싸우는 소의 어르렁거리는 모양과 유사한 자세여서 이중섭 선생이 이 암각화를 본 것 같은 인상을 주고 있다.

이 아래쪽의 고래(47)은 배가 위로 향한 체 뒤집혀 있는 형상인데 바로 아래에 고래잡이배(포경선)가 있어서 포경된 체 끌려가고 있는 고래인 것 같다. 배는 7명 정도의 어부가 타고 있는 포경선으로 생각되는데 포경하여 육지로 끌고 가는 모양이나 잡은 고래를 분배하는 광경을 나타낸 것으로 보이기도 한다. 고래에 새긴 구획선을 보면 분배선을 표현한 것처럼 보이기 때문이다. 배 밑에는 배에 깔린 고래가 보이는데 배 보다 이른 것으로 판단된다.

◆ 중우단(中右壇)

상단에서 아래쪽 오른쪽의 암면에 사슴 네 마리와 고래 한 마리가 새겨져 있다. 이 아래쪽에 바위가 가로로 길게 절단되어 떨어져 나가고 있는데 이 한 단 아래쪽 하단에 암각화가 새겨져 있는 것이다.

앞 사슴(52)는 얼룩무늬가 새겨져 있어 얼룩사슴인데 목이 굵고 길며 뿔이 두 가닥으로 솟아 있어 장대하게 보인다. 이 뒤의 앞사슴(53)은 앞사슴(52)와 거의 동일하게 얼룩무늬와 두 가지 긴 뿔을 가지고 있다. 뒷사슴(54)는 형태나 얼룩무늬는 두 사슴과 동일하나 뿔이 보이지 않아 암사슴으로 판단된다. 이 암사슴 밑에 엉덩이 부분이 깔려있는 모두떼기의 사슴 한 마리가 있는데 머리 부분이 다소 불분명한 편이다. 사슴(40)과 동일 시기의 사슴으로 생각된다.

사슴(53)의 앞이자 왼쪽에는 꼬리 부분만 있는 고래(49)가 머리와 몸통은 잘려져 없고 꼬리 부분만 남아 있고 그 왼쪽에도 사람 형상과 유사한 작은 물상

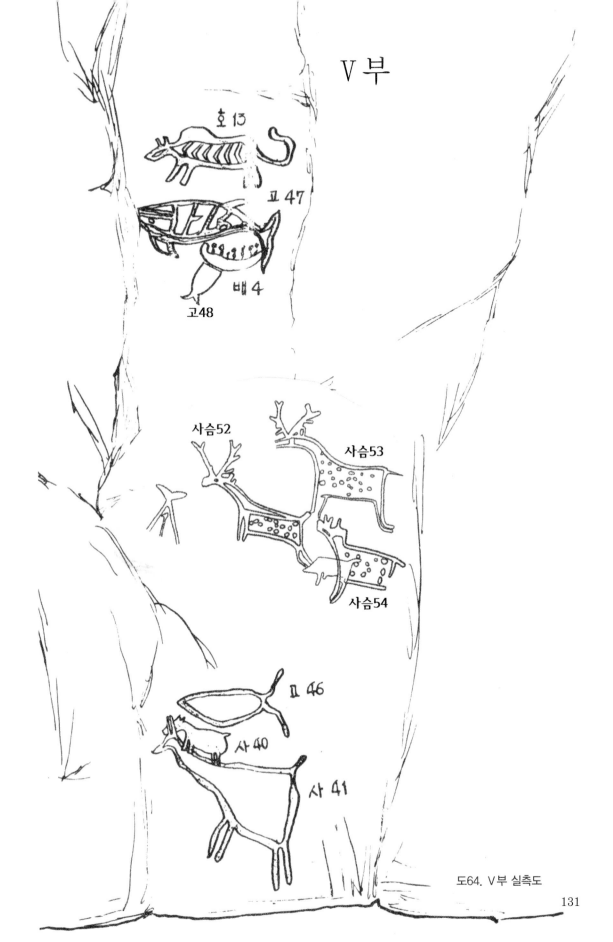

V 부

호 13

교 47

배 4

고 48

사슴 52

사슴 53

사슴 54

교 46

사 40

사 41

도64. V부 실측도

(기타)이 보이고 있는데 불분명하다.

◆ 하단

암면이 끝나는 하단부는 바위가 완전히 떨어져 나간 한 단 밑이 되는 암면인데 고래(46)과 사슴이 아래위로 새겨져 있다. 고래는 단순하게 표현되었고 위의 사슴(40)은 매우 작은데 아래 사슴(41)의 뿔에 머리 부분이 가려 있어서 아래 사슴(41)보다 먼저 새겨진 것으로 생각된다. 고래(46)의 오른쪽에도 물상(기타)이 있지만 불분명하다.

2. 동암면

주암면에서 ㄱ자로 꺾어지는 왼쪽 암면은 향은 서향했지만 주암면 앞에 서서 바라보면 왼쪽이자 동쪽이 되므로 동암(東岩)으로 분류할 수 있다. 동암에는 여러 군데 암각화가 새겨져 있지만 대부분 알 수 없는 물상이고 또한 이 가운데는 자연적으로 예리한 암석 등에 부딪히거나 긁힌 자국도 있어서 잘 알 수 없다. 어느 정도 알 수 있는 암각은 여섯 군데 정도를 헤아릴 수 있다. 이를 번호1-6으로 분류하고자 한다.

1) 동암 Ⅰ부

ㄱ자로 꺾어져 동암을 이루는 상단부에 그물(2)와 그물 안의 동물(17) 그물 아래쪽에 고래(50)이 보이고 있다. 고래 등 일부는 그물에 깔려 있어서 고래가 새겨진 곳에 그물을 후대에 새긴 것이 분명한 것이다. 그물 안의 동물은 파손으로 현재는 잘 볼 수 없다.

이 암각화는 1971년 12월 25일 발견 조사 때 춤추는 사람, 바다거북과 함께 건탁한 부분이어서 동일 위치에 있다는 것을 알 수 있다.

2) 동암 Ⅱ부

동암 Ⅰ부 맨 아래 바닥 쪽에 고래(51) 한 마리가 새겨져 있다. 머리가 위로 향한 수직 고래인데 고래(28) 등과 유사한 형태이다. 이 오른쪽에도 고래 비슷한 물상이 있고 그 오른쪽에도 또 하나의 물상이 보이지만 잘 알 수 없다.

3) 동암 Ⅲ부

동암 Ⅱ부와 동일한 왼쪽 하단부 떨어져 나간 층에 동물상이 보이고 있다. 고래 꼬리 부분과 그 오른쪽에 4마리 정도의 동물상이 있다.

네 마리 모두 정확한 명칭을 알 수 없는데 3마리는 오른쪽으로 향했고 1마리는 왼쪽을 향하고 있다. 두 마리는 멧돼지, 두 마리는 호랑이로 보이지만 불확실한 편이다.

4) 동암 Ⅳ부

Ⅲ부 왼쪽 위의 깨어진 부분에 작은 동물 한 마리가 보이고 있는데 불확실하지만 멧돼지 종류일 가능성도 있다.

5) 동암 Ⅴ부

동암 Ⅲ부의 왼쪽 평행되는 하단에도 작은 동물 한 마리가 보이는데 꼬리로 보아 멧돼지일 가능성도 있다.

6) 동암 Ⅵ부

동암의 왼쪽 끝부분 암면의 중앙부에 호랑이 한 마리가 뚜렷이 새겨져 있다. 호랑이 줄무늬 꺽쇠가 앞으로 나 있어서 호랑이(10)과 유사한 것이다.

7) 동암 Ⅶ부

이들 외에 동암의 곳곳에 물상들이 보이지만 불확실한 것이 많아 여기서는 일일이 다루지 않고자 한다.

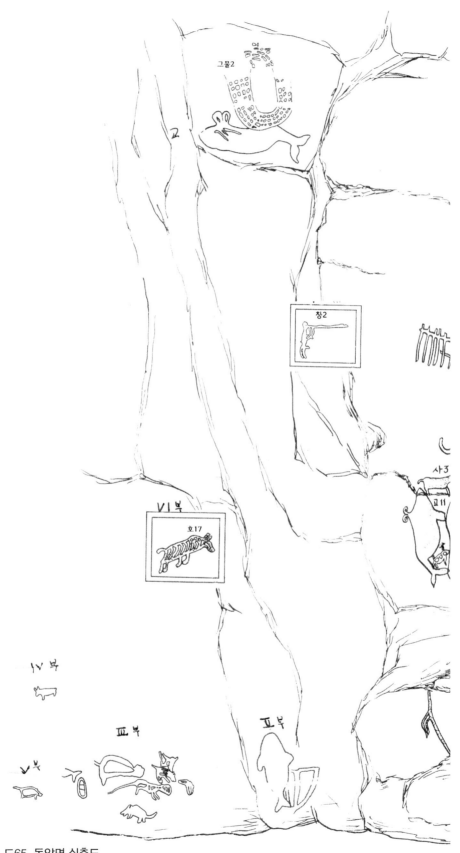

그물2

창2

ㅅ3

고11

ⅥⅣ

호17

Ⅳ북

Ⅲ북

Ⅱ북

Ⅰ북

도65. 동암면 실측도

Ⅱ. 대곡리 암각화의 신석기시대 조성

　　대곡리 암각화는 언제 조성되었을까. 조성연대에 대해서는 그동안 의견이 분분했다. 구석기 · 신석기 · 청동기 등 갖가지 설이 난무했다고 할 수 있다. 그러나 글쓴이는 발견 후 1차 조사 때부터 기법 · 양식 · 동물의 분포 · 비교사적 관점 등으로 보아 신석기시대에 우리 선조들이 정성을 다 기울여 대곡리 바위에다 그들의 삶과 직결되어 있는 바다와 육지 동물들과 이 동물들을 사냥하고 제사를 지내는 장면을 새겼던 것으로 보았다. 이런 사실은 1973년 최초의 연구 보고 논문에도 분명히 제시했고,[2] 그 후 계속 이를 주장했으며 1984년 정식 보고서에도 이 사실을 분명히 언급한 바 있다.[3]

　　그러나 청동기시대 말이나 철기시대에 대곡리 암각화가 조성되었다고 김원룡 교수가 주장하면서 이에 동조하는 학자들이 많아져 교과서에까지 청동기시대에 조성되었다고 기록되는 등 청동기설이 통설처럼 굳어져 지금까지 수정되지 않고 있다.[4]

　　이런 청동기설은 근래에 이르러 신석기시대 유적에서 작살이 박힌 고래뼈가 발굴되고 신석기시대의 배도 발굴되었으며 신석기시대에는 지금보다 수위가 높아 반계천(磻溪川)인 대곡천(大谷川) 입구까지 바닷물이 들어왔던 사실들이 밝혀지면서 2010년대부터는 신석기시대에 조성되었다는 설이 우세해지기 시작했고 2010년대 후반기부터는 학계의 대세가 되고 있다. 기법 · 양식 · 동물 분포 · 비교사적으로 비교 분석하여 조성연대를 구체적이고 정밀하게 살펴보는 것은 다음 장에서 논의하고자 한다.

---

2)　문명대, 〈울산의 선사시대 암벽각화〉, 《文化財》7(문화재관리국, 1973)

3)　황수영 · 문명대, 《반구대-울주암벽조각》(동국대학교 출판부, 1984.2)

4)　김원룡, 〈울주 반구대 암각화에 대하여〉, 《한국고고학보》9(한국고고학회, 1980)

Ⅲ. 대곡리 암각화의 조성 기법

대곡리 암각화는 천전리 암각화와 함께 거대한 바위면에 양각기법이 아닌 음각기법인 조탁기법으로 새긴 암각화 이른바 엄격히 말해서 암벽조각이라 할 수 있다. 조탁기법에도 3가지 기법인 모두쪼기, 선 쪼기, 혼합형 등으로 나눌 수 있고, 여기에도 모두쪼기에 2형, 선 쪼기에 3형, 혼합형에 2형 등 모두 7형 으로 세분화할 수 있다.

이러한 암각화기법에 대한 세밀한 유형분류는 〈울산의 선사시대 암벽각화 〉(1973)에서 필자가 처음 시도한 방법으로, 이는 과문한 탓인지는 모르겠으나 당시까지는 이런 체계적인 기법 분류방법이 논의된 적이 전혀 없어 필자 나름 대로 고안한 것이다[5]. 그러나 이 논문이 발표된 2년 후에 황용훈 교수가 〈한반 도 선사시대 암각의 제작기법과 형식 분류〉(1975)라는 논문을 발표했는데, 여 기서 필자의 암각화 기법 분류에서 필자가 배 부분을 그대로 둔 체 주위만 쪼 기한 고래(23)을 미완성이라는 것을 한 형식으로 분류한 것 외에는, 필자의 분 류를 그대로 따르고 있다[6]. 그러나 이에 대한 언급이 전혀 없이 자신이 고안한 기법분류 방법인 것처럼 표절하고 있어서 심히 유감스럽게 생각되었다.

첫째 (제1형식) 모두쪼기 이른바 전면 조탁법(全面 彫啄法)이다. 조각할 물 상의 윤곽선을 조각기를 사용하여 음각으로 쪼으면서 내부 면을 모두 조탁하 는 기법이다. 동물이나 어류의 신체 모두를 전면적으로 떼어내는 기법이므로 모두쪼기(떼기) 또는 전면 조탁법이라 할 수 있을 것이다. 이런 기법은 세 기법 가운데 가장 먼저 사용된 기법이어서 겹치는 중복 그림일 경우 가장 밑에 새겨 져 있는데 가장 이른 고식이라 할 수 있다[7].

이 모두쪼기인 전면 조탁기법에도 세 형식이 있다.

1-1형식은 모두 떼기로 앞에서 말한 대상물인 동물이나 어류의 머리나 신

---

5) 문명대, 〈울산의 선사시대 암벽각화〉, 《文化財》7(문화재관리국, 1973), pp. 1-11
6) 황용훈, 〈한반도 선사시대 암각의 제작기법과 형식분류〉, 《고고미술》127(한국고고미술 사학회, 1975)
7) 문명대, 〈고찰〉, 《앞 책》(동국대학교 출판부, 1984.2), pp. 241-242

체 모두를 쪼아 떼어내기 때문에 모두쪼기 또는 모두 떼기라 할 수 있다. 대부분의 사슴(5, 10)과 고래(1, 2, 3)가 이에 해당된다.

1-2형식은 맞선 모두쪼기 형식인데 동물이나 어류의 윤곽선만 쪼아 떼어내고자 의도한 것 같지만 폭이 좁아 모두쪼기식으로 된 경우가 대부분이고 이 예는 사-1 등이 이 유형에 속한다고 할 수 있다. 이 형식은 1-1형식과 동시대의 예도 있고 선쪼기와 같은 시대의 예도 있는 것 같다.

1-3형식은 강조하고 싶은 부위를 그대로 둔 체 주위를 모두떼기한 기법을 말한다. 모두쪼기 돋을새김[浮彫技法]이라 할 수 있다. 고래1의 등에 있는 새끼고래, 고래5의 작살, 고래23의 배 등 여러 예가 있다. 필자는 고래23의 배를 그냥 둔 체 일부만 모두쪼기한 것을 1973년 논문에서는 미분류 하였으나 그 이후 새끼고래나 작살을 새긴 기법이 새끼나 작살 주위를 모두 쪼아낸 후 쪼기하지 않는 부조기법을 한 기법으로 설정하면서 배 부위를 표현한 기법도 동일한 기법으로 설정하게 되었다. 고래23-1도 고래23과 동일하게 이 기법에 속한다고 할 수 있다.

둘째 (제2형식) 선쪼기[線彫啄法]이다. 조각의 대상물인 사람이나 동물, 어류의 윤곽선 내지 내부기관이나 표피선 등을 쪼아 떼어낸 형식이다.

2-1형식은 윤곽선 쪼기인데 가장 단순한 기법으로 제2형식 중 제일 보편적인 형식이라 할 수 있다. 이 윤곽선은 깊고 굵은 선과 얕고 가는 선도 있어서 다소의 차이는 있으나 두 형으로 세분화 할 수 있다.

2-2형식은 투시기법 및 표피선(表皮線)쪼기이다. 윤곽선은 물론 동물의 내장기관을 원이나 삼각 또는 사각 그리고 부정형 등과 머리에서 꼬리까지 새긴 긴 선 이른바 생명선 등을 표현한 투시기법과 동물이나 고래 등 바다 동물이나 어류 등의 표피무늬를 나타낸 선쪼기, 그리고 공동으로 잡은 동물의 고기를 분배하는 표시를 쪼기한 것을 말한다. 표피는 호랑이, 표범, 사향노루 등 독특한 무늬를 가진 동물에게 주로 사용되고 있으며, 투시기법은 살아있는 동물의 생명과 사냥 후의 분배부위를 나타내기도 한다고 알려져 있다. 이러한 투시기법 등은 유럽이나 시베리아에서는 전형적인 신석기시대의 기법으로 분류하고 있다.

2-3형식은 쪼아갈기[啄磨法]인데 앞의 2-1, 2-2형식의 선을 쪼아 떼어낸 후 이 선을 돌이나 나무 등으로 좀 더 갈아낸 것이다. 흔히 pecking stile이

라 하는 것으로 유럽에서는 신석기 말기에 주로 표현된 호랑이(8) 등 한 두가지 예에서만 어느정도 확인할 수 있지만 이것만으로는 확실히 갈았다고 단정할 수 없다. 천전리 암각화에서는 누가 보더라도 뚜렷이 연마했다는 것을 분명히 확인할 수 있지만 이 경우에는 단정적으로 말할 수 없기 때문에 좀 더 정밀한 분석이 필요하다고 생각된다. 만약 이것이 사실이라면 유럽 등의 예에서 보이다시피 신석기말기의 예로 중요시되어야 할 것이다.

셋째 모두[全面] 쪼기와 선쪼기의 혼합형기법이다. 모두쪼기와 선쪼기가 함께 적용된 절충식 또는 혼합식 기법이라 할 수 있다. 혼합형기법에도 세형식이 존재한다.

3-1형식은 모두쪼기(全面 彫啄技法)와 윤곽선쪼기(線彫啄技法)의 혼합기법인데 윤곽선을 쪼은 후 일부는 모두쪼기를 한 것으로 고23이 이에 속한다.

3-2형식은 모두쪼기와 내선쪼기의 혼합기법인데 고6이나 고24처럼 모두쪼기를 한 후에 머리나 아가미 등 특수 부분을 내선쪼기한 예이다.

3-3형식은 모두쪼기와 윤곽선만 선쪼기를 한 경우(고 5) 등을 들 수 있다.

이상의 대곡리 암각화기법을 정리하면 다음과 같다.

표. 대곡리 암각화 기법

	형 식		세부 형식	시대 특징
1	제1형식 모두 쪼기 기법 (全面 彫啄技法)	1-1형	모두 쪼기	신석기 전기
		1-2형	맞선 모두쪼기	신석기 전기
		1-3형	돋을새김[浮彫技法]	신석기 전기
2	제2형식 선쪼기 기법 (線彫啄技法)	2-1형	윤곽선쪼기	신석기 중후기
		2-2형	투시 및 표피선 쪼기	신석기 중후기
		2-3형	쪼아 갈기 [啄磨技法 : pecking stile]	신석기 후기
3	제3형식 모두쪼기 선쪼기 혼합기법 [全面 및 線彫啄技法]	3-1형	모두쪼기 및 윤곽선쪼기 혼합기법	신석기 중기
		3-2형	윤곽선쪼기와 내선쪼기 혼합기법	신석기 중기
		3-3형	모두쪼기와 특수형 내선 쪼기 혼합기법	신석기 중기

도66. 대곡리 암각화(1977년)

左　　　　　右

도67. 대곡리 암각화 전경 탁본

도68. 대곡리 암각화 Ⅰ부(1974. 1)

도69. 대곡리 암각화 Ⅱ부 탁본(1974. 1)

도70. 대곡리 암각화 Ⅲ부 탁본(1974. 1)

도71. 대곡리 암각화 Ⅳ부 탁본(1974. 1)

도73. 대곡리 암각화 I부 중단 탁본

도74. 대곡리 암각화 Ⅰ부 하단 탁본

도75. 대곡리 암각화 II부 전면

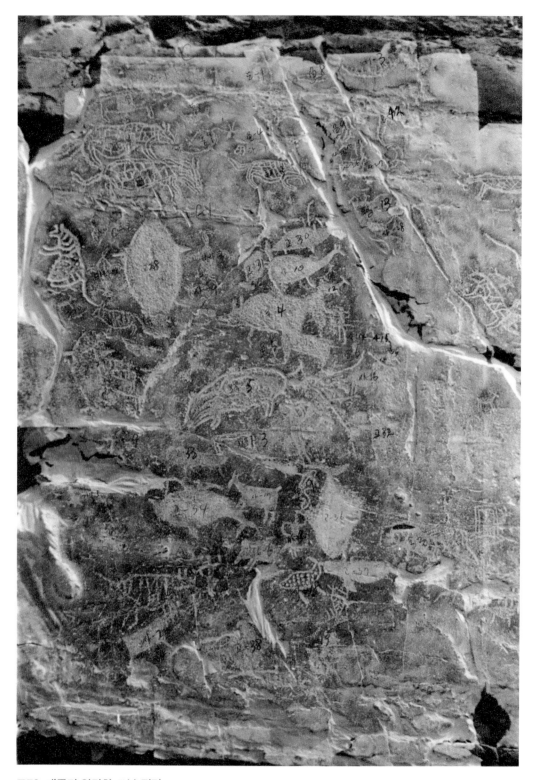

도76. 대곡리 암각화 Ⅲ부 전면

도77. 대곡리 암각화 Ⅲ부 상단

도78. 대곡리 암각화 Ⅲ부 중단

도79. 대곡리 암각화 Ⅳ부 전면

도80. 춤추는 인물상(사람1)

도81. 인물상(사람2)

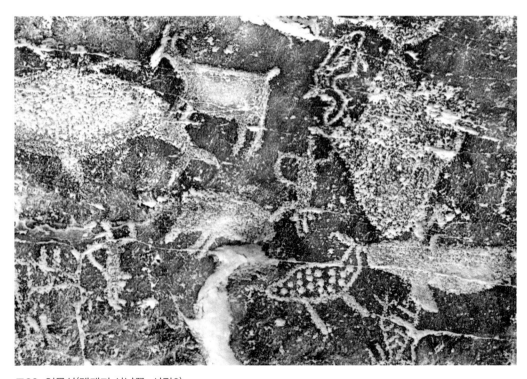

도82. 인물상(멧돼지 사냥꾼, 사람3)

도83. 인면상(인면1)

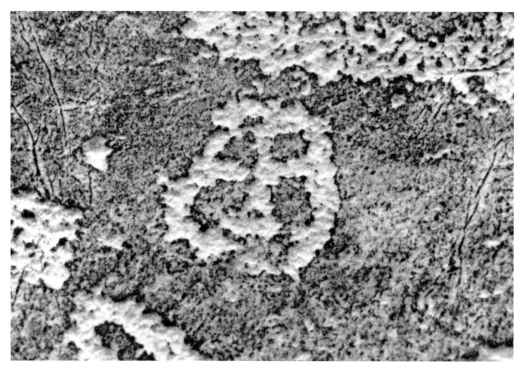

도84. 인면상(인면2)

도85. 대곡리 암각화 실측도

Ⅳ. 대곡리 암각화의 도상 특징

1. 대곡리 암각화의 인물상

1) 분포

(1) Ⅰ부의 상단부에 춤추는 사람이 있다. 춤추는 사람은 주술사 곧, 우리식으로는 무당인데 세계적으로는 샤먼으로 부르고 있는 사람이다. 성기로 보아 남성 무당이다. Ⅰ부의 중단에는 고래잡이 배가 있고 배 위에는 고래잡이 선원이 10여 명이 서 있다. Ⅰ부의 하단에는 거대한 팔·다리를 벌린 사람이 있는데 여성 주술사 즉 무당으로 알려져 있다. 이 왼쪽에는 막대처럼 보이는 물상이 있는데 일단 기타로 분류했지만 두 사람이 서 있는 상으로 생각된다.[8]

(2) Ⅱ부에는 정확한 사람 형상은 없으나 동물(6) 위에 서 있는 형상이 있어서 사람(4-1)일 가능성은 있다.

(3) Ⅲ부의 상단에는 도마뱀으로 보이는 물상이 있는데 사람으로 볼 수도 있다. 하단 멧돼지(5) 앞에도 거북(4)로 보이는 형상이 있는데 사람으로 보기도 한다. 멧돼지(3) 위에는 매우 작은 인면상(2)이 있는데 탈일 가능성이 많다. Ⅲ부 하단에는 멧돼지(6)을 사이에 두고 두 사람이 서 있다. 사람(3)은 오른손은 허리에 대고 왼손으로 멧돼지(6)를 향해서 창을 던지는 자세인데 손에 든 창을 피리로 보는 경향도 있지만 달려드는 멧돼지로 보아 멧돼지 사냥하는 사냥꾼이 적절하다고 판단된다. 사람(4)는 옆에 고래가 있지만 멧돼지(6)을 뒤에서 협공하고 있는 사냥꾼을 묘사한 것으로 볼 수 있을 것이다.

Ⅲ부 하단 사슴(23) 오른쪽에는 인면상(1)이 있는데 삼각형으로 천전리 인면상과 유사하지만 사실적인 인면상이어서 다른 편이다.

---

8) 분포는 문명대, 〈대곡리 암벽 조각〉, 《반구대 암벽 조각》(동국대학교 출판부, 1984)에 게재된 분포 부분을 기본으로 삼았으며, 각 물상의 번호는 대곡리 암벽 조각 전도의 번호를 거의 그대로 사용 했다. 또한 각 물상들 인물상이나 동물상 이른바 사슴·고래·호랑이·멧돼지 그리고 각 문양의 도상, 즉 분류·형식·양식 등에 대한 개별 미술사적 연구 또는 종합적 연구는 거의 이루어지지 않았지만 한국미술사연구소(문명대)의 기획으로 발견 40주년인 2010년과 그 후 2014년에 걸쳐 2차례의 세미나와 강좌미술사 특집으로 최초로 논의했다.

(4) Ⅳ부에는 상단 왼쪽에 큰 배가 있고 배를 타고 있는 선원이 10여 명 보인다. 바다 고기를 잡고 있거나 고래를 잡으러 가는 배일 가능성이 있다.

(5) Ⅳ부 중단에는 사슴(38) 앞에 둥근 방패나 활 같은 것을 들고 있는 사냥꾼(5)이 있는데 둥근 것은 방패나 활이 아니라 올가미로 생각된다. 이 오른쪽 끝 고래(45) 아래쪽에 사람(6)이 서 있는데 오른손을 허리에 대고 있는 것으로 보아 사냥꾼일 것 같으나 오른쪽이 깨어져 불명확하다.

Ⅴ부 상단의 고래 아래쪽에 고래잡이배가 보이고 배 안에는 10여 명의 선원들이 있다.

(6) Ⅰ-1부인 주암면 제일 왼쪽 상단에도 서 있는 사람(사7)이 있는데 크고 기다란 막대 같은 것을 들고 있어서 피리 같은 악기로 보고 있다. 이 거대한 막대가 무엇인지 잘 알 수 없다(도53 참조).

여기서 보다시피 주술사가 2인(또는 4인), 사냥꾼 5인(또는 7인), 인면상(탈) 2점, 고래잡이 선원 40여 인 등이 있어서 인물상이 뱃사람까지 합치면 50여 명이고 이를 빼면 10여 인 안팎이 된다고 할 수 있다.

2) 인물상의 종류와 도상 특징

앞에서 언급했다시피 인물상의 총 수는 50여 명 이상인데, 확실한 인물상은 10여 명 내외이다. 이를 분류하면 주술사(무당·샤먼)·사냥꾼·인면상·뱃사람(선원) 등 4부류로 나눌 수 있다.

(1) 주술사(무당·샤먼) 2인(4인 가능)

① 춤추는 인물상(샤먼·무당)

Ⅰ부의 상단에 무릎을 굽힌 채 두 손을 머리까지 올리면서 춤추고 있는 자세의 인물상(1)이 새겨져 있다. 머리와 얼굴은 둥근 형태만 있고 엉덩이에는 꼬리가 보이고 앞에는 성기가 돌출되어 있다. 이런 인물상은 시베리아에서는 꽤 흔히 나타나고 있다고 알려져 있는데 곰 같은 짐승의 가죽을 뒤집어쓰

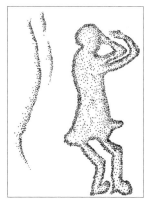

도86. 춤추는 인물상(무당)

고 의례를 행하고 있는 샤먼으로 알려져 있다. 이른바 샤먼이 춤추면서 접신의 상태에서 주술을 행하는 모습이라 할 수 있다.

필자는 반구대 암각화 보고서를 마무리하는 단계에 있던 1979년 겨울 방학 때 집청전 방에서 원고 정리를 하다가 휴식하러 밖으로 나오니, 반구대 물가에서 여자 무당이 주문을 외우면서 춤을 추고 있는 것이 아닌가. 가까이 가서 한 동안 흥미진진하게 보게 되었다. 두 무릎을 굽혔다 폈다 두 손을 올렸다 내렸다 하면서 춤추고 있는 무당의 모습이 반구대 대곡리 암각화 상단 춤추는 무당의 춤사위와 너무나 똑같아서 놀라움을 금치 못했다. 주술 의례가 끝난 뒤 무당에게 '무슨 제를 지내느냐' 했더니 '매년 이맘때에 지내는 용왕제를 지낸다'고 하기에 '이전 춤사위는 유래가 있는 것이냐' 물으니 '예부터 내려온 춤사위'라는 것이다.

대곡리 암각화의 이 춤추는 인물상은 용왕 즉 수신(水神)에게 고래잡이의 풍요를 기원하는 주술사(샤먼)이고 우리식으로는 무당이 분명하다고 할 수 있다.

주술사인 무당의 뒤 쪽에는 굴곡진 긴 선이 보이는데, 접신 상태의 장면을 묘사했을 가능성도 있고 주술사의 권능을 상징하는 번개를 표시했을 가능성도 있다고 생각된다.

② 손발 벌린 인물상(주술사)

Ⅰ부 하단에는 팔다리[四枝]를 벌리고 손발을 활짝 편 체 손발이 거대한 인물상이 앉아있다. 거대한 손발은 나뭇가지나 사슴뿔을 연상시키고 있어서 흔히 이런 형태를 우주목이라 말해지고 있다. 우주목은 신성(神聖)을 뜻하고 권능과 힘을 상징하고 있으므로 주술사가 주술을 행하고 있는 접신 상태를 뜻 한다고 알려져 있다. 반구대 대곡리 암각화의 거대한 손발 가

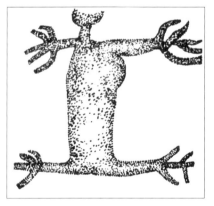

도87. 손발 벌린 인물상(여성 무당)

진 주술사는 무당(샤먼)이고 아랫배의 원문(圓文)으로 보거나 돌출 성기 없는 형태로 보아 여성 무당으로 인지되고 있다. 얼굴은 깨어져 잘 알 수 없지만 너

무나 과장된 거대한 손발은 여성 주술사(무당)의 권능이 심대하다는 사실을 잘 알려주고 있다.

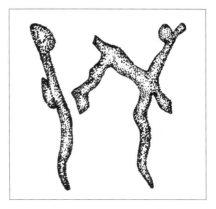

도88. 서 있는 남녀 인물상(무당)

왼쪽의 거대한 물상을 들고 있는 막대 같은 두 인물상도 만약 인물상이라면 여자 주술사(무당)와 짝을 이루는 남녀 주술사일 가능성이 높다. 극도로 생략되고 너무 과장된 이 형상은 거대한 손발의 여성 주술사와 함께 신석기 인들의 정신세계를 잘 알 수 있는 경지를 보여주고 있는 것 같다.[9]

(2) 사냥꾼

① 창 든 사냥꾼1(사람3)

Ⅲ부 하단에 돌진하는 멧돼지(6) 앞에 서서 오른손을 허리에 대고 왼손으로 창을 들고 멧돼지를 향해서 던지는 자세를 취하고 있는 사람이 있다. 이 사람(사3)은 멧돼지를 사냥하는 사냥꾼이다. 돌출된 성기로 보아 동물 가죽을 걸친 남성 사냥꾼으로 생각되는데 허리에 대고 있는 오른팔은 무척 과장스럽게 묘사되고 있다. 왼손에 든 창은 막대나 피리 같은 악기로

도89. 창 든 사냥꾼1(사람3)

보기도 하지만 신석기시대는 긴 나무 끝에 돌도끼나 골각기 창날을 메달아 동물을 사냥하는 것이 보편화했으므로 돌진하는 멧돼지 앞에 있는 전문 사냥꾼이 들고 있는 것은 악기나 막대보다는 창일 가능성이 더 높다고 판단된다.

---

9) 김현권, 〈대곡리 반구대 암각화 인물상의 의미와 도상〉, 《강좌미술사》47((사)한국미술사연구소 · 한국불교미술사학회, 2016.12).

② 사냥꾼2(사람4)

사냥꾼(2, 사4)은 창 든 사냥꾼의 오
른편인 멧돼지 뒤에 서 있는 상이다. 창
든 사냥꾼과 거의 동일한 형태로 서 있는
데 성기와 꼬리까지 있고 오른손은 허리
에 대고 왼손은 번쩍 올리고 있어서 창 든
사냥꾼처럼 창을 들고 멧돼지를 협공하고
있는 자세이다. 그러나 왼손에 창이 보이
지 않고 있는데 그것은 고래(36)에게 잘

도90. 사냥꾼2(사람4)

렸기 때문으로 보인다. 멧돼지 같은 맹수
는 협공으로 사냥했다는 사실을 알 수 있어서 신석기시대의 협동 사냥법을 여
기서 확인할 수 있다.

오른손을 허리에 대고 왼손으로 창을 잡아 던지는 사냥꾼의 자세는 대곡리
암각화에서는 공통적이어서 아마도 이들은 왼손잡이였을 가능성이 농후한 것
같다.

③ 올가미 든 사냥꾼3(사람5)

Ⅳ부의 하단의 위쪽인 사슴(38)의 얼굴
앞에 둥근 원판 같은 것을 들고 있는 인물
상(사5)이 있다. 다른 사냥꾼(사3·사4)과
비슷한 형태로 둥근 머리와 긴 상체, 두
다리를 간략하게 새긴 인물상인데 허리에
칼 같은 무기를 차고 두 손으로 원판 같은
것을 들고 던지는 자세이어서 사슴(38)을
사냥하고 있는 사냥꾼이 분명하다. 이 둥
근 판을 활이나 방패로 보기도 하지만 너

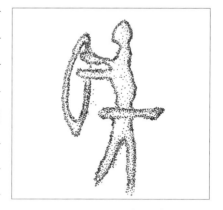

도91. 올가미 든 사냥꾼3(사람5)

무 가까운 거리이고 형태도 올가미에 가까워 올가미를 던져 사슴을 사냥하는
장면으로 보는 것이 보다 더 타당할 것으로 생각된다.

④ 사냥꾼4(사람6)

올가미 든 사냥꾼(사5) 아래쪽 오른쪽 끝 부분에 인물상(4·5·6)과 유사한 사냥꾼이 새겨져 있다. 앞의 사냥꾼들과 유사한 형태로 오른손을 허리에 짚은 체 직사각형 상체, 긴 두 다리 등이 잘 표현되고 있지만 왼손이 절단되고 없어 그 형태는 정확히 알 수 없으나 왼손은 무기를 잡았을 가능성이 농후하다고 판단된다. 오른쪽의 깨어진 부분에는 사슴이나 멧돼지

도92. 사냥꾼4(사람6)

같은 동물이 새겨져 있었을 가능성이 높다고 생각된다.

⑤ 사냥꾼5(사람7)

Ⅰ-1부의 상단에 사냥꾼(4·5)과 유사한 인물상(사람7)이 있다. 둥근 머리, 직사각형의 가는 상체, 짧은 두 다리, 커다란 성기의 이 인물상은 자기 키보다 길고 굵은 막대 같은 물상을 두 손으로 받쳐 들고 던지는 자세인지 무겁게 들고 있는 자세인지 불분명하다.

이 긴 막대를 무기로 보기도 하고 악기로 보기도 하는데 단정할 수 없다. 창 같

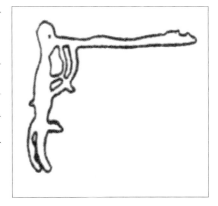

도93. 사냥꾼5(사람7)

은 무기도 너무 크고, 부는 악기로도 너무 거대하기 때문에 땅에 놓고 불면 모르나 들고 불기에는 적합하지 않은 것 같아서 잘 알 수 없다.

사슴이나 동물을 사냥할 때 피리 같은 악기로 암사슴의 소리를 내면 숫사슴들이 몰려들 때 사냥하는 사냥법은 아메리카 인디언의 암각화에 종종 나타나고 있지만, 시베리아 암각화에는 아직 발견되지 않고 있다.

어쨌든 무기든 악기든 창이든 어느 경우에도 이 인물상은 사냥하는 사냥꾼일 가능성이 크다고 판단된다.

(3) 인면상(탈) 2점

인면상은 사람 얼굴인데 얼굴은 그냥 맨 사람 얼굴도 있지만 대부분 얼굴에 가면 같은 탈을 쓴 경우가 많다. 대곡리 암각화의 인면상도 탈일 가능성이 있지만 맨 얼굴일 가능성도 있다. 인면은 현재 2점을 알 수 있는데 2점 모두 Ⅲ부의 상단(탈2)과 하단(탈1)에 배치되고 있다.

① 인면상1(탈1)

이 인면상은 Ⅲ부 하단의 고래(23)의 오른쪽에 새겨져 있다. 이 인면은 머리 표현 없이 얼굴만 표현된 상이어서 탈이 아닌 맨 얼굴일 가능성도 있다.

그래서 이마에서 턱까지만 있는 삼각형의 독특한 인면상(人面像)이 되었는데 눈이 크고 눈썹도 뚜렷하며 코도 길고 큼직하고 입도 큼직하여 상당히 사실에 가까운 자연주의적 형태를 보여주고 있다. 천

도94. 인면상1(탈1)

전리 암각화의 인면상도 삼각형의 얼굴이지만 눈·코·입이 간략화 되어 이 대곡리 삼각형 인물상을 더 간략화한 것으로 판단된다.

아마도 천전리 암각화 인면상 조각가는 이 대곡리 인면상을 직접 확인하고 이를 간략화하여 추상화했을 가능성이 농후하다. 이런 인면상은 아무르 강 암각화 등 시베리아 암각화에 보편화되어있는 암각화와 서로 연관성이 크다고 판단된다.

인면상은 주술사인 무당(샤먼)의 얼굴일 가능성과 신(神)을 상징하는 경우 등이 있는데 이런 사실적 얼굴은 주술사의 얼굴일 가능성이 더 많다고 생각된다.[10]

10) 오크라니코프 저, 加藤九調 역, 《북아시아 암벽화 황금의 가지》(미술출판사, 1968), pp. 200-224.

② 인면상2(탈2)

Ⅲ부 상단부의 멧돼지(3)의 꼬리 윗부분에 작게 묘사된 얼굴이 있다. 이 얼굴은 원형에 가까운 편이지만 턱이 삼각형적으로 표현되어 있고 두 눈이 큼직하고 코가 일직선적으로 새겼으며 입이 길고 큰 편이어서 전체적으로 귀여운 얼굴형이 되었다. 이와 유사한 얼굴이 양양 오산리 초기 신석기시대 얼굴과 상당히 유사하여 친연성이 짙다고 생각된다.

도95. 인면상2(탈2)

(3) 고래잡이 어부와 배

현재 이 대곡리 암각화에는 고래잡이배인 포경선이 4척이나 새겨져 있다.

①배(1, 포경선)는 Ⅰ부 상단 그물(1)의 아래쪽이자 고래(3)의 왼쪽에 새겨져 있는데 둥근 반원에 가까운 배 위에는 뱃사공 5인 정도가 서 있다. 형상은 불분명하지만 악보처럼 생긴 인물상들이다. 이 배는 포경선으로 생각되는데 바로 오른쪽의 고래(3)도 고래잡이 배이고 안에 서 있는 인물들은 고래잡이 어부들일 것이다.

②배(2)는 배(1)보다 아래쪽 고래(10)의 왼쪽에 있는데, 호랑이(2) 등 위에 타고 있는 것처럼 보인다. 그러나 고래(10)에 밧줄이 연결되어 있어서 고래(10)을 잡아 끌어가고 있는 광경이다. 어부들은 20여 명으로 보이는데 대형 포경선으로 보인다.

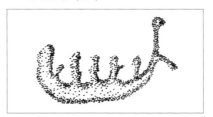

도96. 배1

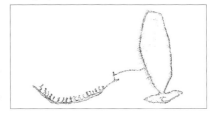

도97. 배2

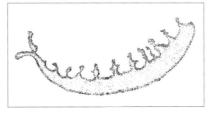

도98. 배3

도99. 배4

③배(3)은 Ⅳ부 상단에 있는데 뱃머리가 용처럼 생겼다. 안에는 어부 10여 명이 있는데 역시 악보처럼 생긴 인물로 역시 고래잡이 어부들로 보인다.

④배(4)는 Ⅴ부 상단에 새겨져 있는데 뒤집힌 고래(47)를 잡은 포경선이다. 어부들은 5명 정도인데 고래로 보아 연대가 신석기 후기로 볼 수 있을 것이다.

도100. Ⅰ·Ⅱ부의 도상

도101. 사슴5, Ⅱ부

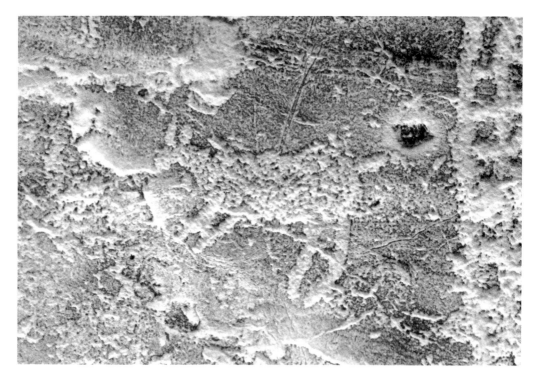

도102. 사슴2

도103. 사슴3

後   上

도104. 사슴10(새끼 사슴 거느린 어미 사슴), III부

173

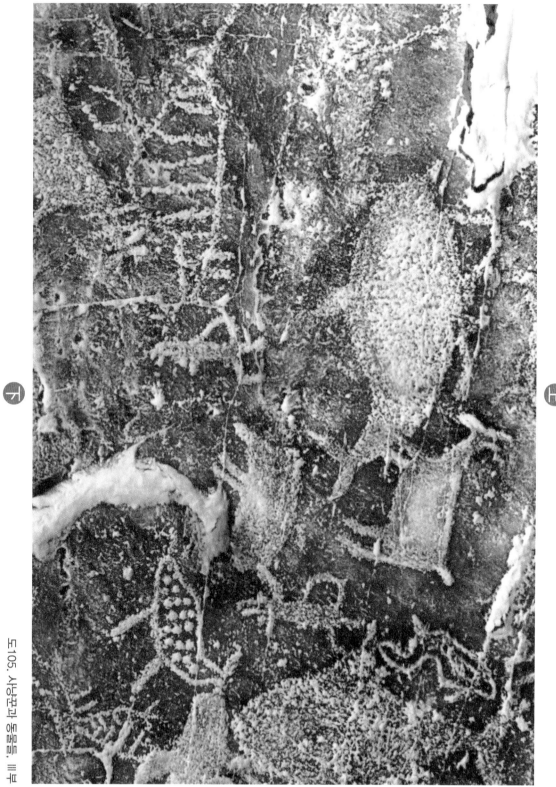

도105, 사냥꾼과 동물들, Ⅲ부

도106. 사슴20(호랑이10, 사냥꾼)

도107. 사슴18

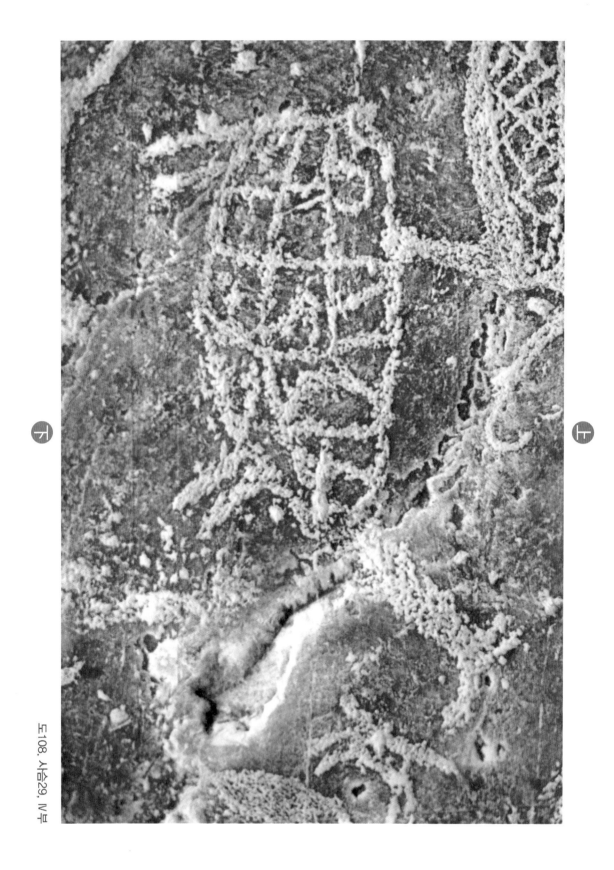

도108. 사슴29, Ⅳ부

176

도109. 사슴33, 33-1

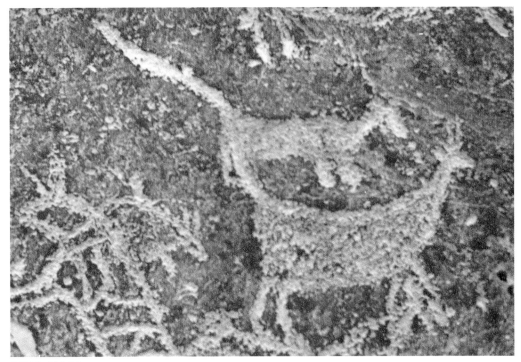

도110. 사슴32

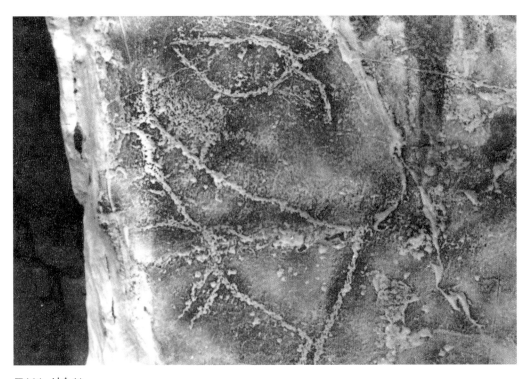

도111. 사슴41

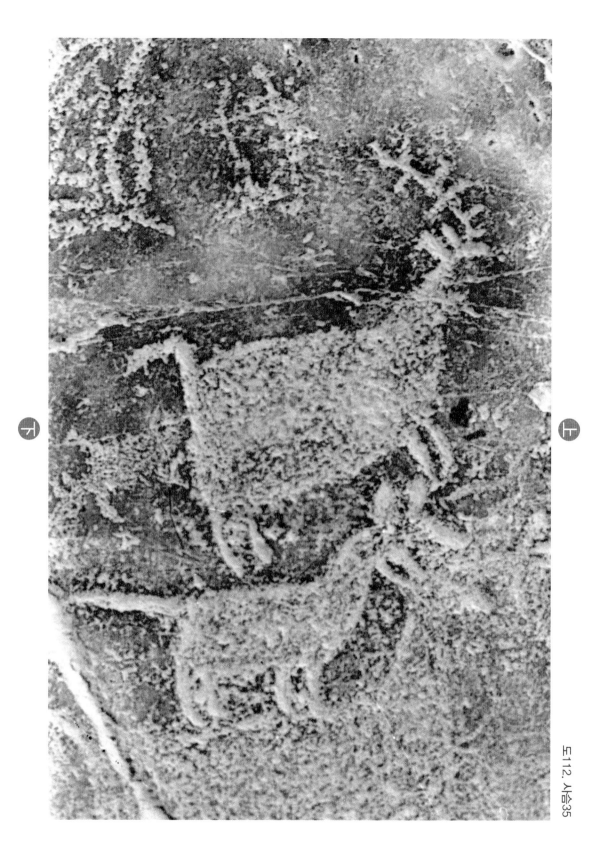

下 上

도112. 사슴35

179

도115. 흙량이

182

도116. 홀랑이111(사슴29)

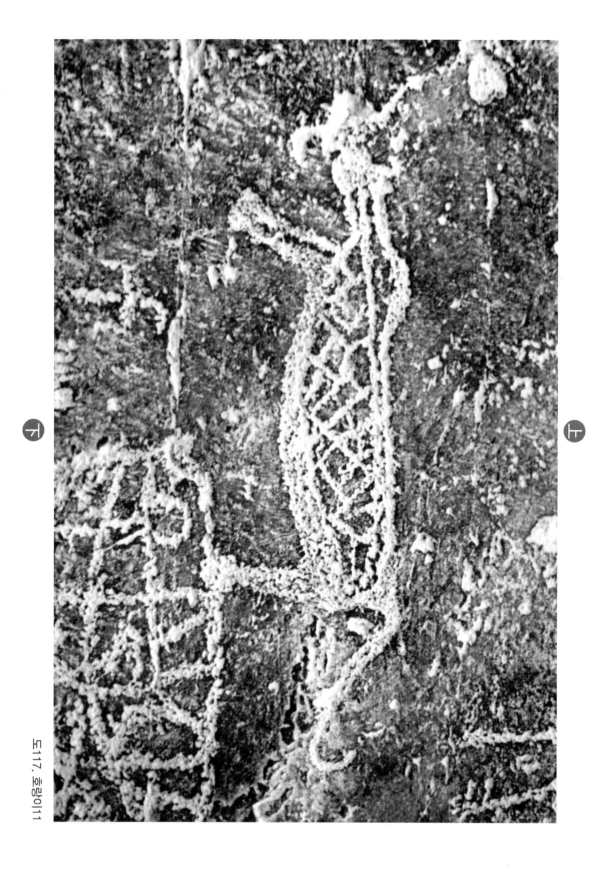

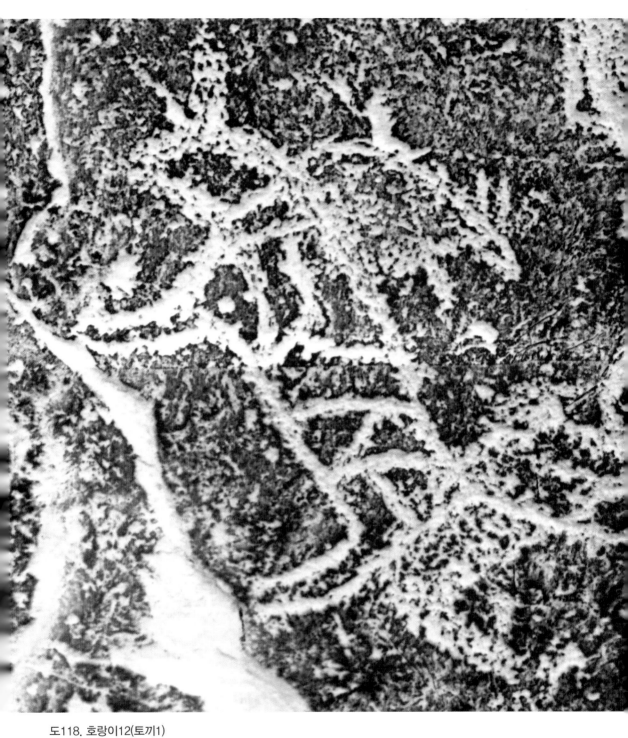

도118. 호랑이12(토끼1)

도119. 호랑이13, 고래47

左 右

도120. 훈룡이13

도121. 대곡리 암각화 멧돼지2

도122. 멧돼지3

도123. 멧돼지4

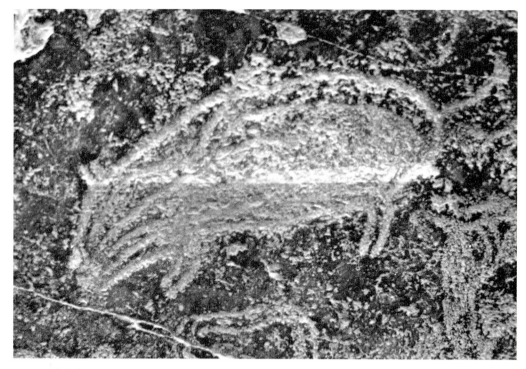

도124. 멧돼지5

도125. 멧돼지6

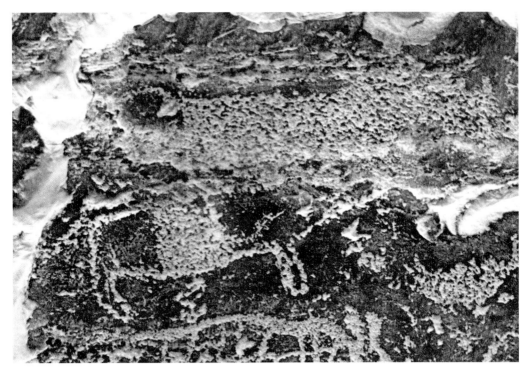

도126. 소1, 2

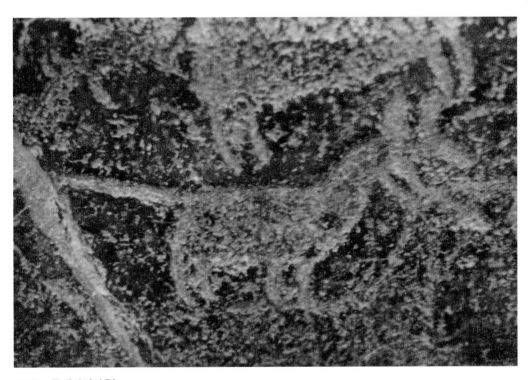

도127. 족제비2(여우)

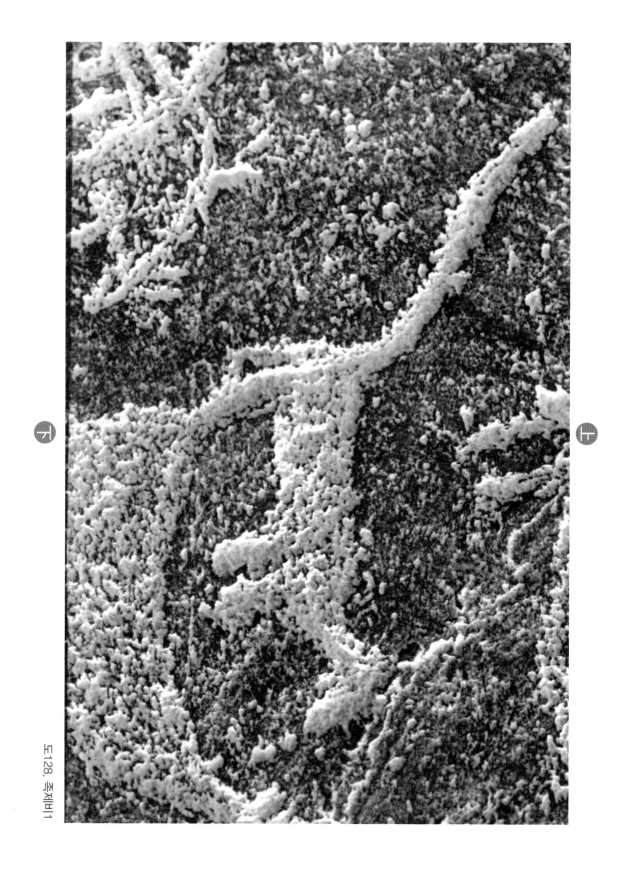

도129. 동물9

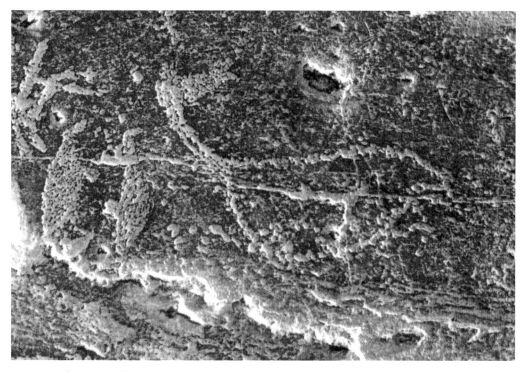

도130. 새1(또는 사슴48)

2. 대곡리 암각화의 동물상

◆ 육상동물(陸上動物)

대곡리 암각화에는 육상동물의 종 수는 많지 않은 것 같다. 사슴 · 멧돼지 · 호랑이(범) · 소 · 족제비 · 토끼 등인데 이 가운데 신석기시대의 주식 동물인 사슴이 절대 다수를 차지하고 있어서 우리나라 신석기 인들의 사냥감 선호도를 분명히 알 수 있다.

1) 사슴

사슴은 모든 면에 골고루 분포되어 개체수가 가장 많은 편인데 61마리 정도나 되어 고래 58마리와 거의 비슷한 편이다. 우리나라 사슴은 일찍부터 고라니와 노루가 가장 많이 서식하고 있었으나 대곡리 암각화에서는 각 세분된 종별을 구별하는 것이 쉽지 않아 의견들이 분분한 편이다. 여기서 분류한 것도 완전한 것은 아니므로 세부 종별에는 크게 유의하지 않고 사슴이라는 큰 틀 위주로 서술하는데 중점을 두고자 한다. 다만 사슴의 세부 종은 참고사항으로 분류하고자 한다.[11]

(1) 분포

◆ 주암면(主岩面)

① 주암면 Ⅰ부(가, A) 암면

Ⅰ부에는 사슴 3마리가 있는데 작고 거의 모두 외곽지대에 있어서 주류인 고래에 현저히 밀리고 있는 것을 알 수 있다. Ⅰ부의 상단 고래(1)의 오른쪽 꼬리 부분 가까이에 사슴(1)이 있고 그물(1) 옆에 사슴(2)가 있으며 Ⅰ의 중단 호랑이(2)의 꼬리 아래쪽에 사슴(3)이 새겨져 있다. 이 세 마리의 사슴은 모두 고라니로 추정되고 있다.

---

11) 강삼혜, 〈대곡리 암각화 사슴상의 의미와 도상 양식〉, 《강좌미술사》47(㈔한국미술사연구소 · 한국불교미술사학회, 2016.12)

② 주암면 Ⅱ부(나, B) 암면

Ⅱ부에는 사슴이 5마리가 새겨져 있다. 현 Ⅱ부의 중심이자 고래(24)의 오른쪽에 모두 몰려 있어서 한 군을 이루고 있다. 얼룩사슴인 사향노루 외 4마리는 시대도 동일하고 양식도 유사하여 함께 새겨진 것으로 파악된다. 고래(24) 밑에 사슴(7)의 몸 전체가 깔려 있고 사슴(5)의 꼬리도 잘리고 있어서 고래(24)는 이들 사슴보다 후대에 새겨졌다고 할 수 있다.

③ Ⅲ부 사슴 21마리

Ⅲ부에는 고래보다 육상동물이 더 많고 그 가운데 사슴 종이 가장 많아 총 21마리나 된다. 사슴으로 분류하지 않았던 4마리가 포함되는데 보고서에 동물이나 기타로 분류하였던 것 가운데 4마리는 사슴일 가능성이 많아 여기서 재분류한 것이다.

a. 상단

상단의 소(2) 오른쪽에 엉덩이가 큼직한 뛰어가는 동물이 있는데 엉덩이가 불분명하여 동물(8)로 분류했으나 머리나 몸체로 보아 사슴(고라니)에 가까워 사슴(8-1)로 분류했다.

고래(28) 오른쪽이자 물개(3) 꼬리 아래쪽에 뛰어가는 사슴(9) 한 마리가 새겨져 있다. 이 왼쪽인 호랑이(8) 아래쪽에도 작은 동물이 있는데 이 역시 동물보다는 사슴(9-1)으로 분류하는 것이 좋을 것 같다. Ⅲ부의 중단이자 고래(28)의 오른쪽에 고래(30, 31)와 멧돼지(4)와 섞여있는 사슴 무리가 있다. 모두 9마리가 아래위로 분포되어 있는데 위의 3마리는 오른쪽으로 가고 있는 사슴 가족(10-11, 어미와 새끼 두 마리)으로 보인다. 사슴(12) 아래쪽에 머리를 왼쪽으로 향하고 있는 동물 2마리가 아래위로 새겨져 있는데 작은 머리, 긴 몸체, 선쪼기 등으로 보아 같은 시기에 새긴 것으로 사슴(사슴12-1·2)으로 분류할 수 있을 것 같다. 사슴(12-2) 오른쪽에 더 작은 사슴(14)가 있고 사슴(12-2)의 아래쪽이자 멧돼지(4)와 머리가 겹쳐 있는 사슴(13)이 있다. 사슴(14) 아래쪽에는 머리가 오른쪽으로 향한 사슴(15)가 있는데 머리가 절단되고 없다. 이 아래쪽에도 머리가 절단된 선쪼기 기법의 사슴(16)이 있다.

b. 하단

사슴(16)의 오른쪽 Ⅳ와 경계선에도 작은 사슴(22) 한 마리가 있고 이 아래쪽에 사슴(37)이 있다. 이 사슴은 머리가 Ⅳ로 넘어가 있는데 다리가 잘 보이지 않는다. 이들 더 아래쪽 호랑이(4) 오른쪽에 사슴(23) 한 마리가 뛰어가고 있는데 등 위에 4각형 물상이 겹쳐있다. 이 아래쪽에 깨어진 부분 아래쪽에 머리를 왼쪽으로 향한 사슴 한 마리가 있는데 목이 가는 편이다. 이보다 왼쪽인 사냥꾼(사람4) 왼쪽에 또 한 마리의 사슴(17)이 보이고 있다.

④ Ⅳ부, 사슴 24마리

Ⅳ부에는 상단 왼쪽과 오른쪽에서부터 하단에 이르기까지 대소 24마리의 사슴이 새겨져 있어서 Ⅲ부의 사슴과 비슷한 숫자로 새겨져 있는 셈이다. 너무 작아서 구별이 불분명한 3마리까지 사슴으로 일단 간주한 숫자이기 때문에 앞으로 줄어질 가능성도 있지만 Ⅲ부와 함께 사슴이 집중적으로 분포되고 있어서 주암면의 오른쪽은 사슴의 천국이라 할 만하다.

a. 상단

Ⅳ부 암면 왼쪽 양쪽으로 금이 간[균열진] 곳, 이상한 어류들 아래쪽에 머리가 작고 목이 한선이고 몸체가 가는 세 마리의 초미니 사슴 3마리(사슴 25, 26, 27)가 새겨져 있다. 이 아래쪽에도 사슴(28)이 새겨져 있는데 뒷부분 암면의 균열로 잘려나가고 없다. 암면의 오른쪽 상단, 호랑이(11) 아래쪽에 거대한 사슴(29) 한 마리가 오른쪽으로 뛰어가고 있다. 이 사슴(29) 오른쪽에 사슴(30, 31) 두 마리가 있는데 사슴(30)이 사슴(31)의 꽁무니를 타고 있는 듯한 자세로 있어서 교미하는 사슴으로 보기도 하지만 앞다리가 떠 있어 교미하는 자세로 보이지 않기도 한다. 이 아래에도 미니 사슴(32) 한 마리가 있는데 머리가 보이지 않고 있지만 사슴(29)의 새끼일 가능성도 있다. 이 오른쪽에는 머리를 위로 돌리고 목이 긴 동물 한 마리가 있는데 보고서 때는 새로 보았지만 머리를 돌린 사슴일 가능성이 많아 새(거위)와 함께 사슴(42)로 일단 분류해 놓았다.

사슴(29)의 아래쪽에 족제비(1)이 있고 그 아래에 작은 뿔이 솟은 사슴(33) 한 마리가 새겨져 있다. 사슴(33) 등 수평적인 자세의 전기 신석기 사슴들과는 달리 위로 오르는 듯한 자세로 새겨져 있어서 바로 앞에 있는 호랑이(12)와 동일한 시대 동일 양식의 사슴(34)이라 할 수 있다. 이 사슴의 왼쪽에서 호랑이(11)의 엉덩이에 깔리고 이 사슴(34)의 앞다리에 밟히고 있는 사슴(33-1)이 있다. 사슴(34) 오른쪽에는 작은 사슴 3마리가 보이는데 위에서부터 사슴(49), 사슴(50), 사슴(51) 등이다. 사슴(50)은 멧돼지일 가능성도 있지만 분명하지 않아서 일단 사슴으로 분류해 둔다.

b. 하단

이 아래는 Ⅳ부의 하단인데 사슴(34) 아래쪽에 커다란 사슴(35) 한 마리가 오른쪽을 향하고 있는데 큼직한 뿔을 가지고 있다. 이 사슴 뒷 꽁무니에는 초미니 사슴(36)이 있는데 새끼일 가능성도 있다. 사슴(35)의 아래쪽에는 커다란 사슴(38)이 뛰어가고 있다. 이 사슴 앞에는 둥근 올가미를 든 사냥꾼이 올가미를 던지려하고 있기 때문에 필사적으로 뛰어가는 자세로 생각된다. 이 사슴(38)의 오른쪽이자 사냥꾼(5)의 뒤에도 더 작은 사슴(39)이 서 있다.

⑤ Ⅴ부 6마리

Ⅴ부에는 상단에 사슴이 없고 중단에 사슴 4마리가 있고 하단에는 사슴 2마리가 있어서 모두 6마리가 새겨져 있다.

a. 중단

이 중단에는 거대한 뿔 달린 2마리의 대륙사슴(사슴52, 53)과 뿔이 없는 대륙암사슴(54) 1마리 그리고 이 암사슴 밑에 뒷부분이 깔려 있는 사슴(55) 한 마리 왼쪽으로 가고 있는 자세를 보여주고 있다.

b. 하단 2마리

하단에는 고래(46) 아래쪽에 작은 사슴(40)이 있는데 얼굴이 아래쪽에 있는 사슴(41)의 귀에 깔려 있어서 사슴(41)이 후대의 것이 분명하다. 사슴(41)은 얼굴이 작고 목이 길고 몸통이 높은 사슴이다.

◆ 동암

동암에도 여러 점의 암각화가 있지만 불확실한 점이 많다. Ⅲ부분에는 4, 5 마리의 동물이 보이지만 불명확하고 Ⅳ부에는 초미니 동물이 보이는데 사슴일 가능성이 있지만 잘 알 수 없다.

(2) 사슴의 종류와 도상 특징

사슴의 종류는 다양하지만 우리나라에 서식하는 사슴은 고라니·노루·대륙사슴·붉은사슴 등 4종류로 알려져 있고, 이 밖에 사향노루과로 분류되는 사향노루가 있어서 이 사향노루도 일단 사슴으로 간주하고자 한다. 산양도 우리나라 금강산·설악산 같은 산 높은 산악지대에 서식하지만 남쪽 해안가인 울산의 지형으로 보아 산양은 서식하지 않고 또한 울산의 신석기 동물 뼈에도 산양이 없기 때문에 대곡리 암각화에서는 없는 것으로 간주하여 제외했다. 여기서는 다섯 종류의 사슴의 특징을 간략히 알아두고자 한다.[12]

한국 서식 사슴의 종류와 특징(강삼혜 논문 참조)

	종류	특징	뿔과 꼬리 특징	형상 사진
사슴과	고라니	−노루나 사슴보다 작음 −크고 둥근 귀 −두부가 둥근 편	−암수 모두 뿔 없음 −몸길이 77.5~100cm −꼬리 길이 6~7.5cm	
	노루	−고라니보다 2-3배 −두부가 각진 형태 −엉덩이가 올라감 −겁이 많음. 도망갈 때 흰 엉덩이 보임	−뿔 가짓수 3개(수컷) −대륙사슴보다 단순한 뿔/암노루 뿔 없음 −꼬리가 거의 없음	
	대륙사슴	−여름철 몸의 흰 반점이 뚜렷, 겨울에는 암갈색으로 변함 −어깨높이 80~90cm	−뿔 가짓수 6~8개(수컷) −뿔 길이 28~81cm −꼬리 길이 7.5~13cm	
	붉은사슴	−어깨 높이 1.2m로 큼 −크고 복잡한 뿔	−뿔 가짓수 10개 이상(수컷) −뿔 길이 80~120cm −꼬리 길이 12~15cm	
사향노루과	사향노루 (사향노루과)	−큰 귀 등 고라니와 비슷 −등과 옆면에 유백색 반점. 새끼일수록 선명 −엉덩이가 올라감	−암수 모두 뿔 없음 −꼬리 아주 짧아 잘 보이지 않음(꼬리 길이 3-5cm) −몸 길이 65~87	

---

12) 강삼혜, 〈대곡리 암각화 사슴상의 의미와 도상 양식〉, 《강좌미술사》47(㈔한국미술사연구소, 한국불교미술사학회, 2016.12) 참조.

(2-1) 고라니

고라니는 노루와 함께 우리나라에서는 일찍부터 가장 많은 개체수를 가지고 있었다. 그러나 이 암각화에서 고라니로 분명히 판단되는 개체 수는 많지 않은 편이다.

① 고라니1(사슴1)

주암면 Ⅰ부의 상단 오른쪽 고래(1)의 오른쪽에 있다. 이 사슴은 몸체가 작고 뿔이 없으며 꼬리가 짧은 편인데 뛰어가는 모습이 날렵하여 고라니로 볼 수 있다. 이 고라니는 주둥이가 길고 귀가 작으며 몸통은 날씬한 편이고 엉덩이가 약간 통통한 편이며 꼬리는 짧고 가늘다. 앞다리는 오른쪽 측면

도131. 고라니1(사슴1)

관이어서 오른쪽 다리만 보이는데 견주어 뒷다리는 왼쪽 다리가 오른쪽 다리에 겹쳐 보이지만 두 다리가 보이는데 앞뒤 다리 모두 앞으로 내밀어 뛰어가는 자세이다.

② 고라니2(사슴2)

주암면 Ⅰ부의 상단 왼쪽인 그물 왼쪽에 홀로 있는 사슴이다. 이 사슴은 왼쪽 측면관으로 뛰어가는 모습을 새긴 것이다. 주둥이가 길지 않고 뿔이 없이 두 귀만 짧게 표현했고 몸체는 길면서 통통한 편이며 엉덩이가 통통하고 꼬리가 짧으면서 굵은 편이다. 앞다리는 두 다리가 다 짧고 뒷다리는 두 다리가 더 길

도132. 고라니2(사슴2)

면서 약간 휘어져 뛰어가는 모습을 포착한 것이다. 이런 특징은 고라니의 전형적 특징이며, 모두쪼기 기법을 사용한 동적인 고라니라 하겠다. 사향노루나 산양으로 보기도 하지만 고라니로 보는 것이 더 합리적이라 생각된다.

③ 고라니3(사슴3)

주암면(이하 생략) Ⅰ부 왼쪽 중단의 고래
(11, 12) 위쪽에 있는 사슴이다. 주둥이가
짧고 귀가 길며 목이 긴 편이며 몸체가 통통
하고 엉덩이가 둥근 편이며, 꼬리가 약간 짧
고 다소 구부러졌다. 뒷다리는 짧은 편이고
앞다리는 약간 굽혔는데 완전 우측면관이어

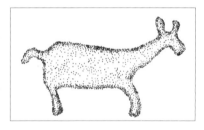

도133. 고라니3(사슴3)

서 오른 다리만 보이고 있다. 머리·두 귀·엉덩이·꼬리 등으로 보아 우측면
관의 고라니로 볼 수 있을 것이다. 산양으로 보기도 하지만 신석기시대 울산에
산양이 서식한 흔적은 없고 형체도 산양으로 보기 어렵다.

④ 고라니4(사슴9)

Ⅲ부의 중단, 고래(28) 오른쪽에 위치하
고 있는 사슴이 고라니(4)이다. 주둥이가 길
고 몸체가 늘씬하며 등이 둥글고 꼬리가 짧
은 편이다.

도134. 고라니4(사슴9)

⑤ 고라니5-7(사슴49, 50, 51)

Ⅳ부 오른쪽 상단에서 중단까지 배치된
사슴들 3마리는 너무 작아 판별하기 어렵지
만 고라니들로 일단 판단할 수 있을 것이다.
이 가운데는 고라니가 아닐 경우도 있지만
꼬리가 약간 굵기 때문인데 일단 짧은 꼬리
도 굵고 작게 표현할 수도 있기 때문에 고라
니로 일단 분류해두고자 한다.

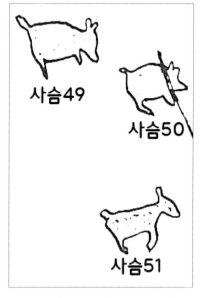

도135. 고라니5, 6, 7(사슴49, 50, 51)

⑥ 고라니8(사슴40)

Ⅴ의 하단 사슴(41) 목 위쪽에 위치한 사슴은 고라니일 가능성이 높다. 주둥이는 사슴(41)에 가려있지만 몸이 작고 통통하며 엉덩이가 둥글어 고라니일 가능성이 농후하다고 생각된다.

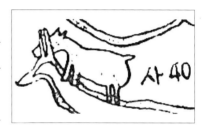

도136. 고라니8(사슴40)

⑦ 추정 고라니1(사슴6)

추정 고라니1(사슴6), Ⅱ부 하단 사슴(5)의 위에 있는 사슴(6)이다. 막 뛰어가는 모습의 이 고라니는 머리가 길고 목도 길어 둔부로 갈수록 커지는 고라니일 가능성이 있다.

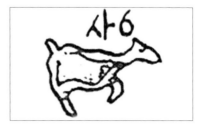

도137. 추정 고라니1(사슴6)

⑧ 추정 고라니2(사슴12)

Ⅲ부의 중단, 사슴(10)의 아래에 있는 작은 사슴들 가운데 하나인 사슴(12)는 고라니(2)로 추정될 수 있다. 주둥이가 길고 목이 약간 길며 꼬리가 짧은 편이다.

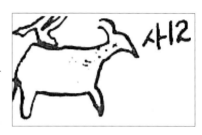

도138. 추정 고라니2(사슴12)

⑨ 추정 고라니3(사슴14)

Ⅲ부의 중단 사슴(13)의 오른쪽에 있는 사슴이다. 주둥이가 길고 목이 가늘며 엉덩이가 큰, 꼬리가 짧고 몸체가 긴 사슴으로 고라니로 추정될 수 있을 것이다.

도139. 추정 고라니3(사슴14)

⑩ 추정 고라니4(사슴17)

Ⅲ부의 하단 고래(34) 뒤에 위치한 사슴이다. 좌향 한 사슴으로 두 귀가 길고 주둥이도 길고 목은 다소 길지만 비교적 굵은 편

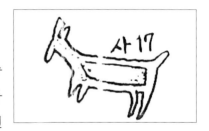

도140. 추정 고라니4(사슴17)

이며 꼬리도 짧아 고라니로 추정될 수 있다.

(2-2) 노루

노루로 생각되는 사슴은 잘 보이지 않는데 노루는 꼬리가 짧은 것이 특생이어서 꼬리를 대개 표현하고 있기 때문에 노루로 분류하기 어려워서 그런 것 같다. 그러나 꼬리는 표현하지 않을 수 없기 때문에 어느 정도의 꼬리는 나타낼 수밖에 없으므로 노루로 잘 판단되지 않은 경향도 있고, 더구나 노루와 고라니가 잘 구별되지 않는 점도 있어서 노루로 분류하지 못하고 있는 것 같다. 그러나 노루는 고라니와 함께 우리나라 사슴의 주종이므로 노루를 더 찾아낼 필요가 있을 것이다.

① 노루1(사슴8)

Ⅱ부 하단 사슴(5) 아래쪽에 서 있는 사슴이 노루(1)로 생각된다. 대륙사슴으로도 볼 수 있지만 각진 엉덩이로 보아 노루(암컷)로 볼 수도 있을 것이다. 머리가 작고 목이 유난히 가는데 견주어 몸체가 아주 큼직하고 엉덩이가 각져 노루의 성격을 과장적으로

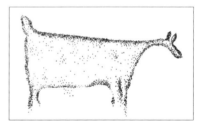
도141. 노루1(사슴8)

표현한 것으로 판단된다. 물론 대륙사슴(암컷)으로도 볼 수 있지만 우리나라에 가장 흔한 노루의 특징을 과장적으로 표현했다고 보는 것이 더 좋지 않을까하여 일단 노루로 분류해두고자 한다.

② 노루2(사슴10)

Ⅲ부 중단 오른쪽 고래(30) 아래쪽에 위치하고 있는 사슴이 노루(2, 사슴10)로 볼 수 있지 않을까 한다. 사향노루로 보기도 하지만 우리나라에는 사향노루가 희귀하기 때문에 노루로 볼 수도 있다.

몸체에 견주어 머리가 작고 주둥이가 긴

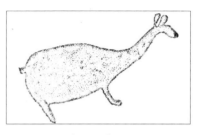
도142. 노루2(사슴10)

편인데 이에 견주어 목도 길뿐 아니라 몸이 유난히 큼직하며 등과 배가 둥근 형태여서 새끼 밴 암노루로 보는 것이 타당하다고 판단된다.

사향노루로 보기도 하지만 새끼 밴 노루의 특징을 살려 과장적으로 표현하면 이런 형태가 될 것이다. 새끼 밴 사슴들은 이 암각화에 다수 있기 때문이다.

③ 노루3(사슴12)

사슴(11)의 아래 사슴(12)도 노루로 볼 수 있다. 작은 머리와 귀, 둥근 둔부 등 노루나 고라니로 생각되지만 위의 노루 2, 3과 함께 새끼노루일 가능성이 더 많은 것 같다.

도143. 노루3(사슴12)

④ 노루4(사슴26)

Ⅳ부 상단 왼쪽에 좌우 측면향 사슴이 겹쳐있는 사슴 가운데 밑에 깔린 사슴(26)이 노루일 가능성이 있다. 주둥이도 길고 목도 길며 둔부가 둥근 형태로 보아 암컷 노루일 가능성이 있기 때문이다.

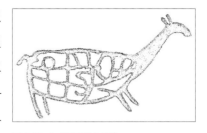

도144. 노루4(사슴26)

⑤ 노루5(사슴29)

Ⅳ부 상단 아래쪽, 호랑이(11) 아래에 있는 사슴(29)이 노루(2, 사슴10)처럼 새끼 밴 암컷 노루일 가능성이 짙다. 주둥이도 길고 목도 길며 몸체는 큼직하고 듬직하며 배가 불러 새끼 밴 사슴 특히 노루의 형태와 유사하므로 노루로 일단 분류해둔다. 사향노

도145. 노루5(사슴29)

루일 가능성도 있지만 사향노루는 우리나라에는 희귀하므로 노루일 확률이 더 높은 것 같다. 몸체에는 원·마름모·사각형·타원형 등의 무늬가 새겨져 있는데 이런 문양이 새겨진 암각화의 경우 내장기관으로 보는 것이 선사미술학계의 통설이다. 크기가 일정할 경우 사냥물 분배 표시인 경우도 있지만 이 경

우는 간, 심장 등 내장 기관으로 보아야 하며, 등줄기에 일직선도 있어서 생명 선을 표현한 것으로 보인다.

⑥ 노루6(사슴33)

Ⅳ부의 상단, 노루(5, 사슴29)의 아래쪽에 있는 사슴(33)은 노루(6)로 분류하고자 한다. 목이 약간 길고 몸체가 큼직하며 둔부가 각지며, 뿔(귀 가능) 두 가닥이 약간 솟아난 사슴이어서 뿔이 갓 돋아난 상태의 봄철의 수노루일 가능성이 가장 크다.

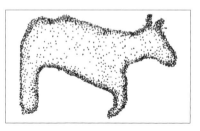

도146. 노루6(사슴33)

⑦ 노루7(사슴34)

Ⅳ부 중단 호랑이(12) 뒤쪽에 직립해 있는 사슴은 노루일 가능성이 높다. 목이 길고 몸체도 큼직하며 둔부도 각진 듯 둥글고 꼬리가 짧은 특징은 노루로 보는 것이 좋을 것 같다. 호랑이(12)와 동일하게 원형·타원형·사각형 등이 새겨져 있어서 내장기관을

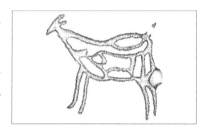

도147. 노루7(사슴34)

표현한 것으로 생각되는데 호랑이(12)와 동일 시기, 동일 작가에 의하여 새겨졌을 것으로 판단된다.

⑧ 노루8, 9(사슴 30, 31)

Ⅳ부 상단 오른쪽에 새겨져 있는 두 마리 사슴도 노루일 가능성이 있다. 노루(8, 사슴30)은 위로 오르는 자세이고 노루(9, 사슴31)은 평지를 가고 있는 자세이어서 교미하는 자세로도 볼 수 있지만 노루(8)의 자세는 공중에 떠 있는 듯 하여 교미 자세로 보기 쉽지 않을 것 같다.

도148. 노루8, 9(사슴30, 31)

⑨ 추정 노루1(사슴28)

Ⅳ부 상단이자 사슴(10)의 앞에 암반이
깨어진 곳에 허리 이후가 잘려나간 사슴이
있다. 가는 주둥이, 비교적 길고 굵은 목, 볼
록한 몸체 등은 사슴(29)와 유사한 형태의
사슴으로, 사슴(29)와 같은 노루일 가능성이
있다. 꼬리가 약간 있는 사슴(29)가 붉은사

도149. 추정 노루1(사슴28)

슴일 가능성도 있어서 사슴(28)이 완전히 노루로 볼 수는 없지만 일단 노루로
추정하고자 한다.

(2-3) 사향노루

① 사향노루1(사슴4)

Ⅱ부 중단 울(3) 아래쪽에 얼룩무늬가 새
겨진 사슴이 사향노루로 생각된다. 귀도 크
고 머리도 큰 편이며, 몸체도 반듯하며 꼬리
가 짧고 반점들이 새겨져 있어서 사향노루
의 특징이 가장 많이 나타나고 있다. 이 반
점이나 새긴 특징은 호랑이(6)과 동일하여

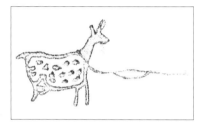
도150. 사향노루1(사슴4)

호랑이(6)과 함께 동일 시기, 동일 작가가 새긴 사향노루로 생각된다. 목에 줄
이 걸려 있는데 이것은 이 사향노루를 잡아 끌고 가거나 묶어둔 상태를 상징한
다고 볼 수 있을 것이다.

② 사향노루2(사슴18)

Ⅱ부 하단, 사냥꾼(사람4) 아래쪽에 새겨
진 사슴(18)은 대륙사슴으로 볼 수 있지만
꼬리가 다소 긴 것 외에는 대륙사슴의 특징
이 없어서 명칭도 유보할 수밖에 없다.

목이 짧고 몸체는 타원형인데 엉덩이가
타원형이고 몸체도 아래위로 볼록한 형태이

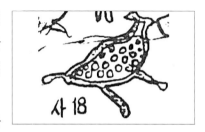
도151. 사향노루2(사슴18)

어서 대륙사슴보다는 사향노루에 가깝지만 현재 꼬리가 다소 길게 표현되어 사향노루로 단정할 수 없게 된 것이다. 몸체에 얼룩 반점이 표현되어 신석기시대 중기 이후로 판단된다.

(2-4) 대륙사슴

① 대륙사슴1(사슴13)

Ⅲ부의 중단, 멧돼지(4)와 겹쳐있는 사슴은 대륙사슴으로 추정된다. 주둥이가 짧고 목도 짧으면서 굵지만 어깨가 다소 높으면서 몸체가 크고 꼬리가 다소 긴 형태로써 붉은 사슴보다 작지만 노루보다는 다소 큰 대륙사슴으로 추정된다. 흔히 우수리사슴으로 불리

도152. 대륙사슴1(사슴13)

는 이 사슴은 시베리아 아무로강 주위에 많이 서식하고 있다고 알려져 있다.

② 대륙사슴2(사슴17)

대륙사슴(1, 사슴13)과 유사한 사슴으로 대륙사슴에 가깝다고 생각된다. 주둥이가 길지만 귀는 큼직하며 사각형 몸체는 다소 큼직하게 보여 대륙사슴(1)과 친연성이 있다고 생각된다.

도153. 대륙사슴2(사슴17)

③ 대륙사슴3(사슴39)

Ⅳ부 사냥꾼(사람5) 뒤쪽에 서있는 사슴도 대륙사슴으로 보인다. 목이 길면서도 굵고 몸체가 높고 사각형적이어서 대륙사슴(1, 2)와 유사한 편이다.

도154. 대륙사슴3(사슴39)

④ 대륙사슴4(사슴20)

Ⅲ부 하단, 호랑이(10)의 아래쪽에 뛰어
가는 사슴은 대륙사슴으로 보인다. 목이 굵
고, 휘어져 대륙사슴(7)과 유사하며 몸체가
큼직하고 둥글어 새끼 밴 대륙사슴일 가능
성이 크다.

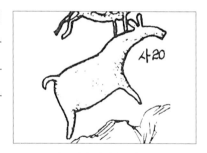

도155. 대륙사슴4(사슴20)

⑤ 대륙사슴5(사슴52)

Ⅴ부 중단에 대륙사슴 수컷 3마리가 왼쪽
을 향하여 뛰어가는 자세를 보이고 있다. 주
둥이가 짧고 뿔이 두 가닥으로 솟아있으며 몸
체가 사각형으로 다소 큼직한데 표피에 반점
이 나 있어서 전형적인 수컷 대륙사슴이다.

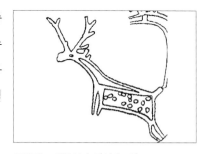

도156. 대륙사슴5(사슴52)

⑥ 대륙사슴6(사슴53)

대륙사슴(4. 사슴52)과 나란히 뛰어가고
있는 사슴(53)은 대륙사슴(4)과 거의 동일한
형태의 대륙사슴(6)이다. 뿔이 좌우 두 가닥
으로 솟아있고 목이 길고 반점이 있는 대륙
사슴이라 하겠다.

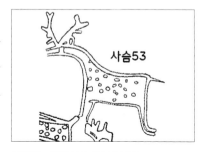

도157. 대륙사슴6(사슴53)

⑦ 대륙사슴7(사슴54)

뿔이 없고 목이 짧고 굵으며 몸체는 사각
형으로 다소 큼직한 편인데 표피에 얼룩 반
점이 있어서 암컷 대륙사슴이 분명하다. 수
컷 대륙사슴은 목을 길게 했으나 암컷은 짧
고 굵게 표현하고 있는 것이 특징이다.

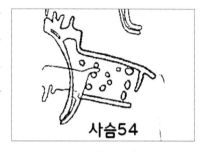

도158. 대륙사슴7(사슴54)

⑧ 추정 대륙사슴1(사슴13)

Ⅲ부 중단 멧돼지(4)와 겹쳐있는 사슴은
대륙사슴일 가능성이 있다. 주둥이가 짧고
목도 짧지만 굵은 편이며 몸체가 크고 늠름
한 편이나 꼬리가 길지는 않아 붉은사슴보
다는 대륙사슴일 가능성이 높은 편이다.

도159. 추정 대륙사슴1(사슴13)

⑨ 추정 대륙사슴2(사슴22)

Ⅲ부 중단, 사슴(37) 등 위쪽에 작은 사슴
(22)는 대륙사슴일 가능성이 있다. 긴 주둥
이, 짧고 가는 목, 긴 다리, 약간 긴 꼬리 등
은 대륙사슴에 가깝기 때문이다.

도160. 추정 대륙사슴2(사슴22)

⑩ 추정 대륙사슴3(사슴23)

Ⅲ부 하단, 인면1(탈)의 왼쪽에 있는 사슴
(23)은 대륙사슴일 가능성이 있다. 긴 주둥
이, 곧추세운 긴 목, 당당한 체구 등은 대륙
사슴에 가깝기 때문이다.

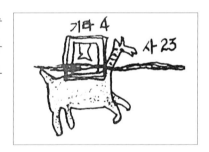

도161. 추정 대륙사슴3(사슴23)

⑪ 추정 대륙사슴4, 5(사슴25, 26)

Ⅳ부 상단 멧돼지(3)의 앞 쪽에 사슴 두
마리가 겹쳐 있다. 두 마리는 방향이 좌
(25), 우(26)로 엇갈려 있지만 사슴(25)가
밑에 깔려 있고 그 위에 사슴(26)이 겹쳐 있
는 것이다. 둘 다 목이 가늘고 꼬리가 약간
긴 작지만 당당한 형태여서 대륙사슴일 가
능성이 있다.

도162. 추정 대륙사슴4, 5(사슴25, 26)

(2-5) 붉은사슴

붉은사슴은 일명 백두산사슴으로도 불리워지고 있는데 백두산 일대에 널리 서식하고 있는 사슴이다. 우리나라 일대에 서식하고 있는 사슴 가운데 뿔도 제일 길고 꼬리도 제일 길며 몸체도 제일 큼직한 대형 사슴이라 할 수 있다.

① 붉은사슴1(사슴5)

Ⅱ부 하단 고래(24)의 오른쪽에서 뛰어가는 자세의 사슴은 붉은사슴으로 볼 수 있다. 주둥이가 다소 길고 목이 짧으면서 굵고 몸체가 늘씬하게 길면서 큼직한 대형 사슴이다. 특히 머리에서 솟아난 뿔이 앞으로 길게 뻗쳐 있는데 너무 길어 사슴의 뿔로 보지 않고 울타리나 배로 보려는 경향도 있다. 그러

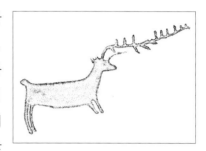

도163. 붉은사슴1(사슴5)

나 붉은사슴(백두산사슴)은 뿔 길이가 80-120㎝나 되는 대형이어서 이 뿔을 앞으로 뻗었다고 하면 몸체보다 약간 작은 이 뿔이 붉은사슴의 대형 뿔로 볼 수 있을 가능성이 높다고 판단된다.

이 뿔이 뿔이 아니라 울타리로 볼 경우 아래위로 뻗은 가지가 너무 작고 짧으며, 배로 본다면 평평하지도, 휘어지지도 않고 아래위로 가지가 있어서 사람 형상으로 볼 수 없으며 특히 다른 배들과 유사하지 않기 때문에 배도 울타리도 아닌 뿔로 보는 것이 더 타당한 것 같다. 다만 뿔이 앞으로 너무 뻗어 있어서 울타리일 가능성도 열어두고자 한다. 또한 뿔이 아니라 하더라도 위로 올라간 커다란 뿔로 보아 붉은사슴(암사슴)일 가능성이 높다.

② 붉은사슴2(사슴7)

붉은사슴(1, 사슴5)의 뒤쪽, 고래(24)에 깔려있는 뿔 달린 머리 부분만 보이는 사슴은 붉은사슴으로 볼 수 있을 것이다. 뿔의 길이나 크기가 유난히 크며, 붉은사슴(1)과 함께 가는 듯한 형상이어서 붉은사슴(1)과 동류인 붉은사슴으로 추정된다.

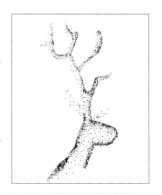

도164. 붉은사슴2(사슴7)

③ 붉은사슴3(사슴8)

붉은사슴(1, 사슴5) 아래쪽에 있는 사슴
(8)은 붉은사슴(1, 2)과 함께 무리를 짓고 있
는 붉은사슴 암컷으로 추정할 수 있다. 머리
가 작고 목이 짧고 가늘지만 몸체는 큼직하
고 배와 둔부가 불룩한 모양이 새끼 밴 암컷
붉은사슴의 특징을 콕 집어 표현한 것으로
추정된다.

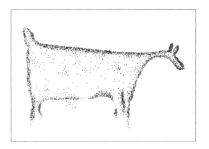

도165. 붉은사슴3(사슴8)

④ 붉은사슴4(사슴19)

Ⅲ부 하단 사슴(18) 아래쪽에 있는 사슴
은 붉은사슴으로 간주된다. 좌우로 뻗은 뿔
은 유난히 크고 가지 수도 많아서 대륙사슴
뿔보다는 붉은사슴 뿔로 볼 수 있다. 또한
목이 굵고 짧으며 어깨가 유난히 높다고 판
단되므로 비록 하체는 파손되었지만 붉은사
슴 수컷으로 판단된다.

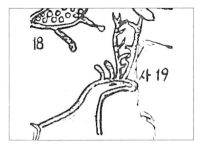

도166. 붉은사슴4(사슴19)

⑤ 붉은사슴5(사슴35)

Ⅳ부의 중단에 사슴(37, 38)과 1군을 이
루고 있는 뿔 달린 사슴은 붉은사슴으로 볼
수 있을 것이다. 뒤로 겹쳐진 뿔은 길고 가
지 수도 많으며, 주둥이가 작고 목이 짧은
편인데 몸체가 큼직하고 당당하며 꼬리가
긴 편이어서 대륙사슴보다는 붉은사슴일 가
능성이 더 높다고 판단된다. 특히 사슴(37)

도167. 붉은사슴5(사슴35)

과 사슴(38)과 함께 보조를 맞추어 가고 있는 형상이어서 사슴(36)이 새끼라면
하나의 사슴 무리 집단으로 볼 수 있을 것이다.

붉은사슴(5)와 붉은사슴(7) 사이에 있는 긴 꼬리 동물(족제비)은 붉은사슴

(5, 6, 7) 사이에 후대에 새겨 넣어 붉은사슴의 균형을 깨트리고 있다.

⑥ 붉은사슴6(사슴37)

붉은사슴(5, 사슴35)를 따라가고 있는 형상의 사슴은 붉은사슴(5, 사슴35)를 따라 가는 암컷 붉은사슴일 가능성이 농후하다. 주둥이가 작고 목이 굵으며 몸체가 큼직하고 어깨가 높은 형태이어서 암컷 붉은사슴으로 추정된다.

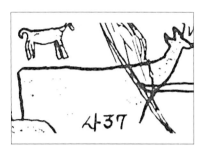

도168. 붉은사슴6(사슴37)

⑦ 붉은사슴7(사슴38)

붉은사슴(5)의 아래쪽에서 뛰어가는 형상의 사슴은 붉은사슴(5)와 붉은사슴(6)과 함께 붉은사슴 1가족의 하나로 추정된다. 세 마리 가운데 조각가나 관자의 제일 가까이에 있어서 3마리 가운데 가장 크게 나타내어 일종의 원근감을 묘사하고 있다. 두 쌍보다 주둥이도 더 크고 목도 더 굵고 짧은 편이며 어깨도 높고 몸체도 큼직하며 특히 아랫배가 볼록하여 새끼 밴 암컷 붉은사슴일 가능성이 가장 큰 편이다.

도169. 붉은사슴7(사슴38)

⑧ 추정 붉은사슴1(사슴33)

Ⅳ부 상단, 족제비(1) 아래에 있는 큼직한 사슴(33)은 붉은사슴일 가능성이 농후하다. 풍성한 뿔, 다소 긴 목과 엉덩이로 갈수록 커지는 당당한 체구, 굵고 다소 긴 꼬리 등 붉은사슴에 가깝다고 추정된다.

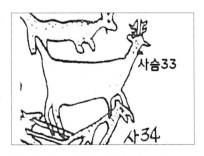

도170. 추정 붉은사슴1(사슴33)

⑨ 추정 붉은사슴2(사슴34)

사슴(33) 밑이자 사슴(33)의 앞다리에 머
리가 있고 수직에 가깝게 몸체가 아래를 향
한 사슴은 매달려 있는 듯한 특이한 자세의
사슴(34)가 붉은사슴으로 추정된다. 굵고 다
소 긴 목, 엉덩이로 갈수록 커지는 당당한
체구, 휘어진 배 등 새끼 밴 붉은사슴일 가
능성이 있다. 내장이 새겨져 사슴(29)와 유
사한 사슴으로 동일시대 작으로 생각된다.

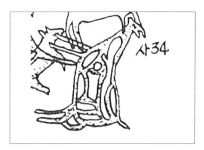

도171. 추정 붉은사슴2(사슴34)

⑩ 추정 붉은사슴3(사슴35)

Ⅳ부의 중단, 족제비(2) 위에 새겨진 거대
한 사슴은 붉은사슴으로 추정된다. 굵고 거
대한 뿔, 주둥이는 작고 머리도 작지만 긴
목과 엉덩이로 갈수록 커지는 당당한 체구,
약간 긴 꼬리 등이 붉은사슴에 가깝다고 추
정된다.

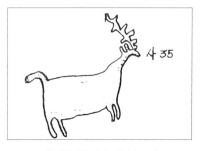

도172. 추정 붉은사슴3(사슴35)

사슴(37, 38)과 하나의 군을 이루며 같은
시대 같은 작가에 의하여 새겨졌을 것으로 추정되는 붉은사슴 무리로 볼 수 있
지 않을까. 이 붉은사슴3(사슴35)이 숫사슴으로 사슴(37, 38)의 암사슴을 거
느린 붉은사슴무리라면 사슴(35)의 꽁무늬에 있는 작은 사슴은 새끼 붉은사슴
일 가능성이 높지 않을까.

⑪ 추정 붉은사슴4(사슴36)

Ⅳ부 중단 사슴(35)의 꽁무늬이자 사슴
(37)의 머리 밑에 새겨진 작은 사슴이다. 뛰
어가는 모습을 포착한 사슴으로 목이 비록
굵은 편이고 형상으로는 고라니에 가깝지만
붉은사슴 새끼로 볼 수도 있다.

도173. 추정 붉은사슴4(사슴36)

2) 호랑이(虎, 범)

육상동물 가운데 사슴 다음으로 호랑이(묘과 전체)가 가장 많이 새겨져 있다. 전 암면에 걸쳐 대개 15마리 내외가 새겨져 있는데 확실히 단정할 수 있는 호랑이만 10여 마리가 된다.

호랑이는 묘과에 속하는 동물인데 호랑이·표범·살쾡이 등이 우리나라에 서식하고 있다. 대곡리 암각화에는 이들이 모두 새겨져 있을 것으로 생각되지만 현재 호랑이와 표범은 어느 정도 분류되나 살쾡이는 잘 알 수 없다. 여기서는 호랑이와 표범으로 나누어 살펴보고자 한다. 또한 크게 호랑이로 통칭하고 세분해서 호랑이와 표범으로 분류해서 논의하고자 한다.[13]

(1) 분포

◆ 주암면

① Ⅰ부(가, A)

Ⅰ부 상단 그물 안에 갇힌 체 직립해 있는 동물은 긴 꼬리가 감겨있는 상태나 꺾쇠형 무늬로 보아 호랑이(호1)로 확인된다. 그물 상단이 깨어지면서 머리가 없어졌지만 목 아래는 그대로 남아 있다. 이 아래쪽 울[木柵]에도 동물 한 마리가 갇혀있는데 역시 긴 꼬리로 보아 호랑이(3)일 가능성이 높다.

울[木柵, 1]의 아래쪽이자 배(2)의 아래쪽에 거대한 호랑이(2) 한 마리가 오른쪽으로 향하고 있다. 긴 꼬리가 말려 올라간 상태로 보아 호랑이로 보인다. 이 호랑이는 표피의 무늬가 아닌 내장기관을 표현한 원·마름모 등을 새기고 있다. 이 호랑이 앞뒤 다리 사이에 얼룩무늬 동물이 보이는데 호랑이(4)일 가능성이 있지만 꼬리 등이 보이지 않아 불확실하여 일단 동물(2)로만 분류해 두고자 한다.

---

13) 정병모, 〈대곡리 암각화 호랑이 상의 의미와 도상 연구〉, 《강좌미술사》47((사)한국미술사연구소·한국불교미술사학회, 2016.12) 참조.

② Ⅱ부(나, B)

Ⅱ부는 하단부가 공동이 되어 중단부의 암각화만 남아 있다. 공동부 상단에는 4, 5차 이상의 중복으로 암각화들이 새겨져 있는 것으로 보아 이 공동에는 중복 암각화가 많았을 것은 당연하다.

상단에는 좌측면을 향한 호랑이(5) 한 마리가 가고 있는 자세로 새겨져 있다. 짧은 주둥이에 눈도 표현했고 몸체는 늘씬하게 길면서 당당한 편인데 오른쪽 꺾쇠 줄무늬가 묘사되었고 꼬리가 길게 올라가 있다. 울에 갇힌 호랑이로 볼 수 있지만 울에 갇힌 동물이 있고 호랑이는 울 뒤쪽에 떨어져 있어서 울에 갇힌 호랑이는 아니다.

호랑이 뒤쪽 아래에는 호랑이(6)인 표범 한 마리가 가고 있다. 주둥이가 짧고 눈이 있으며 얼룩무늬가 전체적으로 나 있고 꼬리는 길게 올라가 감겨있는 모양이다.

이 아래쪽, 고래(26) 위에도 동물 한 마리가 있는데 형상은 호랑이로 보이지만 꼬리가 짧아 소 같은 동물일 가능성이 농후하다. 일단 전에는 호랑이(7)로 분류했지만 여기서는 보류해둔다.

③ Ⅲ부(다, C)

Ⅲ부 중단, 고래(28) 왼쪽에 직립한 듯한 자세의 호랑이(호8) 한 마리가 있다. 이 독특한 자세는 꼬리가 길게 내려져 있어 서서 포효하는 호랑이가 아니라 바위나 산을 오르는 자세의 호랑이로 보아야 할 것이다. 벌린 입, 짧은 주둥이, 꺾쇠 줄무늬, 긴 꼬리, 불쑥 나온 배 등으로 보아 출산하는 암컷 호랑이인지도 모르겠다.

꼬리에 연이어 호랑이(8)과 유사한 동물(11)이 있는데 형태는 호랑이와 유사하지만 긴 꼬리가 처져 있어 호랑이로 단정하기 어려워 동물(11)로 분류했지만 호랑이일 가능성도 있어 호랑이(9-1)로도 가정적으로 분류해 둔다. 이 아래쪽에 머리가 고래(29)에 겹쳐있는 호랑이(9)가 있는데 머리가 불분명하지만 늘씬한 체구, 긴 꼬리로 보아 호랑이(9)로 판단되며, 내장기관이 표현된 호랑이로 보인다.

Ⅲ부 하단, 사슴(20) 위쪽에 줄무늬 호랑이(10)이 있는데 배가 둥글지만 주둥

이·귀·긴 꼬리·줄무늬 등이 호랑이가 분명한 것 같다. 하단 오른쪽 고래(37) 뒤쪽에 줄무늬 동물이 있는데 꼬리 부분이 없어져 단정할 수 없지만, 짧은 주둥이·두 귀·늘씬한 체구·줄무늬 등으로 보아 호랑이(14)로 볼 수 있다.

④ IV부(라, D)

상단, 사슴(29) 위쪽에 왼쪽을 향하여 질주하는 듯한 호랑이(11)이 있다. 작은 머리, 긴 목, 늘씬한 몸체, 끝이 말린 긴 꼬리로 보아 호랑이보다는 표범일 가능성이 높다. 입에서 꼬리까지 긴 생명선이 있고, 내장기관이 표현된 표범이다.

중단 왼쪽, 사슴(33) 왼쪽에 산을 비스듬히 오르는 듯한 자세의 호랑이(12)가 있다. 짧은 주둥이, 큰 귀, 당당한 몸체, 내장기관, 긴 꼬리 등 전형적인 호랑이 상이다.

하단부 깨어진 암면에 걸쳐 동물 한 마리가 있는데 하부에 깨어졌지만 큰 귀, 주둥이 형태, 당당한 몸체, 줄무늬로 호랑이(16)으로 간주할 수 있는데 꼬리 부분이 불분명하여 단정할 수는 없다. 그래서 동물(14)로도 일단 분류해 둔다.

⑤ V부(마, E)

V부 상단에 뒤집힌 고래(47) 위쪽에 호랑이(10) 한 마리가 포효하는 듯한 자세로 버티고 있다. 벌린 입, 두 귀, 늘씬한 체구, 불쑥 솟은 어깨, 말린 긴 꼬리, 줄무늬 등 이중섭의 성난 소 그림을 보는 듯하다.

◆ 동암
동암의 제일 왼쪽에 작은 호랑이형 동물이 있다. 주둥이, 두 귀, 늘씬한 체구, 무늬로 보아 호랑이(13)가 분명하지만 꼬리 끝이 잘 보이지 않아 확정하기는 어렵다.

(2) 호랑이의 종류와 도상 특징
호랑이는 고양이과로써 호랑이·표범·살쾡이·시라소니 등 네 종류가 주로 서식한다. 이들 고양이과 육식동물은 우리나라에서는 호랑이가 대표적이기 때문에 이들을 통칭해서 호랑이로 부르고 있다. 이른바 고양이과를 호랑이과로 부르는 관행을 가지고 있기 때문이다. 대곡리 암각화에서는 호랑이와 표범은 분류가 가능하지만 살쾡이나 시라소니는 판별이 어려우므로 호랑이와 표범으로만 분류하고자 한다.

(2-1) 호랑이

① 호랑이1(호1)

Ⅰ부의 그물 안에 갇힌 동물이 호랑이(1)로 판단된다. 머리가 절단되어 알 수 없지만 몸체가 늘씬하고 꺾쇠줄무늬가 새겨져 있고 긴 꼬리가 말려있는 등 호랑이의 특징이 분명히 나타나고 있기 때문이다. 그물 안에 갇혀 직립한 듯이 보이지만 꼬리가 길게 내려져 있는 것으로 보아 세워지게 세로로 표현해서 나타난 현상이라 하겠다.

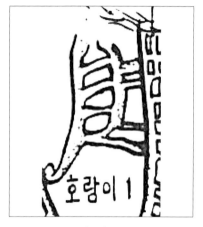

도174. 호랑이1(호1)

② 호랑이2(호2)

Ⅰ부의 그물 아래쪽의 오른쪽 측면을 향한 동물이 호랑이로 간주된다. 짧은 주둥이, 큰 두 귀, 늘씬하지만 둥근 배를 가진 몸체, 긴 꼬리 끝이 말린 점 등 호랑이가 분명하며, 호랑이 가운데 새끼 밴 호랑이일 가능성이 큰 편이다. 몸체 표면에 마름모·원·삼각형 등 무늬가 새겨져 있어 내장기관을 나타낸 것으

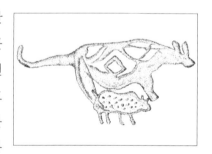

도175. 호랑이2(호2)

로 판단된다. 다리 사이에 작은 얼룩무늬 동물이 있는데 표범일 가능성이 있다.

③ 호랑이3, 4

Ⅰ부의 울(1) 안에 갇힌 동물과 호랑이(2) 아래 다리 사이의 동물은 호랑이

일 가능성이 있다. 그러나 호랑이로 분명히 단정할 수 없고 표범일 가능성도 있기 때문에 동물(5)로도 분류할 수 있다.

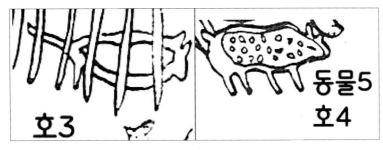

도176. 호랑이3(호3)　　　　　　도177. 호랑이4(호4)

④ 호랑이5(호5)

Ⅱ부 상단에 거대한 호랑이(호5) 한 마리가 새겨져 있다. 짧은 주둥이, 뚜렷한 눈, 큰 두 귀, 늘씬하고 당당한 체구, 감겨 올라간 긴 꼬리, 7개의 꺾쇠줄무늬 등 전형적인 호랑이로 판단된다. 뚜벅뚜벅 걸어가는 듯한 자세의 이 호랑이는 대곡리 암각화 호랑이 가운데 가장 잘 생긴 호랑이로 보인다.

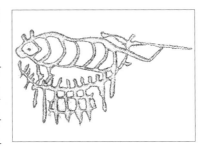

도178. 호랑이5(호5)

울 뒤에 있어서 울에 갇힌 호랑이로 판단되기도 하지만 울 안에 다른 동물이 갇혀있고, 또한 울 밖에 벗어나 있어 울과는 상관없는 호랑이로 판단된다.

⑤ 호랑이6(호8)

Ⅲ부의 중단, 고래(28) 왼쪽에 직립해 있는 동물은 호랑이로 판단된다. 짧은 주둥이 · 벌린 입 · 굵고 당당한 체구 · 줄무늬 · 말려 올라간 긴 꼬리 등은 전형적인 호랑이 상이며 배가 둥글게 쳐져 있어 새끼 밴 호랑이일 가능성이 농후하다. 이 불룩 나오게 한 배의 표현은 해석이 구구할 수 있지만 분만

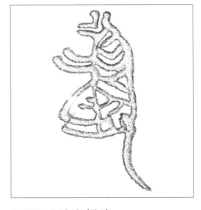

도179. 호랑이6(호8)

과 상당히 관련 있다고 보는 것이 타당하지 않을까.

그리고 직립해 있는데 이것은 향이 위로 되었거나 아니면 산을 오르고 있는 호랑이를 묘사한 것으로도 볼 수 있다. 또한 무늬들은 표피무늬로 보이는 부분도 있지만 뒷부분은 내장을 표현하고 있어서 바로 위의 멧돼지 무늬들과 일맥상통하고 있다고 판단된다.

⑥ 호랑이7(호9)

호랑이(7) 아래쪽, 고래(29)와 머리가 겹쳐 있는 동물은 호랑이로 생각된다. 당당한 체구, 끝이 말린 긴 꼬리로 보아 호랑이로 보는 것이 더 타당할 것 같다. 몸체의 무늬는 줄무늬보다는 내장기관 표시로 판단된다.

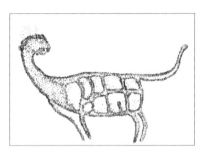

도180. 호랑이7(호9)

⑦ 호랑이8(호10)

Ⅲ부 하단부 왼쪽, 사람(3) 왼쪽에 뛰어가는 듯한 자세의 동물은 바로 호랑이(호10)으로 생각된다. 둥근 배를 가진 뚱뚱한 몸체, 짧은 주둥이, 큰 귀, 줄무늬, 말린 긴 꼬리 등은 호랑이 상이 분명하다.

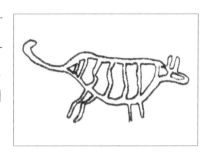

도181. 호랑이8(호10)

⑧ 호랑이9(호14)

Ⅲ부 하단, 고래(37) 오른쪽에 있는 동물은 호랑이(14)로 생각된다. 짧은 주둥이, 두 귀, 늘씬한 듯한 체구, 줄무늬 등 호랑이와 거의 유사하지만, 꼬리가 절단되어 호랑이로 완전히 단정할 수는 없다. 그러나 꼬리 외에는 호랑이 형상과 거의 유사하므로 호랑이(14)로 분류하고자 한다.

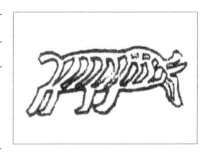

도182. 호랑이9(호14)

⑨ 호랑이10(호12)

Ⅳ부 중단에 산이나 바위를 기어오르는 듯한 자세의 동물이 호랑이10(호12)으로 간주된다. 짧은 주둥이, 큰 두 귀, 당당한 체구, 긴 꼬리 등 전형적인 호랑이 상이다. 몸체에는 내장기관이 표현되고 호랑이6(호8)과 상당히 유사한 편이다.

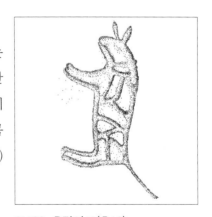

도183. 호랑이10(호12)

⑩ 호랑이11(호16)

Ⅳ부 하단 파손된 암면에 걸쳐 있는 동물상은 호랑이로 간주된다. 짧은 주둥이, 큰 두 귀, 건장한 체구, 줄무늬 등 호랑이의 여러 특징이 잘 보이고 있지만 하부와 머리 일부, 꼬리 등이 없어져 완전히 단정할 수는 없다.

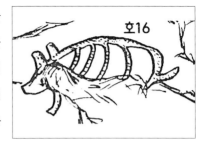

도184. 호랑이11(호16)

⑪ 호랑이12(호15)

Ⅳ부 최하단에 작게 새겨진 호랑이(15)가 있다. 뭉툭한 입, 짧은 주둥이, 두 귀, 작지만 당당한 듯한 체구, 말려 올라간 긴 꼬리 등이 호랑이로 간주된다.

도185. 호랑이12(호15)

⑫ 호랑이13(호13)

Ⅴ부 상단, 배 위쪽에 새겨진 동물은 전형적인 호랑이13(호13) 이다. 짧은 주둥이, 큰 두 귀, 늘씬한 체구, 꺾쇠줄무늬, 말려 올라간 긴 꼬리 등 전형적인 호랑이 상이며, 벌린 입, 불쑥 올라간 어깨, 떡 버티고 있는 네 발 등 몸을 부르르 떨면서 포효하고 있는 호

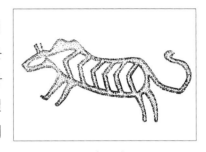

도186. 호랑이13(호13)

랑이로 보인다. 이중섭 화가의 유명한 황소 그림을 연상하게 하는 호랑이로 유명하다.

⑬ 호랑이14(호17)

동암의 가장 왼쪽에 작은 동물 한 마리가 새겨져 있는데 바로 호랑이로 간주된다. 짧은 주둥이, 큰 두 귀, 늘씬한 체구, 꺾쇠줄무늬, 긴 꼬리(끝이 절단) 등 호랑이의 형상으로 판단된다.

도187. 호랑이14(호17)

(2-2) 표범

현재 표범으로 확실히 분류할 수 있는 상은 2마리이다. Ⅱ부의 호랑이(6)과 Ⅳ부 상단의 호랑이(11)이다.

① 표범1(호6)

Ⅱ부 상단 호랑이5(호5) 아래쪽에 새겨져 있는 왼쪽 측면상의 동물이 표범1(호6)이다. 짧은 주둥이 · 두 귀 · 늘씬하고 당당한 체구 · 말려 올라간 긴 꼬리 등은 호랑이들과 유사하지만, 몸체의 얼룩점무늬가 호랑이와 다른 표범의 독특한 무늬이기 때문에 표범으로 판단된다. 긴 꼬리는 고래(23) 위에 새겨져 있어 고래(23)보다 뒤에 새겨진 것이 분명하다.

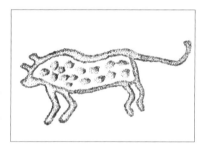

도188. 표범1(호6)

② 표범2(호11)

Ⅳ부 상단에 질주하는 듯한 자세의 동물은 표범2(호11)로 판단된다. 짧은 주둥이,

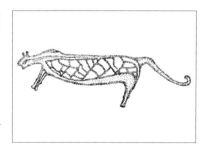

도189. 표범2(호11)

220

두 귀, 긴 목, 늘씬하고 날랜 몸체, 말려 올라간 꼬리 등은 호랑이보다는 질주하는 표범으로 판단된다. 머리에서 꼬리까지 긴 일직선은 생명선이 분명하며, 원·마름모·타원형·사각형 등은 내장기관을 나타낸 것이 분명하다.

이 표범은 대곡리 암각화 동물 가운데 가장 날랜 동물로 여겨지고 있다.

3) 멧돼지[猪]

대곡리 암각화의 멧돼지[猪]는 모두 7구를 헤아릴 수 있다. 멧돼지 종류는 명확히 구분할 수 없지만 일반 멧돼지와 대형 멧돼지로 나눌 수 있을 것 같다.

(1) 분포

대곡리 암각화의 멧돼지들은 모두 7구인데 주로 Ⅲ부에 분포되어 있고 1구만 Ⅳ부에 새겨져 있어서 특징적이라 할 수 있다.

① Ⅲ부

Ⅲ부 상단에 멧돼지 두 마리가 아래위로 겹쳐 있다. 북유럽계통 등에서는 이런 자세를 교미 자세라 보고 있는데, 이 멧돼지도 교미하는 멧돼지로 보는 것이 타당하다고 판단된다.

멧돼지(1)은 위에 있고 멧돼지(2)는 아래에 있는데 멧돼지(1)과 멧돼지(2)는 다소 날카롭고 긴 주둥이, 주둥이에서 올라가는 선들, 굵고 짧은 목, 풍만한 체구, 올라간 꼬리 등으로 보아 멧돼지에 가장 가깝다고 판단되므로 멧돼지로 생각된다. 이들은 내장기관이 표현되고 있어서 주목된다. 이 오른쪽에 멧돼지(1, 2)처럼 우측면을 향한 동물도 멧돼지(3)으로 볼 수 있다. 멧돼지(1)과 거의 유사하므로 이 역시 멧돼지로 보는 것이 타당할 것이다. 이들 아래쪽인 Ⅲ부 중단, 사슴무리 사이에 멧돼지(4) 한 마리가 새겨져 있다. 다소 길고 날카로운 주둥이, 특징적인 돼지머리, 퉁퉁한 체구, 올라간 꼬리 등이 멧돼지가 분명하다.

멧돼지(4) 아래쪽에도 대형 멧돼지 한 마리가 돌진하는 자세로 새겨져 있다. 삼각형 주둥이, 주둥이에서부터 몸체로 뻗친 독특한 줄무늬선, 퉁퉁한 몸체, 올라간 꼬리 등 전형적인 멧돼지이다.

이 멧돼지 아래쪽 사람(3)과 사람(4) 사이에도 멧돼지(6) 한 마리가 있다. 삼각형 주둥이, 퉁퉁한 체구, 올라간 꼬리 등이 멧돼지가 분명하다. 두 다리를 버티고 앞의 사냥꾼(사람3)과 대치하고 있는 이 멧돼지는 뒤의 사냥꾼(사람4)의 협공을 받는 형국이다.

② Ⅳ부

이 Ⅳ부에는 멧돼지 한 마리만 보이고 있다. 중단 사슴(35)의 오른쪽에 좌측면을 향한 멧돼지이다. 삼각형 주둥이, 퉁퉁한 체구, 올라간 꼬리 등으로 보아 퉁퉁한 멧돼지로 볼 수 있다.

(2) 멧돼지의 종류와 도상 특징

대곡리 암각화의 멧돼지는 앞에서 말했듯이 현재 7구를 헤아릴 수 있다.

① 멧돼지1, 2(猪1, 2)

멧돼지(1, 2)는 한 세트로 볼 수 있기 때문에 같이 살펴보고자 한다. Ⅲ부의 상단에 새겨져 있는 이 멧돼지(1, 2)는 아래위로 놓여있다.

위의 멧돼지(1)는 삼각형 주둥이, 큼직한 두 귀, 짧고 굵은 목, 당당한 체구, 둥근 둔부(엉덩이), 위로 올린 굵은 꼬리 등으로 보

도190. 멧돼지1, 2(猪1, 2)

아 멧돼지로 보는 것이 가장 타당하다고 판단된다. 개과(너구리)로 보기도 하지만 주둥이에서 뻗친 여러 줄의 줄무늬나 삼각형 주둥이 등으로 보아 멧돼지가 더 맞다고 생각된다.[14]

몸체에는 원, 삼각형, 마름모, 사각형 등의 무늬가 있어 내장기관을 표현한 것으로 판단된다. 머리에서 꼬리까지 길게 생명선까지 표현되고 있다. 이런 내

---

14) 한상훈, 〈반구대 암각화의 동물〉, 《울주 대곡리 반구대 암각화》(울산암각화박물관, 2013.2), p. 183 참조.

장기관은 멧돼지(2)에서도 보인다. 멧돼지(2) 역시 멧돼지(1)과 거의 동일한 형태의 주둥이, 귀, 늘씬한 몸체, 둥근 둔부, 굵은 꼬리 등이 표현되고 있다. 북유럽 등의 사슴(엘코)의 교미 장면과 유사한 멧돼지(1, 2)의 자세로 보아 이두 멧돼지도 교미 장면으로 보는 것이 타당할 것 같다.

② 멧돼지3(猪3)

멧돼지(3)은 멧돼지(2)의 앞이자 오른쪽에 우측면을 향한 채 뛰어가는 자세이다. 멧돼지(1)과 거의 동일한 형태인데, 삼각형 주둥이, 벌린 입, 두 귀, 짧고 굵은 목, 건장한 체구, 둥근 둔부, 올라간 꼬리 등 모든 특징이 멧돼지(1)과 거의 유사한 편이다. 내장기관은 동일하여 멧돼지(1, 2, 3)은 동일한 시기, 동일한 작가에 의하여 새겨졌음이 분명하다.

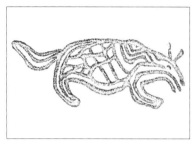

도191. 멧돼지3(猪3)

③ 멧돼지4(猪4)

멧돼지(4)는 Ⅲ부의 중단, 사슴 무리 속에 새겨져 있다. 삼각형 주둥이, 벌린 입, 통통한 체구, 둥근 둔부, 올라간 꼬리 등 전형적인 멧돼지 형상이다. 사슴(6)의 머리와 멧돼지(4)의 몸체가 겹쳐 있다.

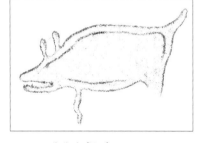

도192. 멧돼지4(猪4)

④ 멧돼지5(猪5)

멧돼지(5)는 멧돼지(4) 아래쪽에 있는데 앞을 향하여 돌진하는 자세이다. 잘려졌지만 삼각형 주둥이, 두 귀, 당당한 체구, 둥근 둔부, 올라간 꼬리, 주둥이에서 몸체로 뻗친 네 가닥 줄무늬 등이 전형적인 멧돼지 형상이다.

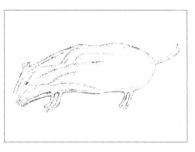

도193. 멧돼지5(猪5)

⑤ 멧돼지6(猪6)

Ⅲ부 하단, 사냥꾼(사람3)과 사냥꾼(사람4) 사이에서 협공을 당하고 있는 멧돼지(6)이 있다. 길게 나온 삼각형 주둥이, 퉁퉁하고 둥글게 휘어진 체구, 올라간 꼬리 등 전형적인 멧돼지 형상이다. 두 다리를 뻗대고 있어서 앞의 사냥꾼과 대치하고 있는 멧돼지의 긴장된 모습을 잘 보여주고 있다.

도194. 멧돼지6(猪6)

⑥ 멧돼지7(猪7)

Ⅳ부 중단, 사슴(35)의 오른쪽에 멧돼지 한 마리가 있다. 멧돼지는 삼각형 주둥이가 작은데 견주어 두 귀도 큼직하고 몸체는 둥글게 표현되어 있다. 이와 함께 꼬리가 올라가고 다리가 짧아 두더지 같은 동물로 보이지만 유난히 퉁퉁한 체구의 멧돼지로 판단된다.

도195. 멧돼지7(猪7)

4) 족제비 및 견과 동물

족제비 또는 견과 동물은 현재 2구가 보이고 있다. 한 동물은 족제비나 담비이고 한 종류는 여우나 늑대일 가능성이 있다.

(1) 분포

Ⅳ부의 상단, 사슴(29)의 아래쪽이자 사슴(33)의 위쪽에 위치하고 있는 동물은 꼬리가 길어 견과 동물 가운데도 족제비나 담비 종류로 판단된다.

다른 한 마리는 Ⅳ부의 중단 사슴 무리 사이에 있는데 사슴(35)와 사슴(38) 사이에 새겨져 있다. 이 동물은 주둥이가 길고 목이 길고 굵어서 말로도 보고 있지만 유난히 긴 꼬리로 보아 여우나 늑대일 가능성이 높은 것 같다.

(2) 견과 및 족제비과 동물의 종류와 도상 특징

족제비과 동물과 견과 동물은 구별이 잘 안되는 경우가 많아 같이 분류하고자 한다.

① 족제비1(담비)

Ⅳ부의 상단, 사슴(29)의 아래쪽에 있는 꼬리 긴 동물은 족제빗과의 동물로 보인다. 족제비인지 담비인지 구분이 분명하지 않지만 족제빗과 동물로 보면 큰 착오는 없을 것 같다.

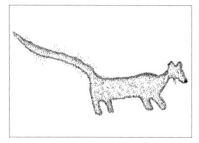

도196. 족제비1(담비)

주둥이는 작고 머리도 작지만 두 귀는 큰 편이며, 체구는 길고 늘씬한 편인데 올라간 긴 꼬리는 몸체 길이만 하여 매우 긴 편이다.

② 견과(여우)

Ⅳ부의 중단, 사슴 무리 속에 있는데 사슴(35)과 사슴(38) 사이에 있다. 주둥이가 길고 귀가 크며 목이 길고 굵은 편인데 견주어 체구는 방형으로 작은 형태이다. 꼬리는 수평으로 길게 뻗어 있어서 목과 함께 여우일 가능성이 있다고 판단된다. 꼬리가 너무 길지 않으면 늑대(승냥이)일 가능성도

도197. 견과1(늑대 · 여우)

있지만 여우일 가능성이 더 많지 않을까 한다.

말로 보는 경우도 있지만 꼬리가 수평으로 너무 길기 때문에 말일 가능성은 얕다고 생각된다.

5) 소

Ⅲ부의 상단에 있는 두 동물은 소과일 가능성이 있지만 단정할 수는 없다. 신석기시대의 유적 출토 예로 물소 등이 있지만 좀 더 밝혀져야 할 것이다. 우선 잠정적으로 소로 분류해두고자 한다.

(1) 분포

Ⅲ부의 최상단에 두 마리 동물이 아래위로 있는데 소로 일단 분류해둔다. 소 (1)는 목이 굵고 어깨가 솟아있고 체구는 늘씬하며 약간 긴 꼬리를 표현하고 있다. 아래쪽의 소(2)는 머리 부분이 깨어져 불분명하지만 목이 굵고 덩치가 크며 꼬리가 약간 길어 소 형태와 비슷한 편이다.

(2) 소의 종류와 도상 특징

① 소1

소(1)은 앞에서 말했다시피 머리가 작지만, 귀가 뚜렷하며 목은 굵고 긴 편이다. 어깨가 올라간 채 크고 늘씬한 체구를 나타내고 있고 약간 긴 꼬리가 다소 내려져 있다. 이런 특징의 동물은 물소나 소에 가까운 형태이어서 물소로 분류해 둔다. 신석기시대에는 물소(궁산, 서포항 유적)나 소가 출토되었기 때문이다.

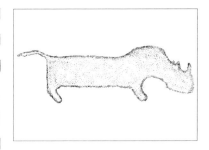

도198. 소1

② 소2

소(2)는 소(1) 아래쪽에 위치하고 있는데 머리 부분이 암면의 결락으로 없어졌다. 목은 굵은 것 같고 체구도 큼직하고 늘씬한 편이며 꼬리는 아래로 처져 있다. 이런 형태의 동물은 소과로 분류하는 것이 더 타당하다

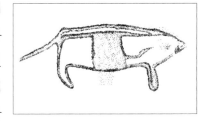

도199. 소2

고 판단된다.

몸체 중심에만 쪼기로 새겼고 등에는 길게 생명선이 그어져 있어서 독특한 특징을 나타내고 있다.

6) 토끼(토끼1)

(1) 분포
Ⅳ부의 상단 호랑이(12)에 뒷부분이 깔려 있는 동물은 토끼로 판단된다. 토끼는 현재 한 마리만 보이고 있다.

(2) 도상 특징
윤곽선을 새긴 뒤 전면적으로 얕게 전면 쪼기하고 있다. 주둥이와 머리는 토끼처럼 뾰족하고 두 귀는 길게 쫑긋 세워져 있으며 몸은 둥글게 웅크린 듯 새겨져 있어서 영락 없는 토끼의 형상이다. 신석기시대 토끼는 들토끼로 알려져 있어서 이 토끼도 들토끼로 판단된다.

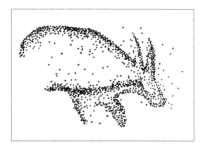

도200. 토끼1

7) 기타 동물
이상 육상동물의 과 이름이나 종 이름을 알 수 있는 동물 이외에 이름을 잘 알 수 없는 동물이 상당수 된다. 이 가운데는 암각화 동물이 너무 작아서 이름을 구별할 수 없는 경우와 형태를 왜곡하거나 불분명하게 표현하여 이름을 알 수 없는 경우 등 두 경우 때문에 동물의 과나 종을 판별할 수 없거나 애매한 것이다. 이름을 알 수 없는 동물은 동물(1, 2, 3) 등으로 분류했다.

◆ 바다동물[海上動物]

해상동물은 고래는 물론 어류까지 포함하여 바다에 주로 서식하는 동물을 말한다. 해상동물 이른바 바다동물은 고래 · 상어 · 물개 · 거북 등이 확인되며 이 가운데 절대 다수는 고래이다. 고래는 50마리 내외로 분류되는데 정확히는 51마리 내외로 생각된다. 다른 종들은 거북 4마리 내외, 물개(또는 물사자) 5마리, 상어 2마리 내외 등이 확인된다.

1) 고래

고래는 사슴처럼 거의 모든 암면에 분포되어 있어 육상동물은 사슴, 해상동물은 고래가 절대 다수를 차지하고 있다. 고래의 종류는 매우 다양하여 현재 어느 정도 확정할 수 있는 고래의 종은 북방긴수염고래 등 10종 내외가 확인되고 있다.

대곡리 암각화의 고래들은 거의 대부분(40마리 정도) 위로 머리를 두고 직립해서 유영하는 자세를 보여주고 있는 것이 특징이다. 머리를 아래로 두고 직립한 고래는 5마리, 수평으로 유영하는 고래는 6마리 정도 밖에 되지 않는다.

고래는 이 지역 신석기인들이 고기는 물론 기름 등 다양한 쓰임새로 활용하던 해상 동물로 신석기 초기부터 고래잡이가 성행했다고 알려져 있다. 세계에서 단일 암각에 이렇게 많고 다양한 종류의 고래가 새겨진 예는 거의 유일하다고 할 수 있다.

(1) 분포

고래는 앞에서 말했다시피 모든 암면에 분포되어있다. 그러나 가장 많이 분포하고 있는 암면은 단연 Ⅰ부(가, A)이다. Ⅰ부에는 20마리 내외가 분포되어 있고 종류나 크기에서도 단연 다른 암면을 압도하고 있다.[15] 아마도 대대로 이 부분은 고래를 새기는 구역으로 오랜 세월에 걸쳐 신석기인들이 관습적으로 면면히 이어져 내려왔을 가능성이 높은 것 같다.

---

15) 고래의 분포에 대해서는 다음 글을 참조할 수 있다.① 주수완, 〈대곡리 암각화 고래 도상의 미술사적 의의〉, 《강좌미술사》47(㈜한국미술사연구소 · 한국불교미술사학회, 2016.12).

도201. 고래1, 2

도202. 고래3

도203. Ⅰ부 상단 고래 무리

도204. 고래6, 7, 8, 9

도205. 고래6

도206. 고래5

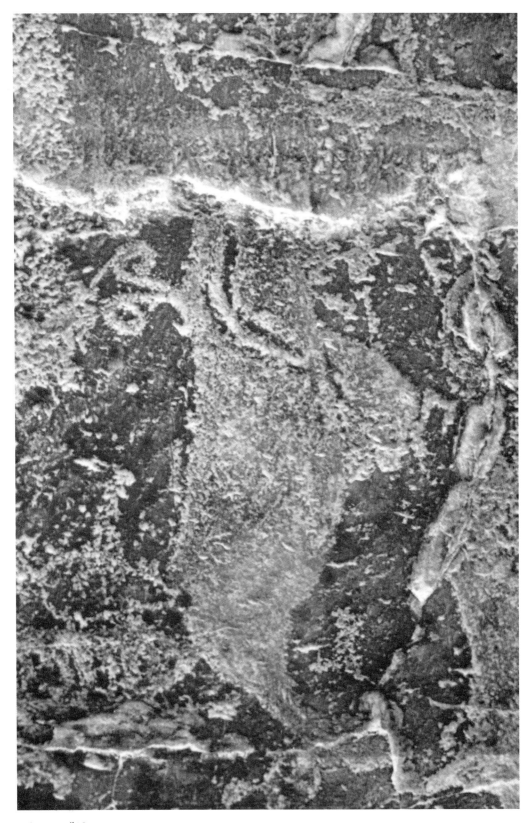

도207. 고래13

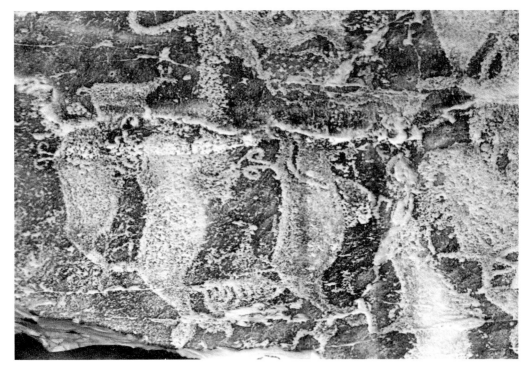

도208. 고래11, 12, 13

도209. 고래34, 36 주변

도210. 고래17, 18, 24 주변

도211. 고래18

도212. 고래28, 물개2

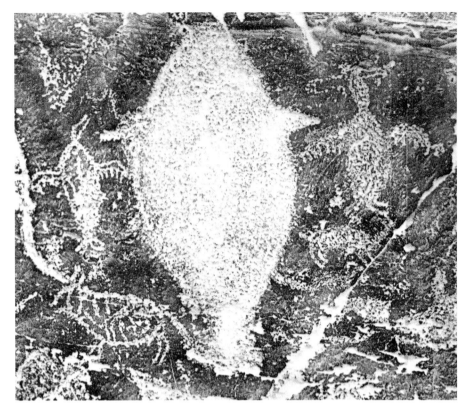

도213. 고래28 주변

도214. 고래40 주변

도215. 고래47

도216. 거북1, 2

도217. 거북3

도218. 물개2(고래28)

I 부

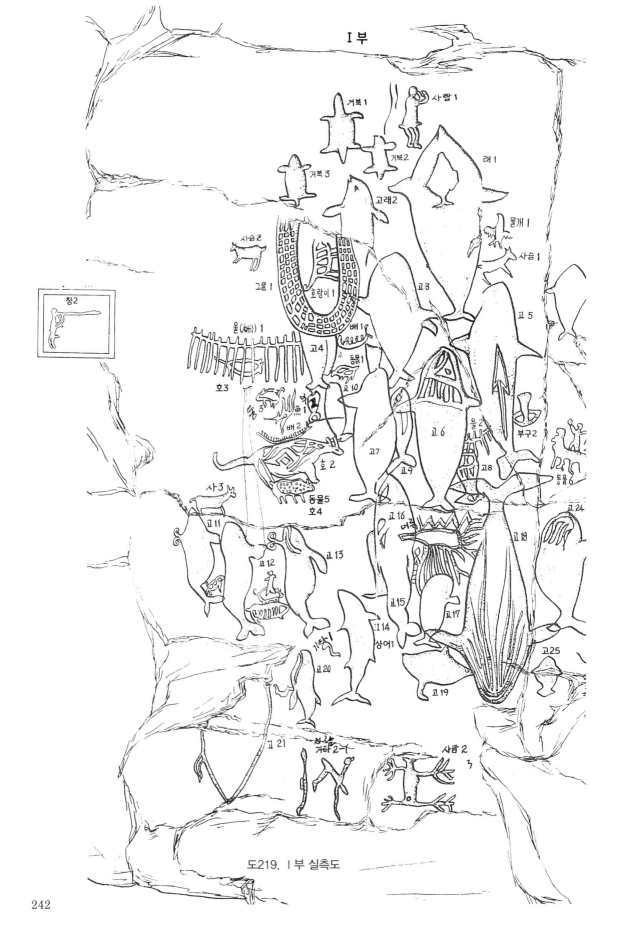

도219. I 부 실측도

① 주암 Ⅰ부(가, A) 암면

Ⅰ부에는 앞에서 말했다시피 고래 21마리가 새겨져 있다. 상단 사람(1) 아래쪽에 거대한 직립 고래 한 마리가 새겨져 있다. 머리 부분에 새끼 고래 모양이 새겨져 있어서 매우 특징적인데 부리고래로 생각되고 있다.

이 왼쪽에는 약간 왼쪽으로 측면을 향한 고래(2)가 있는데 몸체 왼쪽은 그물(1)에 깔려 있어서 그물(1)보다 이른 암각화임을 알려주고 있다. 고래(1)과 그 사이의 뒷부분에 해당하는 곳에 고래(1) 보다는 약간 작지만 큰 고래(3) 한 마리가 새겨져 있다. 고래(1)은 60.5㎝, 고래(2)는 30㎝, 고래(3)은 40.5㎝나 되어 상당히 큰 고래 암각화들이다. 고래(5, 6, 7, 16, 18, 21) 등도 대형에 속하는 암각화이므로 이 Ⅰ부의 고래들은 대형 고래를 새기고 있어서 고래의 중요성을 돋보이게 하고 있다.

고래(3)의 왼쪽 그물 아래쪽에 고래 앞부분 반 이상이 그물(1)에 깔려있는 고래(4) 한 마리가 보이고 있다. 고래(1) 꼬리 아래에도 고래(1)만큼 거대한 고래(5)가 새겨져 있다. 날카로운 골각제 작살이 박혀 오른쪽으로 휘어져 꿈틀거리면서 요동치는 고래이다.

이 왼쪽에 커다란 고래(6)이 새겨져 있는데 귀신고래로 알려져 있다. 고래(6)의 왼쪽에 작은 고래(9)가 있는데 고래(6)의 지느러미 밑에 깔려 있고, 이 왼쪽에 더 커다란 고래(7)이 있다. 이 고래(7)과 고래(9)는 고래(5)와 함께 귀신고래로 분류되고 있는데 고래(9)는 고래(7)의 새끼로 보기도 하지만 고래(5)보다는 후대에 새겨졌기 때문에 3마리 모두 귀신고래인지는 잘 알 수 없다.

고래(7) 주둥이 밑에 꼬리 부분이 깔린 고래(14)가 있는데 앞부분도 배(1)과 고래(3)을 새길 때 절단되어 중간 몸체만 남은 것으로 생각된다. 고래(7) 왼쪽에도 작은 고래(10)이 있는데 고래(7)과 형상이 다소 유사하여 같은 종인지 모르겠다.

고래(11, 12, 13)은 Ⅰ부의 왼쪽 중단에서 하단에 걸쳐 나란히 직립해서 유영하고 있는데 고래(11)과 고래(13)은 물을 뿜고 있어서 물 뿜는 고래로 알려져 있다. 이들 3마리 고래는 북방긴수염고래로 알려져 있는데 고래(13) 아래쪽에 있는 고래(20)도 그 형상의 특징이 고래(13)과 유사하여 북방긴수염고래로 판단된다. 이들 오른쪽에 몸을 비틀면서 유영하는 동물은 원래 보고서에서는

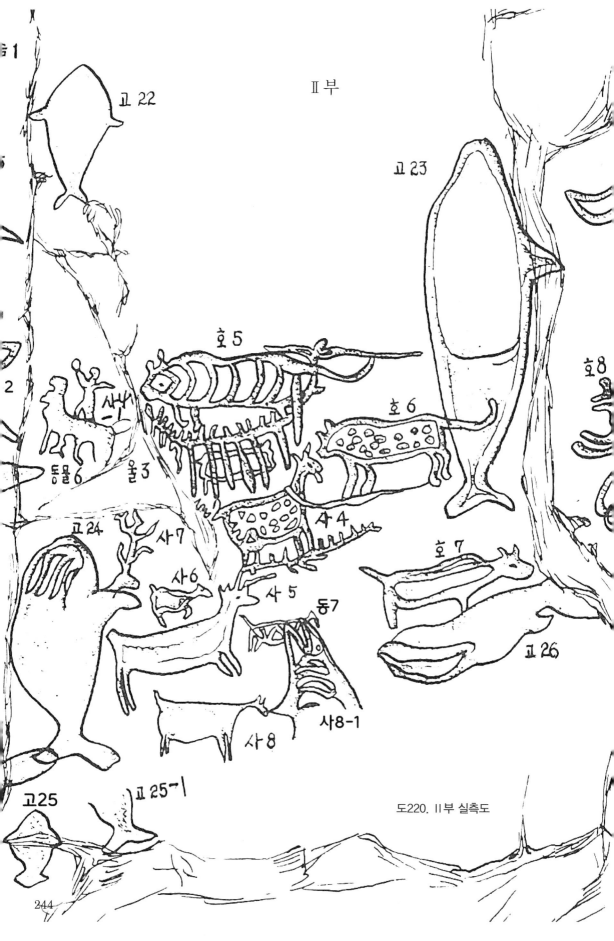

고 22

고 23

호 8

호 5

호 6

2

동물6   울3

고 24   사 7   사 4

사 6

사 5   동7   호 7

고 26

사 8-1

사 8

고 25   고 25-1

도220. Ⅱ부 실측도

고래(14)로 분류했으나 상어를 편의 상 고래로 분류했기 때문에 여기서는 상어(1)로 분류하고자 한다.

고래(13)의 오른쪽에는 거대한 고래 한 마리가 꿈틀대면서 유영하고 있는데 머리 부분이 크게 몸체는 더 작게 표현하여 다른 고래로 보이기도 한다. 이 고래(15) 밑에 깔려 왼쪽 부분과 꼬리 부분만 보이는 고래(16)이 있다. 고래(15)와 별개인지 새끼인지 분명치 않다. 이 고래는 범고래로 알려져 있다.

고래(15) 오른쪽에는 고래(17)이 있는데 머리 부분이 유난히 둥글고 큼직하여 특징적이다. 이 고래(17)의 오른쪽에는 대곡리 암각화 가운데 가장 크고 고래 가운데도 제일 거대한 고래(18)이 있다. 아래로 직립해서 무섭게 돌진하는 듯한 자세인데 주둥이에서 줄무늬가 힘차게 뻗쳐 있어서 가장 인상적인 고래이다. 이 고래는 흑등고래로 알려져 있다. 이 고래 주둥이 부분에 수평으로 유영하는 고래(19)가 있는데 왼쪽 지느러미가 큼직하다.

Ⅰ부의 최하단 왼쪽에는 아래로 직립한 고래(21)이 있는데 꼬리 부분이 파손되어 잘 알 수 없다.

② Ⅱ부(고래 6마리)

Ⅱ부에는 고래 6마리가 새겨져 있다. Ⅱ부의 최상단 왼쪽에 고래(22) 한 마리가 있는데 이 고래는 Ⅰ부의 고래(5) 등과 무리를 이루었던 고래로 보인다. 오른쪽 상단에도 고래(23)이 홀로 있는데 대형 고래이다. 표면이 등이 아닌 배 부위를 나타내고 있는데 윤곽선만 새기고 몸체 하부만 전면쪼기하고 머리에서 몸체 중단까지는 새기지 않아 배 부분임을 표현한 것 같다.

중단 왼쪽에는 사슴(7)을 깔고 있는 고래(24)가 새겨져 있는데, 이 고래는 아가미를 표현하고 있어서 고래(6)과 함께 귀신고래로 알려져 있다. 고래(24)의 아래쪽에는 왼쪽에 작은 고래가 있고 오른쪽에는 고래(25-1)의 꼬리 부분만 남아 있는데 아마도 고래(24)를 새길 때 잘려나간 부분으로 생각된다. 고래(23)의 아래쪽 호랑이(7) 아래에 수평으로 유영하는 고래 한 마리가 있다. 고래(13)과 같은 북방수염고래일 가능성이 있다.

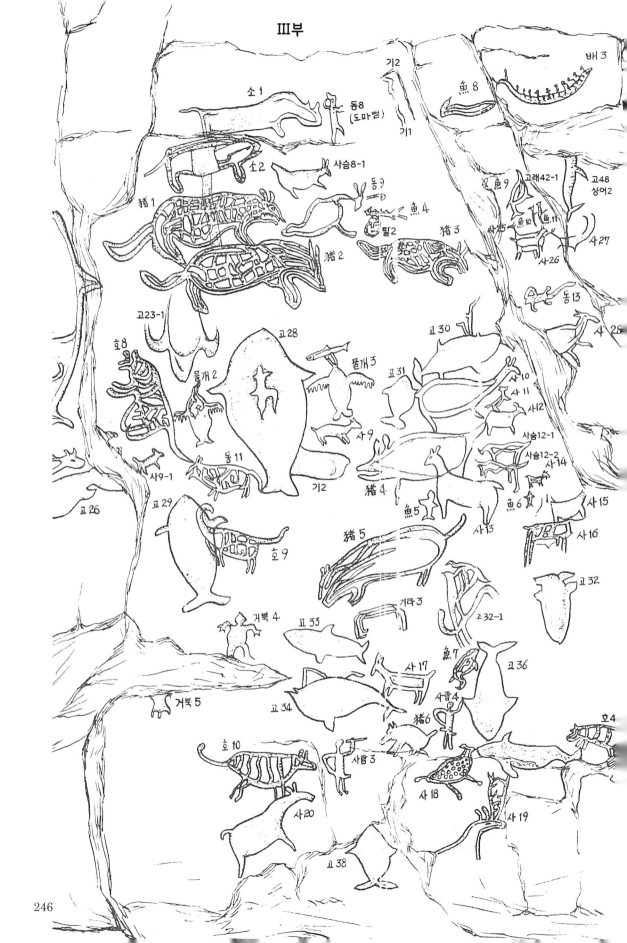

Ⅳ부

기5

호11

사29

사30

사31

사32

새1

교42

교43

족제비1

토끼11

사슴33

사슴49

사슴50

사34

동16

사슴51

사슴33-1

사35

사22

사36

猪7

교45

족제비2

사37

물개5

사람5

사39

사람6

사38

호16

사23

탈1

울4

교46

교40

교41

호15

기타6

③ Ⅲ부(14마리)

◆ 상단부

Ⅲ부에는 고래가 14마리 정도 보이고 있다. 여기 고래들은 아래로 직립한 고래와 옆으로 유영하는 수평적 고래가 위로 직립한 고래보다 많은 것이 특징이다.

고래(23-1)는 고래(23)과 동일하게 배 부분이 보이도록 한 고래이나 아래로 직립한 점과 머리 부분은 모두쪼기하고 그 이하 전신은 그냥 두어 배 부분이라는 점을 강조한 것이 다른 점이고, 멧돼지(2)에 꼬리가 깔려 보이지 않고 있다. 고래(23)과 고래(23-1)은 동일 작가가 동시에 새긴 것으로 판단된다.

고래(23-1) 아래쪽에 거대한 고래(28) 한 마리가 직립해 있는데, 몸체에 고래(1)과는 약간 다르지만 새끼로 볼 수 있는 물체가 표현되어 있다. 고래의 좌우에는 물개 종류가 유영하고 있어서 독특한 경관을 연출하고 있다.이 고래의 꼬리 부분에 깔려 있는 물체도 고래일 가능성이 있지만 불확실하여 기타로 분류해둔다. 이 고래의 꼬리 왼편 아래쪽(Ⅲ부 하단)에 고래(28)과 유사하지만 다소 작은 고래(29)가 있는데 호랑이(9)의 머리가 이 고래 몸체 위에 새겨져 있다.

◆ 하단부

고래(28) 오른쪽이자 물개(3)의 오른쪽에 더 작은 고래(31)이 있고 이 오른쪽에는 수평 고래(30)이 물을 뿜고 있다. 이 고래(30)의 아래쪽 사슴 무리를 지나 하단부, 물개(4)의 왼쪽에 아래로 향한 고래(32)가 보인다. 이 왼쪽에는 머리 쪽만 보이는 해상동물이 보이는데 부리 같은 기관이 새겨진 고래의 머리 부분으로 볼 가능성이 있어 고래(32-1)로 일단 분류해두고자 한다.

Ⅲ부의 하단, 멧돼지(5)의 주둥이 아래쪽에도 고래 한 마리가 보이는데 이 고래(33)는 왼쪽으로 향하여 유영하는 수평적 고래이다. 이 고래 아래쪽에 주둥이가 뾰죽하고 몸체가 통통한 고래(34)가 수평으로 유영하고 있다. 이 고래의 오른쪽이자 사람(4)의 오른쪽에 아래로 향한 고래(36)이 있다. 이 고래는 그 위쪽에 있는 고래(32)와 유사한 솜씨를 보여 주고 있어서 동시 작으로 판단된다. 고래(36)의 주둥이와 거의 맞닿아 있는 고래(37)가 수평으로 유영하고

있다. 고래(34)의 아래쪽 최하단에는 직립한 고래(38)이 새겨져 있는데 오른쪽 머리 부분이 깨어져 있다. 이 고래 오른쪽 하단부에도 고래 두 마리가 보이고 있다. 울(40) 아래쪽에 수평적 고래가 오른쪽을 향해 유영하고 있는데 날씬한 몸체가 휘어져 있어 상어처럼 보이기도 하지만 지느러미로 보아 고래(40)으로 분류해 둔다. 이 오른쪽에도 수평적 고래(41)이 새겨져 있는데 표면을 여러 개로 가르고 있어서 분배 표현처럼 보이기도 하나, 원이나 삼각형 등으로 보아 내장기관일 가능성이 더 높다고 생각된다.

④ Ⅳ부(라, D) 3마리

Ⅳ부에는 고래 4마리가 보이는데 한 마리는 상어일 가능성이 있어 3마리일 가능성이 높다.

제일 상단 왼쪽 배(3)의 아래쪽에 머리가 절단된 어류가 있는데 고래(42)로 보고서에서는 분류했지만 상어(1)처럼 상어(2)로 분류하는 것이 타당할 것 같다. 날씬하고 꿈틀대는 모습이 상어(1)과 유사하고 날씬한 형태가 상어와 유사하기 때문이다. 상단 오른쪽 사슴(29) 오른쪽에 작은 고래 두 마리가 아래쪽으로 향하여 유영하고 있다. 고래(42)와 고래(43)은 두 마리가 나란히 아래쪽으로 유영하고 있는데 작지만 통통하면서도 비교적 날씬한 고래 형태를 보여주고 있다. 이들보다 아래쪽 하단부에 물개(5)의 오른쪽에 고래(45)가 새겨져 있다. 머리보다 배가 통통하며 지느러미가 하나 밖에 없다.

⑤ Ⅴ부(마, E) 3마리

Ⅴ부에는 상단에 고래 두 마리가 있고 하단에 한 마리가 새겨져 있어 모두 3마리이다.

상단에는 호랑이(10) 아래쪽에 배 부분이 위로 올라가 뒤집힌 고래(47) 한 마리가 새겨져 있어 포경된 고래를 나타내고 있는 듯 하다. 이 고래는 토막으로 분리된 듯 표현되어 있어 내장기관 보다는 분배의 표시로 볼 수 있는 가능성이 높다. 바로 아래에 이 고래를 잡은 것으로 보이는 포경선이 있어서 그럴 가능성은 더 많은 것 같다. 배에 깔린 고래(48)의 하부가 보이는데 고래(47)과 포경선보다 더 이른 시기의 고래로 보인다.

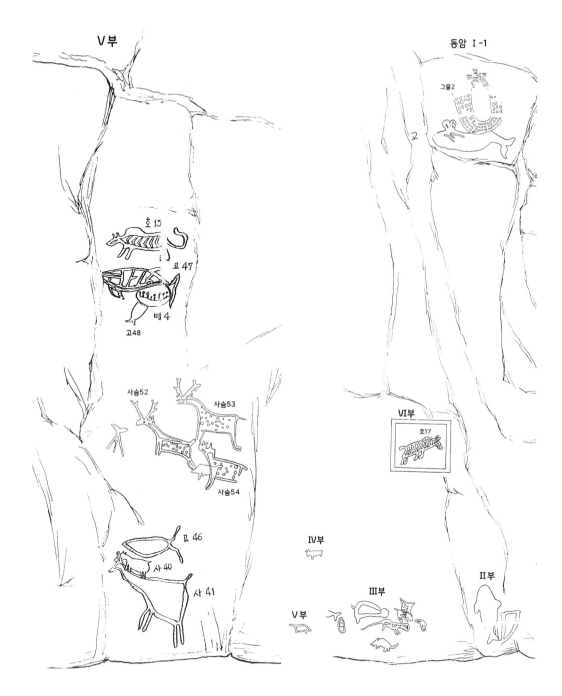

V부

호 13

고 47

배 4

고48

사슴52

사슴53

사슴54

Ⅱ46

사 40

사 41

동암 Ⅰ-1

그물2

Ⅵ부

호17

Ⅳ부

Ⅲ부

V부

Ⅱ부

도222. Ⅴ부 실측도

도223. 동암 실측도

하단부, 사슴(41) 위쪽에 꼬리가 좌우로 가늘게 표현되었지만 몸통과 머리쪽이 고래 형태이어서 고래(46)으로 분류할 수 있다.

⑥ 동암(東巖) 3마리

본 암 왼쪽의 ㄱ자의 ―부분이 동암이다. 이 동암에도 고래 세 마리가 확인되고 있다.

고래(49)는 동암 최상단 본 암에서 꺾어진 바로 왼쪽 부분에 그물(2)이 있고 이 아래쪽에 위치해 있다. 수평으로 꿈틀대는 고래(49)는 형태가 북방긴수염고래와 비슷하여 북방긴수염고래일 가능성이 높다.

이 부위의 최하단에도 고래(50) 한 마리가 있는데 직립한 고래이다. 이보다 왼쪽에 사슴이나 호랑이 7, 8구의 동물이 분포되어 있는데 이 가운데 꼬리 부분만 보이는 고래(51)가 있다. 또 하나의 고래일 가능성이 있는 것은 동물 밑에 깔린 고래 주둥이로 생각되는 것이 있지만, 이 형상이 고래 일부인지는 확인이 잘 안 되고 있어서 일단 분류를 보류해 둔다.

(2) 고래의 종류 및 도상 특징

대곡리 암각화에 표현된 고래는 다양하지만 현재 전문가에 의하여 밝혀진 고래류는 부리고래 · 귀신고래 · 흑고래류 · 북방귀신고래 · 흑등고래 · 범고래 · 들쇠고래 · 향고래 · 돌고래류 등 10여 종을 헤아릴 수 있다. 다른 종이 더 밝혀질 것으로 기대되지만 우선 이런 고래 종으로 분류하여 살펴보도록 하겠다. 전문가의 견해에 필자가 더 첨가하여 종을 판별하고자 한다.[16] 따라서 좀 더 철저한 연구에 따라 밝혀질 것을 기대하면서 일단 종의 분류와 그 특징을 밝혀 보기로 하겠다.[17]

---

16) 김장근, 〈반구대 암각화 고래 그림의 고찰〉, 《암각화 속의 고래》(장생포고래박물관, 2017.12).

17) 다음 글을 참조할 수 있다. ① 손호선, 〈반구대 암각화의 고래〉, 《울주 대곡리 반구대 암각화》(울산암각화박물관, 2013), pp. 188-201. ② 손호선, 〈반구대 암각화에 새겨진 고래종의 추정〉, 《암각화 속의 고래》(장생포고래박물관, 2017.12).

(2-1) 부리고래

① 부리고래1(고래1)

고래(1)은 부리고래(1)로 분류되고 있다. 입이 뾰죽하게 돌출했고, 머리 쪽이 완만하게 삼각형을 이루었고 양쪽으로 지느러미가 크며, 몸체는 둥글게 늘씬하고 꼬리는 좌우로 나타내었다. 늘씬하고 잘 생긴 고래인데 부리가 보여 부리고래로 보고 있다.

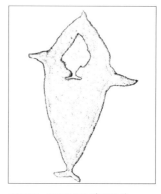

도224. 부리고래1(고래1)

머리 부분에 작은 고래 형상을 그대로 두고 주위를 모두떼기했기 때문에 얕은 부조처럼 작은 고래 형상이 되어 이것을 새끼 고래를 업어 가고 있는 부리고래로 보고 있다. 어미 고래와 새끼 고래의 끈끈한 정을 알려주고 있다는 점에서 스토리텔링으로 많이 활용되고 있다.

(2-2) 흑고래류(흑범고래, 고양이고래)

① 흑고래1(고래3)

Ⅰ부 상단 그물(1) 오른쪽에 새겨진 큼직한 고래가 흑고래(1)로 분류될 수 있을 것이다. 주둥이와 머리 부분이 원만하게 삼각형을 이루었고 지느러미가 몸통이 시작되는 곳에 좌우로 큼직하게 표현되어 있고 몸통이 통통하면서도 원만하며 곡선을 이루면서 꼬리를 좌우로 분명하게 나타내고 있는 것이다.

도225. 흑고래1(고래3)

② 흑고래2(고래22)

Ⅱ부 상단 왼쪽에 있는 고래(22)는 고래(28) 및 고래(3)과 유사한 형태이어서 흑고래로 생각된다. 머리 부분이 원만하고 좌우 지느러미가 뚜렷하며

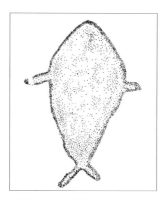

도226. 흑고래2(고래22)

몸체가 곡선적이면서도 날씬한 형태이고 꼬리도 분명한 모습이다.

③ 흑고래3(고래28)

Ⅲ부의 중단에 있는 고래(28)은 흑고래(3)으로 추정되고 있다. 머리는 둥근 곡선적 삼각형이며 양쪽 지느러미가 뚜렷하고 몸체도 통통하면서도 곡선적이며, 꼬리도 뚜렷한 편이다. 몸체에는 고래(1)처럼 새끼 비슷한 형상이 얕은 부조로 되어 있는데 형태는 뚜렷하지 않아 잘 알 수 없다.

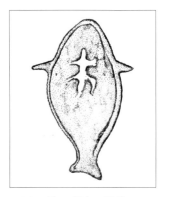

도227. 흑고래3(고래28)

④ 흑고래4(고래29)

흑고래3(고래28) 아래쪽 왼편에 있는 고래(29)도 흑고래로 볼 수 있을 것이다. 둥근 곡선의 삼각형 머리, 뚜렷한 양쪽 지느러미, 곡선적인 몸체, 큼직한 꼬리 등 흑고래3(고래28)과 유사하기 때문이다. 호랑이(9)의 머리를 이 고래 몸통 위에 새겼는데 그래서 호랑이의 머리가 불분명한 편이다.

⑤ 흑고래5(고래36)

Ⅲ부 하단 사람(4) 오른쪽에 있는 고래는 흑고래일 가능성이 있다. 둥근 곡선적 삼각형 머리, 통통한 곡선적 몸체, 큼직한 꼬리 등은 흑고래3(고래28)이나 흑고래4(고래29)와 상당히 유사하기 때문이다.

도228. 흑고래4(고래29)

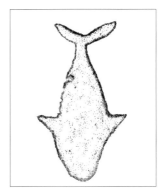

도229. 흑고래5(고래36)

253

⑥ 흑고래6(고래38)

Ⅲ부 최하단 왼쪽에 새겨진 고래(38)도 흑고래
(3)이나 흑고래(4)처럼 흑고래로 생각된다. 위로
직립한 이 고래도 곡선적 머리, 통통한 몸체, 뚜렷
한 두 지느러미와 꼬리 등 흑고래3(고래28)과 유사
하기 때문이다.

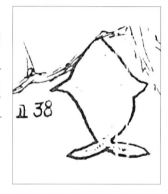

도230. 흑고래6(고래38)

(2-3) 귀신고래 7마리

귀신고래는 고래(6)이 대표적인데 이 주위의 고래들인 고래(7, 8, 9, 5, 11,
24) 등 모두 7구가 귀신고래로 분류될 수 있다.

① 귀신고래1(고래6)

Ⅰ부 중단에 있는 고래(7)은 전문가들이 귀신고
래로 분류하고 있다. 입과 아가미 등이 내장기관과
동일하게 표현되고 있어서 주목되는 고래이기도
하다. 머리 부분이 좀 더 길고 좌우 지느러미가 뚜
렷하며 몸체가 통통하면서도 곡선적이며, 꼬리도
뚜렷한 특징을 보여주고 있다. 왼쪽의 고래(9)도
귀신고래의 새끼로 분류되고 있으나 고래(6)과 고
래(7)에 깔려 있어서 고래(6)과는 함께 조성되었을
가능성은 있지만 고래(7)과는 동시기로 볼 수 없을
것 같다.

도231. 귀신고래1(고래6)

고래(8)도 귀신고래로 분류되고 있다. 귀신고래1(고래6)에 깔려 있어서 머
리 부분은 잘 알 수 없지만 입과 아가미 등 내장의 표현, 통통한 체구, 뚜렷한
꼬리 등 고래(6)과 고래(9)와 함께 유영하는 새끼 고래로 볼 수 있다. 고래(8,
9)가 새끼로 보아 별도의 번호는 생략한다.

② 귀신고래2(고래7)

고래(6)의 오른쪽에 있는 거대한 고래도 귀신고래로 분류되고 있다. 약간 왼쪽으로 기울어져 오른쪽 지느러미가 밑에 들어가 보이지 않지만 삼각형의 머리, 아가미, 통통한 체구, 좌우로 긴 꼬리 등 귀신고래로 판단되고 있다.

도232. 귀신고래2(고래7)

③ 귀신고래3(고래5)

고래(6)의 오른쪽에 있는 작살 맞아 요동치고 있는 고래도 고래(6)과 함께 귀신고래로 분류될 수 있을 것이다.

삼각형 머리, 아가미의 표현, 휘어졌지만 통통하고 늘씬한 체구, 뚜렷한 꼬리 등 고래(6)과 유사하기 때문에 귀신고래로 볼 수 있을 것이다.

작살이 꼬리 쪽에서 몸통을 관통하고 있는데 작살이 비교적 날카로워 뼈 작살로 보인다. 이 작살을 금속으로 보아 반구대 암각화를 청동기시대로 보는 유력한 단서가 되기도 했지만 울산 황상동 신

도233. 귀신고래3(고래5)

석기 유적에서 출토된 뼈 작살 박힌 고래 뼈에 근거하여 신석기시대의 뼈 작살로 판단되고 있다.

④ 귀신고래4(고래24)

Ⅱ부 하단 왼쪽이자 Ⅰ부 고래(18) 오른쪽에 새겨진 고래(24)도 귀신고래로 판단된다. 왼쪽으로 기울어져 왼쪽 지느러미가 보이지 않지만 삼각형 머리, 아가미의 표현, 커다란 지느러미, 곡선적인 체구, 큼직한 꼬리 등 귀신고래(1)과 유사하여 귀신고래로 분류되고 있다.

도234. 귀신고래4(고래24)

(2-4) 북방긴수염고래 5마리

북방긴수염고래는 다섯 마리 정도 확인되고 있다. 4마리는 Ⅰ부 하단부에 몰려 있고 한 마리는 Ⅱ부에 있다.

① 북방긴수염고래1(고래11)

Ⅰ부 하단 왼쪽에 북방긴수염고래가 나란히 직립해서 유영하고 있는 세 마리 가운데 왼쪽 고래이다. 등이 왼쪽, 배가 오른쪽이어서 우측면만 보이는 고래인 셈이다.

머리가 삼각형이고 오른쪽에 지느러미 왼쪽에 물 뿜는 분기가 표현되었고 배가 볼록하며, 꼬리가 오른쪽으로 휘어져 생동감 있는 자세이다.

도235. 북방긴수염고래1(고래11)

② 북방긴수염고래2(고래12)

세 마리 가운데 중앙에 위치한 고래(12)가 긴수염고래(2)이다. 긴수염고래(1)보다 좀 더 큼직한 이 긴수염고래(2)는 주둥이 부분이 좀 더 완만해졌고 지느러미는 큼직하며 왼쪽의 분수는 고래(11) 때문에 표현되지 않고 있다. 배가 불룩 나왔고 등이 휘어졌으며, 꼬리 부분이 오른쪽으로 휘어져 있다. 물 뿜는 분기의 표현이 없다.

도236. 북방긴수염고래2(고래12)

③ 북방긴수염고래3(고래13)

이 고래는 긴수염고래2(고래12)와 비슷한 크기이지만 긴수염고래(1)과 같이 우측면을 향한 긴수염고래이다. 이 고래는 주둥이가 ㄴ자로 표현되어 매우 특징적이며, 오른쪽 지느러미도 길게 나타나 있고 왼쪽에는 분기가 긴수염고래(1)처럼 보이고 있다. 배가 불룩 나왔고 꼬리 부분은 ㄴ자로 꺾여

도237. 북방긴수염고래3(고래13)

있어서 다른 긴수염고래(2) 상과 동일하다.

④ 북방긴수염고래4(고래20)

고래13(긴수염고래3) 아래쪽에 고래(13)과 유사한 고래 한 마리가 있는데 이 고래도 북방긴수염고래로 판단된다. 긴수염고래(3)과 달리 좌측면을 향한 자세이고 입(아마기)은 길게 나타나 있으며, 배가 불룩하고 꼬리 부분은 오른쪽으로 휘어 있다. 긴수염고래(3)과 반대 방향의 좌측면관의 자세인 것이 다른 면이라 하겠다.

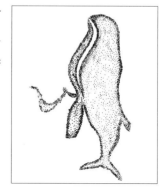

도238. 북방긴수염고래4(고래20)

⑤ 북방긴수염고래5(고래26)

Ⅱ부의 대형 고래 아래쪽에 수평으로 유영하고 있는 고래(26)은 북방긴수염고래로 추정할 수 있다. 입이 길고 크게 표현되었고 배가 불룩하고 꼬리가 오른쪽으로 휘어 있는 등 긴수염고래1-3(고래 11-13)과 비슷한 형태여서 북방긴수염고래일 가능성이 높다.

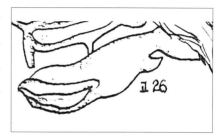

도239. 북방긴수염고래5(고래26)

(2-5) 흑등고래1

Ⅰ부의 하단 오른쪽에 있는 대곡리 암각화 가운데 가장 거대한 고래가 흑등고래로 분류되고 있다. 아래로 직립하여 무섭게 돌진하는 듯한 자세의 이 고래는 주둥이에서부터 12줄 이상의 줄무늬가 전신으로 뻗쳐 험악한 형상을 만들고 있다.

머리는 삼각형이고 주둥이를 약간 벌린 채 먹이를 향하여 돌진하는 형상이고 좌우로 지느러미가

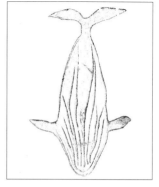

도240. 흑등고래1(고래18)

257

뻗치고 있고 체구는 곡선을 그리면서 늘씬하고 당당한 형상을 이루고 있으며 커다란 꼬리를 좌우로 벌리고 있다. 많은 주름이 꼬리 부근까지 길게 뻗친 고래는 지느러미의 특징과 함께 흑등고래가 가장 유력하다고 판단되고 있다.

이 고래는 대곡리 암각화 고래 가운데 가장 역동적이고 제일 힘차고 최고로 무서운 형상의 고래로 묘사되고 있다.

(2-6) 범고래

① 범고래1(고래23)

Ⅱ부 상단 오른쪽에 위로 직립한 거대한 고래(23)이 범고래로 분류되고 있다. 입에서 몸체 상단까지 쪼기를 하지 않아 배 부분을 자연 부조한 것처럼 처리하고 있다. 이런 부조 기법은 고래(1)·고래(5)·고래(28) 등에도 사용하고 있어서 하나의 암각 기법으로 보아도 좋을 것 같다.

따라서 배 부분을 드러낸 체 약간 왼쪽으로 기울여 유영하고 있는 범고래로 볼 수 있다. 머리 부분도 길고 몸체도 길며, 좌우로 뻗친 꼬리는 짧은 편이다.

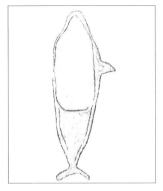

도241. 범고래1(고래23)

② 범고래2(고래15)

Ⅰ부 중단에 위치한 고래(15)도 범고래로 분류되고 있다. 머리 부분이 크고 길며, 오른쪽 지느러미가 길게 늘어져 있고 몸체는 배가 불룩하고 꼬리 부분이 휘어져 있으며 꼬리는 굵고 짧은 편이다.

몸체는 북방긴수염고래처럼 보이나 전체적으로 몸체가 길고 지느러미가 유난히 길어서 범고래로 분류되고 있다.

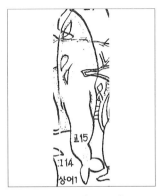

도242. 범고래2(고래15)

(2-7) 향고래

① 향고래1(고래45)

Ⅳ부 하단 오른쪽에 위치한 고래(45)는 향고래로 분류되고 있다. 주둥이가 뭉툭하고 작으며 배가 볼록하고 지느러미가 큰 형태를 보여주고 있다.

도243. 향고래1(고래45)

② 향고래2(고래32)

Ⅲ부 중단 물개(4) 왼쪽에 새긴 고래(32)는 머리와 신체가 포탄형으로 생겼고 지느러미가 꼬리 쪽에 표현되었고 꼬리가 뭉툭한 형태인데 향고래로 분류되고 있다. 앞으로 좀 더 세밀한 분류가 요청된다.

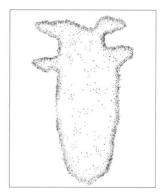

도244. 향고래2(고래32)

(2-8) 들쇠고래

흑고래류에 속하는 들쇠고래도 전문가에 의하여 확인되고 있다.

① 들쇠고래1(고래19)

Ⅰ부 하단 고래(18)인 흑등고래 주둥이 왼쪽에 새겨진 고래(19)가 들쇠고래로 분류되고 있다. 머리 부분이 작고 몸체가 통통하며 지느러미가 큰 고래이다.

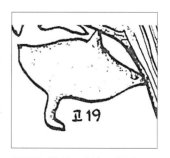

도245. 돌쇠고래1(고래19)

② 들쇠고래2(고래37)

Ⅲ부 하단 사슴(18)과 키스하는 듯 한 자세로 수평으로 유영하는 고래(37)은 들쇠고래로 분류된다. 뭉툭한 머리, 길게 구부러진 지느러미, 불룩한 배 등이 들쇠고래로 생각되고 있다.

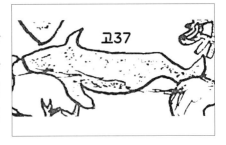

도246. 돌쇠고래2(고래37)

(2-9) 돌고래(참돌고래 포함)

① 참돌고래1(고래34)

Ⅲ부 하단 사람(3) 위쪽이자 멧돼지(6)의 머리 위에 위치한 고래(34)는 들쇠고래(1)과 유사하지만 참돌고래로 일단 분류해 둔다. 주둥이가 뾰죽하고 머리가 작으며 체구는 통통하여 긴장감 있는 고래이다. 이 고래는 배가 위로 올라간 뒤집힌 형태를 보이고 있어 흥미 있는 고래로 생각된다.

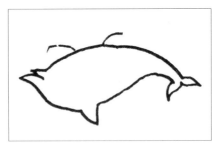

도247. 참돌고래1(고래34)

② 참돌고래2(고래2)

Ⅰ부 상단, 그물 밑에 깔려 하부가 보이지 않는 고래는 참돌고래로 분류된다. 입이 작고 뾰죽하며 지느러미가 길고 몸통이 통통한 편이다.

③ 돌고래1(고래40)

Ⅲ부 하단, 울(4) 아래쪽에 있는 고래(40)은 돌고래류로 분류되고 있다. 머리가 유선형이며 입이 뾰족하고 몸체가 날씬하며 꼬리 부분이 휘어져 늘씬하게 보이고 지느러미가 좌우로 큼직하며, 꼬리도 큰 편이어서 돌고래류로 부르고 있다.

도248. 참돌고래2(고래2)

도249. 돌고래1(고래40)

④ 돌고래2(고래41)

돌고래1(고래40)과 매우 유사한 형태의 고래(41)이어서 이 역시 돌고래로 분류할 수 있을 것이다. 머리가 유선형이며 몸체가 늘씬하고 꼬리가 휘어지고 꼬리가 분명하여 고래(40)과 거의 동일한 형상이다. 전신에 삼각형, 원형, 마름모 등으로 구분되

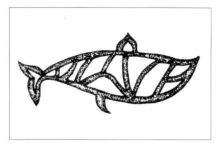

도250. 돌고래2(고래41)

어 있어 내장기관으로 볼 수 있지만 분배선의 표현일 가능성도 있다.

⑤ 돌고래3(고래47)

돌고래2(고래40)와 상당히 유사한 고래가 고래(47)인데 이 고래는 돌고래로 분류하는 것이 타당하지 않을까 한다. Ⅴ부 상단 포경선에 잡혀 배 부분이 뒤집혀 위로 올라가 있는 형태인데 유선형 머리, 늘씬한 체구, 휘어진 꼬리 부분, 큼직한 꼬리 등이 돌고래류로 분류할 수 있을 것

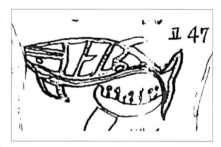

도251. 돌고래3(고래47)

같다. 몸체에는 평행선이 표현되어 있는데 내장기관일 가능성도 있지만 고래를 잡아 분배하기 위한 분배선일 가능성이 더 높을 것 같다.

⑥ 돌고래4, 5(고래42, 43)

Ⅳ부 상단 오른쪽, 사슴(29) 오른쪽에 아래쪽으로 유영하는 작은 고래(42, 43)은 돌고래로 분류되고 있다. 고래(42)는 유선형 머리, 통통하지만 늘씬한 체구, 휘어진 꼬리 부분 등 돌고래

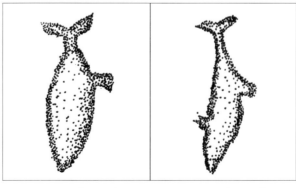

도252. 돌고래4(고래42)　　　도253. 돌고래5(고래43)

로 보이며 고래(43)도 유선형 머리, 늘씬한 체구 등 고래(42)와 유사하여 돌고 래로 볼 수 있다.

2) 거북

우리나라 해안 연안에는 바다거북이 상당수 서식하고 있는 것으로 알려져 있다. 바다거북은 대만을 거쳐 베트남 연안까지 가고 오는 회귀성을 가지고 있다고 알려져 있다.

(1) 분포

바다거북은 현재 6마리 정도를 확인할 수 있다. Ⅰ부 상단에 3마리가 있고 Ⅲ부 하단에도 3마리가 있는데 Ⅰ부 상단의 거북은 확실하지만 Ⅲ부 하단의 거북은 단정하기 어려운 점이 있다.

① Ⅰ부

Ⅰ부 최상단의 춤추는 사람(1) 뒤편에 거북이 세 마리가 위로 향하여 유영하고 있는데 큰 대장 거북이 앞장 서 나아가고 있고 뒤쪽에 거북 두 마리가 좌우로 유영하고 있어서 삼각형 편대를 이루고 있는 듯 보이고 있다.

거북(1)은 머리가 길고 머리 지나 바로 앞 지느러미가 좌우로 나 있고 이 뒤로 사각형 몸체가 있으며, 몸통 끝에는 뒷지느러미가 좌우로 나 있는데 앞 지느러미와 거의 동일한 편이고 몸체 끝 중심에는 머리보다 작은 꼬리가 달려 있는 형상이다.

이런 형상은 거북(2)와 거북(3)도 거의 유사한 편이어서 동일 작가가 동시에 새긴 것이 분명하다.

② Ⅲ부

Ⅲ부 하단 왼쪽 깨어진 암면 아래위로 두 마리의 거북이 있다. 거북(4)는 삼각형 머리, 좌우 앞 지느러미 형, 사각형 몸통, 몸통 끝의 좌우 지느러미 형상이 있는데 앞 지느러미가 두 팔과 손처럼 보이기도 하고 뒷지느러미가 좌우로 길어 사람 다리처럼 보이기도 해서 사람일 가능성도 있다. 따라서 여기서는 사

람인지 거북인지 단정적으로 말 할 수 없어서 일단 보류해둔다.

이 아래쪽 깨어진 암면 때문에 머리와 두 지느러미가 없어졌지만 사각형 몸통과 두 뒷지느러미와 꼬리가 거북(1)과 유사하여 거북이 분명하다고 볼 수 있다.

Ⅲ부 하단 오른쪽 고래(41) 위로 거북(4)와 비슷한 형상이 있다. 삼각형 머리, 좌우 지느러미형, 사각형 몸통 등이 거북으로 볼 수도 있지만 사람 형상으로도 볼 수 있기 때문에 분명하지 않다. 사람일 경우 다리가 가늘고 구부러진 모양이 사람 다리로 볼 수 없어서 거북일 가능성도 배제할 수 없다. 따라서 거북인지 사람인지 불확실하여 분류는 보류해 두고자 한다. 따라서 Ⅲ부의 거북 3마리 가운데 한 마리만 거북으로 확정할 수 있다.

(2) 거북의 종류 및 도상 특징

① 거북1

거북(1)은 Ⅰ부 최상단 춤추는 사람(1) 뒤에서 유영하고 있는 상이다. 머리가 길고 몸통은 사각형인데 맨 앞에 앞 지느러미가 좌우로 벌리고 있으며, 몸통 끝에도 뒷지느러미가 좌우로 벌려 있고 몸통 끝에는 머리보다 작은 꼬리가 달려 있다. 이런 형상은 바다거북이 유영하고 있는 특징적 모습을 단순 명쾌하게 묘사한 것이어서 한 눈에 보아도 거북인 것을 알 수 있다. 이 거북은 1971년 12월 25일 첫 발견 때 춤추는 사람과 함께 최초로 발견된 암각화이어서 더욱 귀중한 편이다.

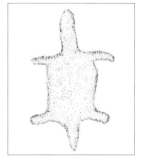

도254. 거북1

② 거북2

거북(1)의 오른쪽에서 거북(1)을 따라 유영하고 있는 모습이다. 머리, 방형의 몸체, 좌우로 벌린 앞뒤 지느러미, 삼각형 꼬리 등 거북(1)보다 작지만 그 축소판이라 할 수 있다.

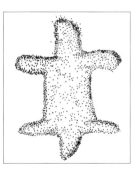

도255. 거북2

③ 거북3

거북(1)의 왼쪽 뒤에서 거북(1)을 따라 유영하고 있는 모습이다. 삼각형 머리, 사각형 몸통, 앞뒤 지느러미, 작은 꼬리 등 거북(1)과 거의 유사한 형상의 거북이다.

도256. 거북3

④ 거북4, 5

Ⅲ부 하단 왼쪽에 위치하고 있는 거북이다. 거북(4)는 사람일 가능성이 있어서 거북4와 거북5를 함께 언급하고자 한다.

거북5는 암면이 깨어져 머리가 없어졌고 앞 지느러미가 약간씩 남아 있으며, 사각형

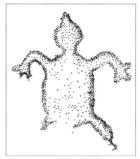

도257. 거북4   도258. 거북5

몸체, 뒷 지느러미, 꼬리 등이 남아 있어서 거북(1)과 같은 종류의 거북인 것을 알 수 있다.

거북4는 손을 펴 팔을 벌리고 다리가 둘이 있어서 사람일 가능성도 있으므로 여기서는 보류해두고자 한다.

3) 물개(물범 또는 바다사자)

물개과는 물개 · 물범 · 바다사자 등이 있는데 우리나라 신석기시대 유적지에서 물개 · 바다사자 등의 뼈가 출토되고 있다. 대곡리 암각화에서는 물개 · 물범 · 바다사자 등의 구분이 거의 어렵기 때문에 일괄적으로 물개로 분류해두고자 한다. 그러나 물개는 시베리아 연안까지 오르내리는 회귀성 물개이고 바다사자는 울릉도 등지에서 서식하고 있어서 바다사자일 가능성이 좀 더 있을 것으로 생각되고 있다.

또한 고래 좌우(고래1, 28 등)에 있는 물개를 가마우지 같은 새로 분류하기

도 하지만 새로 보기에는 형태가 이상한 점이 많고 고래 옆에 작은 새를 크게 묘사한다는 것도 타당하지 않고 신석기 인들이 사냥감을 주로 암각의 대상으로 삼기 때문에 물개나 바다사자로 보는 것이 더 옳을 것 같다.

더구나 특히 타원형 몸통이나 좌우로 지느러미를 활짝 펴고 유영하고 있는 모습은 물개가 좌우로 지느러미를 활짝 펴고 바다를 유영하고 있는 형태와 흡사할 뿐만 아니라 지느러미의 물갈퀴 같은 형태는 새 날개와는 다른 모습이어서 물개나 바다사자로 보는 것이 더 타당하다고 판단된다. 물론 이런 지느러미를 활짝 펴고 유영하는 자세는 바다거북도 비슷하여 잘 구별할 필요는 있다고 생각된다.

(1) 분포
① Ⅰ부
Ⅰ부 상단 고래(1)의 오른쪽 지느러미 아래쪽에 물개 한 마리가 새겨져 있다. 고래에 비하면 너무 작지만 머리, 활짝 편 지느러미, 꼬리 등으로 보아 물개 종류로 보인다.

이 물개들은 모두 고래의 좌우나 바로 옆에 위치하고 있어서 동일 작가가 뚜렷한 의도를 가지고 동시에 조성한 것으로 생각되므로 중요시되어야 할 것이다.

② Ⅲ부
Ⅲ부 중단, 고래(28)의 좌우로 물개 두 마리가 유영하고 있다. 물개(2)는 고래(28)의 왼쪽 지느러미 옆에 있는데 머리와 유선형의 고래 같은 체구, 좌우 꼬리, 물갈퀴 같은 활짝 편 지느러미 등은 새가 아닌 물개로 보는 것이 타당할 것 같다.

③ Ⅳ부
Ⅳ부 하단 고래(45) 왼쪽에도 물개 한 마리가(5) 있다. 고래(45)와 함께 새겨져 있어 역시 같은 작가가 동시에 새긴 것으로 판단된다.

(2) 물개의 종류와 도상 특징

① 물개1

고래(1) 오른쪽 지느러미 아래쪽에 있는 동물은 물개로 생각된다. 긴 머리, 유선형 몸체, 활짝 편 지느러미, 뚜렷한 꼬리 등은 물개(2)와 유사한 물개로 판단된다.

② 물개2

이 물개(2)는 물개(3)과 함께 고래(28)을 호위해서 가고 있는 듯한 구도를 나타내고 있어서 고래(28)과 물개(2, 3)은 하나의 의도된 구도로 한 작가가 동시에 새긴 것으로 생각된다. 이야깃거리가 되어도 좋은 조합으로 보여 진다.

③ 물개3

물개(2)와 반대편인 고래(28)의 오른쪽 지느러미 옆에 유영하고 있는 동물은 물개(3)이다. 입에 물고기를 물고 있는 듯하나 불확실하고 유선형의 몸통, 활짝 편 물갈퀴형 지느러미, 좌우의 큰 꼬리 등 물고기를 잡은 물개로 생각된다.

도259. 물개1

도260. 물개2

도261. 물개3

④ 물개4

Ⅲ부 중단 사슴(37) 꼬리 부분에 고래형의 몸통에 좌우로 거대한 지느러미
가 활짝 펴 있어서 물개일 가능성이 높다.

⑤ 물개5

Ⅳ부 하단 오른쪽, 고래(45)의 왼쪽에 물개(5)가 있다. 고래(45)의 왼쪽 지
느러미 옆에 있어서 물개(2, 3)과 함께 고래 옆의 동일한 위치에 있는 것을 알
수 있다.

삼각형 머리, 긴 목, 활짝 편 좌우 지느러미, 커다란 좌우 꼬리 등 물개(2,
3)와 동일한 형태의 물개로 판단된다.

⑥ 물개(기타)

Ⅲ부 중단 멧돼지(4) 아래, 사슴(13) 앞다리 앞에 있는 어(5)는 확짝 편 지느
러미로 보아 물개일 가능성이 있지만 확정할 수는 없다.

도262. 물개4

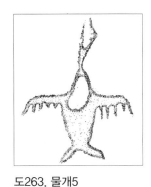

도263. 물개5

도264. 물개(기타)

4) 상어

대곡리 암각화에는 상어가 2마리 정도 새겨져 있는 것 같다. Ⅰ부 하단에 있는 한 마리는 확실하지만 Ⅳ부 상단에 있는 상어는 머리 부분이 절단되어 명확하지 않지만 남아있는 몸체로 보아 상어로 판단된다.

(1) 분포

상어(1)은 Ⅰ부 하단, 고래(13)의 오른쪽 아래쪽에 수직 방향으로 유영하고 있다. 몸체가 늘씬하고 오른쪽으로 휘어지고 있고 지느러미도 많아 상어와 흡사하므로 상어(1)로 보는 것이 타당한 것 같다.

상어(2)는 Ⅳ부 상단 배(3)의 아래쪽 깨어진 암면 아래쪽에 위치하고 있다. 머리 부분이 암면이 깨어지면서 없어져 상어인지 확정할 수는 없지만 늘씬한 몸체, 휘어져 꿈틀대는 듯한 자세, 꼬리의 상태 등이 상어와 유사하므로 상어로 분류해둔다.

(2) 상어의 종류와 도상 특징

상어의 종류도 다양하지만 한 두 예 밖에 없고 종류도 분명하지 않아 상어로만 분류하고자 한다.

① 상어1

상어(1)은 Ⅰ부 하단 고래(13)의 오른쪽 아래쪽에 새겨져 있다. 주둥이가 뾰죽하고 몸체가 늘씬하며 꼬리 쪽이 가늘어지고 있는데 몸체가 오른쪽으로 휘어져 초생달처럼 보인다.

앞 지느러미는 좌우 각 1개, 뒷지느러미도 좌우 각 1개 등 모두 4개의 지느러미가 있고 꼬리도 가늘고 길어 상어 특유의 형상을 잘 묘사하고 있다.

도265. 상어1

원 보고서에는 상어로 분류했으면서도 큰 항목 고래에 넣었으나 여기서는 따로 분류하고자 한다.

② 상어2

상어(2)는 Ⅲ부 상단, 배(3)의 아래쪽 깨어진 암면 부분에 새겨져 있다. 머리 부분은 깨어져 없어졌으나 몸체는 그대로 남아 있다. 늘씬하고 휘어진 몸체, 가늘고 긴 꼬리 등은 상어(1)과 유사한 형태이어서 상어로 판단된다.

도266. 상어2

5) 대형 문어

Ⅰ부 하단 고래(18)의 왼쪽에 다리가 수 없이 많이 표현된 어류가 있는데 대형 문어일 가능성이 있다. 수평으로 유영하고 있는 이 문어는 긴 머리, 직사각형의 몸통, 20여 개가 넘는 다리의 표현으로 다리가 많은 문어를 나타내고자 한 것으로 추정된다. 이 문어는 앞으로 좀 더 면밀히 밝혀야 할 과제라 생각된다.

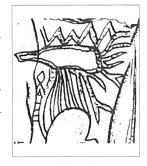

도267. 대형 문어

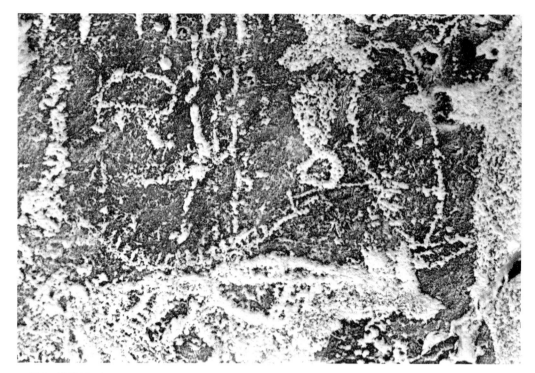

도268. 배2(부구1)

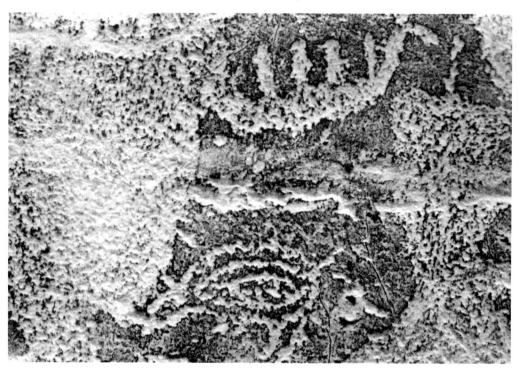

도269. 배1(고래4)

도270. 배3

도271. 배4

도272. 작살과 부구2

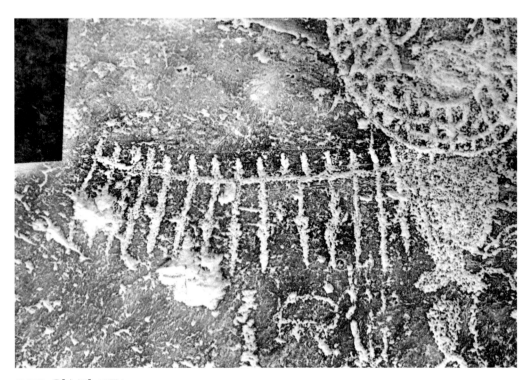

도273. 울[木柵], 그물1

도274. 그물1

3. 대곡리 암각화의 물상

대곡리 암각화의 물상은 동물 사냥에 필요한 사냥 도구인 창·그물·울 등과 고기잡이[어로]에 필요한 배·작살·부구 등이다.

1) 배

배는 현재 4개를 헤아릴 수 있다. Ⅰ부에 2개, Ⅳ부에 1개, Ⅴ부에 1개 등이 분포되어 있어서 주목된다.

배는 신석기시대부터 사용되기 시작했다고 알려져 있는데, 창녕 비봉리 출토 예가 유명하다.[18]

배 2기가 발견되었는데 소나무로 제작된 통나무 배이다. 배1호는 길이 360㎝, 폭 62㎝, 두께 2-5㎝의 크기인데, 반구대 암각화의 배는 호수의 배와 약간 달라 크기나 두께, 운행방법 등이 약간 다를 가능성이 있다.[19]

(1) 배1

배(1)은 Ⅰ부 상단인 그물(1)의 아래쪽에 위치하고 있다.

배는 작지만 두껍고 곡선적이며 뱃머리는 오른쪽인데 높이 올라가 있다. 어부는 5명 정도 승선하고 있는 것 같은데 고래들(8, 10, 14, 21) 사이에 있어서 고래잡이 배 즉 포경선으로 생각된다.

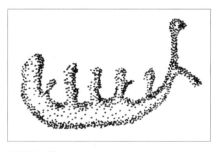

도275. 배1

(2) 배2

Ⅰ부 상단 호랑이(2) 등 위에 얹혀있는 것처럼 보인다. 배는 길고 곡선이 완

---

18) 신주원, 〈창녕 비봉리 유적의 검토〉, 《고래와 바위 그림》(울산암각화박물관, 2020.12).

19) 김해박물관, 《비봉리》Ⅰ·Ⅱ(2008·2012).

만한 편인데 왼쪽의 뱃머리는 위로 들려
있다. 승선 인원은 약 20여 명으로 보이
는데 오른쪽 꼬리 부분에서 밧줄이 나와
고래(10)을 관통하고 있어서 고래(10)을
포획하여 끌고 가는 고래잡이배 즉 포경
선이 틀림없다. 이렇게 고래를 밧줄에 묶
어 끌고 가는 고래잡이의 생생한 장면은

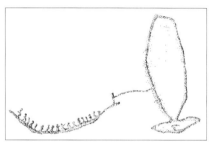

도276. 배2

감동 그 자체가 아닐 수 없다. 신석기시대 포경의 한 단면을 리얼하게 보여주
고 있어서 신석기시대 포경 미술의 정점으로 볼 수 있다.

(3) 배3

Ⅳ부 최상단 왼쪽에 새겨진 대형 배이
다. 주위에 고래류 1마리만 있어 포경선
인지 잘 알 수 없다. 배는 대형으로 날랜
형태를 나타내고 왼쪽의 뱃머리는 들려
있다.

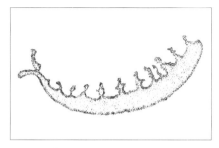

도277. 배3

(4) 배4

Ⅴ부의 상단, 고래(47)의 꼬리 부분 아
래 쪽에 새겨져 있다. 배가 완만하게 둥
글면서 두텁게 보이고 있다. 고래가 뒤집
혀 배가 위로 올라가고 등이 아래로 향해
있는 것으로 보아 이 배의 어부들이 고래
를 잡아 왼쪽으로 향해가고 있는 것처럼
보인다. 왼쪽의 뱃머리는 곡선적으로 휘

도278. 배4

어져 있어서 왼쪽으로 고래를 끌고 가고 있는 것처럼 보이도록 상징적으로 표
현했다고 판단된다. 이른바 확실한 고래잡이배인 포경선이라 할 수 있다.

2) 작살

고래(5)의 몸체를 꼬리에서부터 관통하고 있는 작살이 리얼하게 표현되어 있다. 끝이 날카롭고 삼각형으로 날씬한 작살은 작살 봉까지 잘 나타내고 있다. 이러한 날카로운 작살 촉은 신석기시대 울산 황성동 유적 출토 고래 뼈에 박혀있는 골제 작살 촉과 매우 유사한 것이 주목된다.[20]

이 작살은 뼈로 만든 골제 작살로 보는 것이 이제 대세로 굳어졌다고 하겠다.

이 작살을 철제로 간주하여 대곡리 암각화를 청동기 말 철기시대로 편년하는 가장 중요한 근거로 삼은 것은 애초부터 무리한 설정이었다.[21]

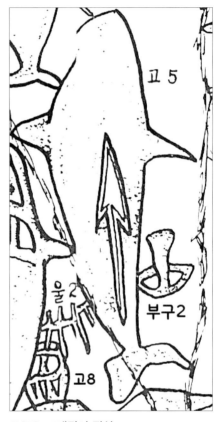

도279. 고래잡이 작살

3) 부구(浮具)

부구는 고래잡이에 필수적인 도구이다. 물개 같은 가죽에 공기를 넣어 둥근 공처럼 만든 것으로 여기에는 추 같은 것을 달아 안정적으로 뜨게 하고 있다. 이 부구는 잡은 고래가 빨리 가라앉지 않게 하는 도구이기 때문에 포경에는 없어서는 안 되는 필수 도구이다.

(1) 부구1

Ⅰ부 상단 고래(10)과 배 사이에 둥근 고리에 삼각형 추가 달려 있는 형태의 전형적인 부구가 떠 있다. 고래잡이하는 곳에서 잡은 고래 옆에 있어서 부구로

---

20) 하인수, 〈고고학적 맥락에서 본 반구대 암각화〉, 《울주 대곡리 암각화》(울산암각화박물관, 2013.2)

21) 김원룡, 〈울주 반구대 암각화에 대하여〉, 《한국고고학보》9(한국고고학회, 1980.12)

보는 것이 적절하다고 판단된다.

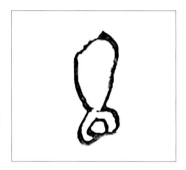

도280. 부구1

(2) 부구2

Ⅰ부 상단 고래(5)의 오른쪽에 새겨진 이 부구는 부구(1)과 비슷하지만 추가 공 모양[圓形]을 관통하도록 표현된 것과 공이 타원형인 점이 다소 다르지만 형태는 거의 동일한 부구로 판단된다. 이 부구를 김원룡 교수는 기계 활인 쇠뇌로 보고 철제 작살과 함께 이 암각화를 철기시대로 간주하게 된 문제의 물상이다. 이를 부구로 가장 강력하게 주장하는 학자는 강봉원 교수이다.[22]

도281. 부구2

4) 그물

타원형으로 된 촘촘하게 끈으로 엮은 그물은 맹수를 잡는데 쓰인 것으로 보고 있다.

(1) 그물1

그물(1)은 Ⅰ부 상단에 있는데 거대한 그물이다 타원형의 형태로 상단이 절단되어 없어졌는데 안에는 꼬리가 길고 끝이 말린 호랑이로 생각되는 동물이 갇혀 있다. 머리 부분이 절단되어 전체는 잘 알 수 없다.

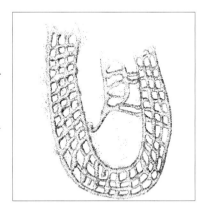

도282. 그물1

22) 다음 글을 참조할 수 있다.
① 강봉원, 〈반구대 암각화 편년〉, 《대곡천 암각화군》(국립문화재연구소, 2019), pp. 240-269.
② 강봉원, 〈반구대 암각화 편년의 연구〉, 《반구대 암각화 제작연대 규명》(울산암각화박물관·울산대학교 연구소, 2015.9)

(2) 그물2

Ⅰ부 왼쪽인 동암의 가장 오른쪽에 그물
(2)와 고래가 새겨져 있다. 그물(2)는 발견
당시부터 암면이 작게 갈라지고 박락되는
현상이 나타나 암면 탈락이 심하게 나타나
고 있었다. 그물(2)도 하단부는 다소 완전했
지만 중단까지 탈락이 많고 중단 이상은 거
의 없어진 상태이다.

그물 형태는 그물(1)과 거의 동일한 편인
데, 타원형 그물은 가로세로 선이 촘촘하고

도283. 그물2

정교하게 그어져 맹수를 잡기에 효능이 높아 보인다. 발견 당시에는 안에 동물
처럼 보이는 물상이 약간 보였으나 현재는 거의 알 수 없다.

5) 울[木柵]

나무로 된 울은 현재 4개가 보이고 있다. Ⅰ부에 2개, Ⅱ부에 1개, Ⅲ부에 1
개 등이다. 울은 울타리, 목책이라고도 말해지는데 경계선에 나무로 엮어 울타
리를 만들어 외부의 침입을 막고 동물을 가두고 식물을 기르기 위해 설치하는
나무 장치를 말한다.

(1) 울1

이 울은 나무로 된 목책인데 세로 14
개의 긴 말뚝에 가로의 긴 나무를 엮어
만든 것이다. 상단이 짧고 하단이 긴 말
뚝은 매우 튼튼하게 보이며 울 가운데 가
장 완전하고 가장 거대한 형태이다. 울
안에는 맹수로 보이는 동물 한 마리가 갇
혀 있는데 호랑이일 가능성이 높다.

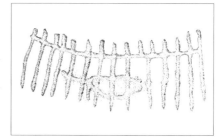

도284. 울1

(2) 울2

Ⅰ부 상단 고래(5)와 고래(6) 사이에
가려 있어 울 일부만 보이고 있다. 세로
말뚝 5개만 보이고 있어서 불완전하며
갇혀 있는 동물도 보이지 않다.

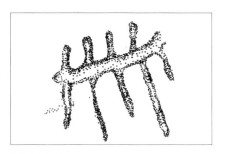
도285. 울2

(3) 울3

Ⅱ부 중단 호랑이의 아래쪽에 울(1)과
비슷한 울이 있다. 위가 짧고 아래가 길
며 둥근 울인데 안에는 멧돼지 같은 동물
이 갇혀있다. 바로 아래 사슴(4)의 발 밑
에 긴 뿔이 있는데 울로 보기도 하지만
아래가 짧으면서 구부러져 있어 울로 볼
가능성은 낮지만 이것이 사슴 뿔이 아니
고 울이라면 울은 6개가 된다.

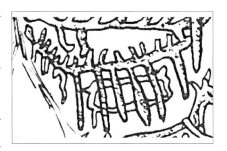
도286. 울3

(4) 울4

Ⅲ부 하단 인면(1) 아래쪽에도 울(4)가
있는데 암면의 탈락 때문에 정확하지 않다.

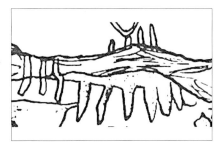
도287. 울4

(5) 울5

울(4) 아래, 고래(41) 아래쪽에 울 같
은 것이 있다. 훼손 때문에 정확하지 않
지만 울로 간주되나, 배를 고정시키는 도
구일 가능성도 있다.

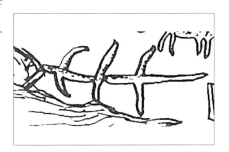
도288. 울5

279

6) 창 등 무기

(1) 창1

창(1)은 사냥꾼(1, 사람3)이 들고 있는 막대 같은 무기이다. 막대기일 가능성도 있지만 멧돼지(6)를 향해 던지는 자세로 보아 단순한 막대기로는 볼 수 없고 막대기 앞에 예리한 골각기나 석기의 창모를 매어 단 창으로 생각된다. 길지 않아 왼손으로 달려드는 멧돼지를 향해 던지는 창이라 생각된다. 전형적인 신석기시대의 사냥꾼이 아닐 수 없다. 신석기인들은 왼손잡이가 많았는지 모르겠다.

도289. 창1

(2) 창(또는 악기)2

I 부의 왼쪽인 I-1부 균열진 암면 울1 향 왼쪽 상단에 있는 사람(7)이 두 손으로 들고 있는 무기의 일종이다. 사람 키보다 더 긴 막대기를 두 손으로 들고 있어서 암사슴을 부르는 악기일 가능성도 희박하지만 어느 정도 가능성은 있다.[23]

그러나 두 손으로 들고 사냥하는 창 같은 무기일 가능성이 높기 때문에 여기서는 창 같은 무기의 일종으로 분류해 둔다.

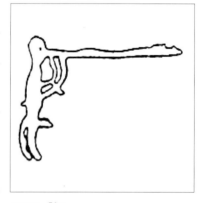

도290. 창2

---

23) 다음 글을 참조할 수 있다.① 이용식, 〈고대 암각화의 음악고고학적 연구-울산 대곡리 반구대 암각화를 중심으로〉, 《한국음악사학보》48(한국음악사학회, 2012), pp. 306-314.② 김현권, 〈대곡리 반구대 암각화 인물상의 의미와 도상해석〉, 《강좌미술사》47((사) 한국미술사연구소 · 한국불교미술사학회, 2016.12).

Ⅴ. 대곡리 암각화의 양식적 특징

　대곡리 암각화는 우리나라 최초의 본격적인 미술이라 할 수 있다. 이는 신석기시대의 오랜 기간에 걸쳐 암벽에 갖가지 동물과 어류, 그리고 이들을 사냥하는 사람(사냥꾼), 사냥의 수확을 기원하는 샤먼과 그 의식 등을 새긴 사냥미술 이른바 Hunting Art라 불리고 있는 선사미술인 것이다.

　대곡리 암각화는 본질적으로 자연주의(自然主義) 양식이라 할 수 있다. 자연주의는 리얼리스틱한 이른바 사실적인 양식이라 할 수 있는데, 사실적이면서도 강조할 때는 강조하고 생략할 때는 과감히 생략하는 일종의 표현주의에 가까운 사실양식이라 할 수 있다. 사슴이나 호랑이 그리고 고래의 실재적인 모습인 생동하는 모습을 강조하고자 군더더기는 과감히 생략하고 살아 생동하는 형태를 강조하는 사실적 자연주의 양식을 재현하고 있는 것이다.[24]

　이에 대해서 구도, 형태, 음각(陰刻)과 선, 무늬들의 양식적 특징을 간략히 살펴보기로 하자.

　첫째 구도이다. 오랜 기간에 걸쳐 새긴 암각화여서 전체적인 분포 구도는 별 의미가 없지만 그래도 ①주암면의 중심부위와 ②암면 구획별 분포, 부속 암면의 암각분포 등은 대곡리 암각화의 조성 의미와 상당한 연관성이 있다고 하겠다.

　대곡리 암각화는 전체 암면은 거대한 산의 북벽 절벽 아래쪽에 ㄱ자로 꺾어지고 있는데 주(主)암면은 너비 약 10m, 높이 약 3m에 이르는, 동서로 이루어진 암면(岩面)이며, 이 오른쪽에 상하로 크게 절리된 암면 서면(西面)의 3부분에 2～3점의 동물이 새겨져 있고, 주암면(主岩面) 왼쪽에 해당하는 남북으로

---

24)　문명대, 〈울산의 선사시대 암벽각화〉, 《文化財》7(문화재관리국, 1973)

꺾어진 암면(岩面)을 4구획으로 나누면 주암면이 4부분으로 나누어진다. 주암면 오른쪽(向左)을 Ⅴ부분(5, 마), 주암면의 왼쪽면(동암)을 Ⅵ부분(6, 바)으로 구분하면 모두 6부분으로 나눌 수 있다.[25]

동암면	주암면				서면
Ⅵ	Ⅰ	Ⅱ	Ⅲ	Ⅳ	Ⅴ
바	가	나	다	라	마
F	A	B	C	D	E

주암면의 1(가)부분은 샤먼의 무당, 고래, 거북(3) 사냥장면(울(2), 그물함정(1) 고래잡이(2), 동물(7) 등이 묘사되어 있다. 가장 크고 뚜렷하며 중요하게 차지하고 있는 것이 고래인데, 수도 많아 가장 중요시 한 부분이라 생각된다.

고래 가운데 새끼를 업고 있는 거대한 고래, 작살 맞아 꿈틀대는 고래, 줄무늬 있는 무섭고 거대한 고래(흑등고래 추정), 물 뿜고 있는 고래(북방긴수염고래) 등 매우 특징적인 고래들이 위아래로 자리 잡고 있는 것이다.[26]

또 하나는 나체의 무당(샤먼)이 춤추고 있는 모습과 팔다리를 벌리고 기원하는 듯한 인물(여성무당=샤먼) 등 의식장면의 특이한 장면이 위아래로 배치된 점, 그물과 그물에 갇힌 동물들로 기구를 사용한 사냥장면도 독특한 특징이며 작은 고래잡이의 배가 2점이나 분포되고 있는 것도 눈에 띄고 있다. 후기로 생각되는 동물과 고래 한 마리 외에는 거의 대부분 머리를 위로 둔 상하 상(像)들이 배치된 것이 특징이라 할 수 있다. 이러한 구도는 고래가 유영하는 특징을

25) 문명대, 〈대곡리 암각화, 內容〉, 《반구대》(동국대학교출판부, 1984), pp. 204-209 참조.

26) 손호선, 〈반구대 암각화의 고래〉, 《울주 대곡리 반구대 암각화》(울산암각화박물관, 2013.2), pp. 188-201.

포착한 의미 있는 구도로 보여지므로 중요시 해야 할 것이다. 또한 이 부위는 선떼기 기법의 암각화들이 많아서 신석기 중기나 중기 이후의 암각화들이 많아진 것으로 간주된다.

Ⅱ(나)부분은 좁게 상하로 절리(節理)된 부분인데 상중하로 구획될 수 있다. 중단에만 암각화가 있고, 하단은 사방 1m−1.50m 사이로 암면이 절단되어 떨어져 공동화되었는데 상부를 보면 중첩된 암각화 때문에 형태를 거의 구별할 수 없을 정도여서 원래 가장 중복 암각이 많았던 부분으로 판단된다.

주암면(主岩面)의 중심부이자 가장 손쉽게 새길 수 있어서 이 부분을 유난히 집중적으로 두드려 새겼기 때문에 일찍이 암면이 쉽게 노화되어 먼저 떨어져 나갔을 가능성이 높은 것 같다. 암각 상태로 보아 하단부는 바다동물인 고래 그림들이 많았던 것 같지만 중단은 호랑이와 사슴 암각이 주를 이루고 있다.

호랑이와 표범, 거대한 긴 뿔 사슴 등이 분포되어 있고 물에 갇힌 동물도 인상적이며, 상부에 고래 한두 마리가 좌우로 배치되었는데 오른쪽(向右) 고래는 반 이상을 조각하지 않고 배 부근을 부조식으로 강조한 상태여서 특이한 특징으로 파악된다. 이 상단부는 고래 두 마리 외에는 빈 공간으로 남아 있어서 특이한 분포 구도를 보여주고 있다. 또한 이 암각화 가운데 호랑이와 표범, 거대한 뿔을 가진 사슴 등 가장 표준적인 육지동물상을 나타내고 있어서 중심부다운 구도가 아닌가 한다.

Ⅲ(다)부분, 왼쪽 종선은 거의 직선이나 오른쪽은 비스듬히 절리되어 직삼각형 암면에 가깝다. 상단부에는 동물이 배치되었고 중하단부에는 동물과 고래 등 어류가 반반 정도 섞여 배치된 구도인데, 동물이 좀 더 많은 편이다. 특히 이 부분에는 교미하는 멧돼지(猪 1, 2 또는 호랑이), 새끼 밴 호랑이(호8), 새끼 밴 사슴과 이 사슴이 거느린 어린 새끼들이 집중되어 있어서 이 부분은 생산과 관련되어 있는 것으로 보여 인상적이다.

또한 사람 얼굴 즉 탈 2점, 사냥꾼 2명 등도 이 부분에서만 배치되고 있어서 가장 중요시된다. 이와 함께 중단의 거대한 고래와 좌우에 배치된 물개(바다사자 또는 바다범) 종류 (새로 보는 예도 있음) 두 마리 등 3마리는 마치 새끼 두 마리를 거느린 고래가 파도를 헤치며 유영하는 듯한 모습으로 볼 수도 있어서 무척 흥미롭지만 좌우 두 마리는 고래 형태보다는 물개 종류로 보여 좀 더 밝혀져야 할 것이다. 또한 이 부위는 선떼기기법의 암각화들이 많아서 신석기 중기나 중기 이후의 암각화들이 많아진 것으로 간주된다.

Ⅳ(라)부분은 거의 대부분 동물 위주의 암각화인데 고래 등은 한 두 예밖에 없다. 표범·사슴·호랑이·멧돼지 등이 골고루 배치되어 있다. 사냥꾼 2인과 최상단에 10여명이 탄 긴 배가 새겨져 있는데 Ⅲ부분에 속한다고도 볼 수 있다. Ⅰ부분과 Ⅳ부분은 서로 대비되는데 Ⅰ부분은 고래 위주, Ⅳ부분은 동물 위주이며, Ⅱ·Ⅲ부분은 고래와 동물이 반반 정도라 할 수 있어서 재미있는 배치 구도를 보여주고 있다.

주암면의 좌우 부속 암면인 Ⅴ와 Ⅵ부분은 암각화가 희소한 편이다.

Ⅴ(마) 부분은 파손이 심하며 없어진 암각화도 있는 것 같지만 이들은 현재 세 부분에 남아있다. 상부에 줄무늬 호랑이와 뒤집어진 고래와 고래를 깔고 있는 고래잡이 포경선이 상하로 배치되고 있다. 중단에는 목이 긴 얼룩사슴 세 마리가 있고 하단에는 목 긴 사슴과 고래로 추정되는 암각화가 배치되어 있다.

Ⅵ(바)부분은 남북으로 꺾어진 암면인데 꺾어진 바로 옆에 그물 속에 갇힌 호랑이(현재 거의 파손되었음) 아래쪽에 고래 등 물상, 북쪽으로 떨어져 동물과 고래 5~6점이 거의 알아볼 수 없으며 6~7m 북으로 떨어져 상하로 사슴과 호랑이, 제일 북쪽에 줄무늬 호랑이 등이 넓은 암면에 걸쳐 띄엄띄엄 배치되고 있다. 이 밖에 그물 옆에서도 동물과 고래 형태 5, 6점이 추가로 발견되기도 했다.

둘째 형태면이다.

대곡리 암각화 물상(사람과 동물, 어류)들의 형태는 몇 가지 특징으로 분류될 수 있다.

1) 자연주의적인 형태인데 고래나 사슴 가운데 모두쪼기한 고래1, 고래3, 사슴10, 35, 38 등 상당수 암각화가 이에 속한다. 이 동물상들은 생동감이 충만하거나 동감이 풍부하다고는 볼 수 없으나 고래나 사슴의 성격이 자연스럽게 드러난 그대로의 모습을 자연스럽게 표현한 형태미를 보여주고 있는 것이다.

2) 동감있는 형태인데 모두쪼기를 했지만 부분적인 내선쪼기를 한 고래나 호랑이 사슴 멧돼지와 일부 내장기관, 표피 등 일부 전면 내선쪼기한 동물상들도 이에 속한다고 할 수 있다. 고래5, 6, 11, 12, 13, 14, 15, 18, 20, 47, 호랑이5, 6 11, 사슴18, 29, 34, 멧돼지1, 2, 3, 5 등이다. 이 가운데서도 고래

5, 고래18, 멧돼지5, 호랑이13 등 모두쪼기 상에 일부 내선쪼기한 고래나 호랑이 멧돼지 등이 가장 생동감 넘치면서도 활기찬 형태라 할 수 있으며 신석기 중기 전후에 조성괸 것으로 보인다.

3) 정지된 형태인데 1형과 비슷하지만 모두쪼기한 사슴 등이 동감 없이 정지된 형태를 새긴 것이다. ①사슴8, 14, 17, 28 등 목이 가늘고 작고 정지된 모습이나 ② 5, 6 거북1, 2, 3 등 단순하거나 추상적인 형태 등이 이 예에 속한다고 하겠다. ③ 또 하나는 사슴41처럼 목이 길면서 몸통도 삼각형이나 동물9처럼 비튼 형태 등 다소 추상적이거나 도식적인 형태도 이 예에 속한다고 할 수 있다. 이들은 대부분 신석기 말기 상으로 생각된다.

4) 추상적 형태인데 사람1(무당), 2, 4, 5, 6처럼 사람 형상인 정도만 알 수 있을 정도로 사람들은 추상적인 모습으로 새기고 있어서 일정한 의도를 가지고 있다고 생각된다. 탈1, 2 역시 사람의 얼굴 형태이지만 생략이 많아 이 역시 추상성이 강하다고 할 수 있다.

셋째 조탁선 이른바 쪼기선이다. 쪼기 이른바 彫啄은 암면(세일)이 경도 3도 내외이므로 경도 6~7도 이상의 암석을 조각기로 다듬어 손잡이를 만들면 훌륭한 조각구(彫刻具)가 될 것이다. 이 돌조각구를 사용하여 능숙한 조각가가 암각화를 조탁하면 대곡리 암각화가 조성되었을 것이다.

1) 모두쪼기[全面彫啄] 기법을 사용하여 고래와 사슴을 조각한 모두쪼기상들은 3형의 상들을 제외하면, 선들은 부드럽고 온화하고 자연스러운 특징을 나타내고 있다. 고래1, 3, 28, 29, 사슴11, 35, 38 등이 이 예에 속할 것이다. 신석기 전기에 해당하는 상들이다.

2) 힘차고 역동적인 선들이 상당수 표현되고 있다. 모두쪼기에 부분적인 내선쪼기 상(고래5, 11, 18, 24, 猪5 등)들의 선과 상당수의 X선 기법을 사용한 상(猪1, 2, 3, 호랑이5, 11, 13, 사슴29)들의 선들이 이에 속한다고 할 수 있다. 꿈틀대는 몸체선들은 물론이고 생명선 같은 내장기관이나 호랑이의 역동적인 줄무늬나 꼬리 등이 이루는 선들은 힘찬 선묘들이라고 할 수 있다. 신석기 중기 전후의 상들이라 하겠다.

3) 직각이나 직삼각 또 구불대는 추상적인 선묘들도 상당수 있다. 사슴41, 동물9, 13, 魚8, 사람2, 탈2 등이 여기에 속한다고 할 수 있다. 이 가운데 신

석기 말기의 상들이 상당수 있다.

넷째 문양면이다. 대곡리 암각화의 문양은 실로 다양한 편이라고 할 수 있다. 직선, 점선, 그물무늬, 줄무늬, 고사리무늬, 원, 삼각, 사각, 사다리꼴, 부정형의 다양한 형 등 거의 대부분의 무늬들이 이 암각화가 조성되었던 신석기시대에 이미 출현하고 있다는 사실은 놀랍다고 할 수 있다. 인지(人知)의 발달 단계는 벌써 상당한 수준이 이르렀고 그들의 미적 감각은 놀라운 수준에 이르렀다고 할 수 있을 것이다.

Ⅵ. 대곡리 암각화의 신석기시대 편년

대곡리 암각화의 조성연대에 대해서는 세 가지 설이 있어 왔다.

첫째 손보기 교수의 구석기설, 둘째 문명대 등의 신석기시대설 및 신석기와 청동기 복합설, 셋째 김원룡 교수 등의 청동기설 등이다. 현재는 구석기시대설은 사라지고 신석기시대설과 청동기시대설이 가장 유력시되고 있다. 즉, 글쓴이는 처음 조사한 이후 첫 논문(울산의 선사시대 암벽조각, 1973)부터 일관되게 "신석기 말기 내지 그 이전"이라 하여 신석기 중기까지 올라간다고 언급한 바 있으나[27], 그 후 김원룡 교수가 청동기설을 주장한 이래 청동기설이 통설이되다시피 했다. 그러나 2010년대부터는 발굴 등에 의하여 신석기설이 대세로 굳어지고 있는 실정이다.

이처럼 대곡리 암각화는 오랜 세월에 걸쳐 조성됐기 때문에 그 편년에 대해서는 여러 가지 면으로 이른바 다각도로 살펴보아야 올바른 견해가 성립될 수 있을 것이다. 즉 첫째 기법, 둘째 양식, 셋째 비교사적 연구 등으로 분석해야 한다는 것이다.

1. 첫째 기법면으로 살펴보자. 기법면으로는 세 가지 관점이 있다.

1) 먼저 중복묘사를 통해 선후관계를 밝히는 상대연대측정법에 따라 편년을 설정하는 것이다. 자연주의적인 모두쪼기 암각화와 동감있는 선쪼기 암각화의 선후관계이다. ①모두쪼기한 고래 2, 3, 4는 선쪼기한 그물 1과 호랑이 밑에 깔려 있어서 선쪼기한 그물보다는 자연주의적 모두쪼기한 고래가 더 앞선다고 할 수 있다. ②선쪼기한 호랑이 12는 모두쪼기한 토끼 1과 사슴 33 위에 겹쳐

---

27) 다음 글을 참조할 수 있다. ① 문명대, 〈대곡리 암벽조각 고찰〉, 《반구대 암벽 조각》(동국대학교 출판부, 1984). ② 문명대, 〈울산의 선사시대 암벽조각〉, 《문화재》7(문화재관리국, 1973).

있고 ③선쪼기한 호랑이 6은 모두쪼기한 고래 23 위에 겹쳐 있으며, ④선쪼기한 고래 47옆의 배4 밑에 모두쪼기한 고래 48이 깔려 있는 등 다수의 예가 있다. 거의 대부분의 선쪼기 암각은 자연주의적 모두쪼기 암각화 위에 겹쳐 있으

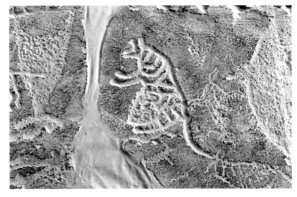

도291. 반구대 대곡리 암각화 탁본, 호랑이8

므로 두 기법의 선후관계는 거의 확실한 것 같다.

2) 절대연대에 근사한 것으로 분류되는 쪼아갈기를 기준으로 대곡리 암각화의 편년을 정립할 수 있다. 쪼아갈기는 북유럽 스칸디나비아반도 암각화의 경우 신석기시대 말기부터 유행하기 시작하여 청동기시대 초기에 절정을 이루고 있으며[28], 이것은 시베리아 암각화에서도 마찬가지이다. 대곡리 암각화에서는 고래 18과 호랑이 8에서 쪼아갈기 기법이 나타나고 있는데 이 역시 구별하기 어려울 정도이어서 천전리 암각화의 굵고 뚜렷한 쪼아갈기 기법과는 다른 초보적인 쪼아갈기로 생각된다. 따라서 쪼아갈기한 호랑이 8호는 최대한 초기 쪼아갈기 기법으로 신석기 말기로 추정할 수 있는 것이다. 이를 기준으로 다른 기법의 암각화를 편년한다면 고래 18의 예에서 보이다시피 모두 떼기한 고래들보다 위에 있으므로 년대가 더 늦는 것은 당연하며, 다른 선쪼기 기법 암각화들보다 연대가 더 늦을 것으로 판단된다. 따라서 쪼아갈기 기법이 가장 늦은 신석기 말기의 암각화이므로 이를 편년 기준으로 삼으면 이보다 좀 앞선 기법인 선쪼기는 신석기 말기 이전인 신석기 중기 전후로 볼 수 있고, 모두쪼기의 자연주의 암각화는 신석시 중기 이전으로 편년할 수 있을 것이다.

3) 선쪼기 암각화를 위주로 한 돌조각기에 의한 쪼기[彫啄] 암각화의 편년은 현재까지의 연구 결과 유럽 특히 북유럽은 신석기시대라는 설은 통설이며[29],

28) H.Kuhn, The Rock Pictures of Europe, 1956 참조.
29) H.Kuhn, Ibid, p. 90.

시베리아 일대나 인도 등도 동일하고, 심지어 오스트레일리아에서의 카본데이팅 연대 측정 결과도 신석기로 확정되고 있다는 사실은 주목해야 할 것이다. 특히 스칸디나비아에서 시베리아 아무르강에 이르는 북방문화권에서 내장기관 X선(투시)기법의 순록이나 사슴 등은 신석기로 편년되고 있는[30] 사실은 대곡리 암각화 투시기법 동물상 편년의 하나의 기준이 될 수 있을 것이다.

2. 둘째 양식적인 편년 설정이다. 대곡리 암각화의 양식은 표현주의에 가까운 자연주의적인 양식, 동적인 표현주의적인 양식, 추상주의 양식 등 세 가지로 분류된다. 이 가운데 ① 모두쪼기한 자연주의 양식의 암각화들은 동적인 표현주의적 자연주의 양식(선쪼기)보다 이르다는 것은 분명하다고 할 수 있다. 이 시기는 표현주의 양식이 신석기 중엽 전후이므로 자연주의 양식의 암각화들은 자연 신석기 중기 내지 그 이전이라 할 수 있을 것이다. 즉 신석기를 3기로 크게 나눌 경우 신석기 전기 내지 중기 경으로 편년할 수 있다는 것이다.

② 동적인 표현주의 양식 가운데 말기에 속하는 쪼아갈기(彫啄磨法: pecking style) 기법은 대곡리 암각화의 경우 한 두 가지 예밖에 없고 이 또한 굵고 뚜렷한 쪼아갈기 기법이 아닌 초기 단계이므로 신석기 말기 내지 아무리 늦어도 청동기 극초기의 것으로 판단된다[31]. 따라서 청동기시대로 보이는 천전리 암각화의 태양무늬보다는 이른 신석기 말기로 편년할 수밖에 없을 것이다. 따라서 일반적인 선쪼기 이른바 표피무늬나, 내장기관의 X-레이투시기법의 암각화들은 신석기 중기 전후로 볼 수 있는 것이다. 이보다 이른 자연주의 양식은 신석기 중기 내지 그 이전인 신석기 전기 또는 초기로 추정할 수도 있을 것이다.

또한 추상주의 양식은 자연주의 양식보다 이른 예도 있다고 할 수 있지만 대부분 쪼아갈기 기법보다 후대인 신석기 말기 또는 이보다 늦은 청동기 초기로 설정할 수 있을 것이다. 그러나 아직 쪼은 상태인 얕고 일정한 쪼기로 보아 청동기로 내려갈 수 없다고 생각되므로 신석기 말기 또는 아무리 늦어도 이를 그

---

30) 다음 글이 있다.
　　① A.P.Okranikov, Der Hirsh mit dem goldenen Geweih, 1972.
　　② A.P.Okranikov 著, 加滕九祚 譯,《黃今の トナカイ北了ッて の 岩壁畵》, 1968.
　　③ A.P.Okranikov, The Petroglyphs of siveria, Scientic America.
31)　H.Kuhn, Ibid, pp. 90-92 참조.

대로 계승한 청동기 극초기로 잠정적으로 추정할 수 있을 것이다[32].

3. 셋째 비교사적 편년 설정이다. 대곡리 암각화는 현재까지 절대연대 측정법에 의한 편년은 이루어지지 못하고 있다. 그것은 환경 때문이다. 만약 암각화 주위가 흙으로 이루어졌다면 쪼기한 돌조각이나 조각기 자루 또는 이 당시의 불 핀 숯이나 나무 등이 묻힐 수 있었을 것이므로 이를 발굴하여 절대연대를 측정할 수 있지만 주위가 모두 암반이어서 현재로서는 상당히 어려운 일이다. 대곡리 암각화 전면의 공룡발자국 발굴 조사 때 조각기나 탄소 등의 발굴을 기대했으나 보고된 바 없기 때문에 앞으로 암각면 아래의 하상을 다시 한번 정밀 발굴한다면 탄소나 조각기 등이 발견될 가능성도 있으므로 당국은 앞으로 반드시 이를 위한 발굴을 시도해야 할 것이다.

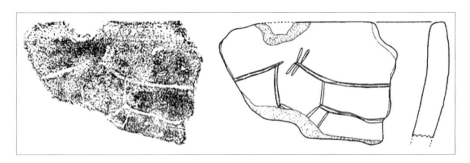

도292. 동삼동패총 사슴선각문토기 (《울주 반구대 암각화》에서 전재)

현재 어느 정도 절대연대에 비근한 년대를 측정할 수 있는 방법은 외국의 절대연대 측정을 이용한 연대 측정법과 우리나라의 유적에서 출토된 그림이나 조각 가운데 카본데이팅 등의 절대연대 측정법에 따른 년대를 알 수 있는 그림 양식과 대곡리 암각화의 양식을 비교하는 방법이 가장 무난할 것이다.

외국의 예는 이미 시베리아나 오스트레일리아 등의 카본데이팅 연대측정법에 의하여 신석기시대로 비정되었다는 사실을 밝혔으므로 우리나라의 예를 들어보기로 하겠다.

최근 하인수 복천박물관장이 제시한 동삼동 패층 발굴 조사시때 5-1층에서

---

32) 문명대, 〈대곡리 암벽 조각-考察〉, 《盤龜臺 암벽 조각》(동국대학교 출판부, 1984) 참조.

출토된 사슴 선각문 토기(단도 마연토기)
에 새겨진 사슴과 반구대 암각화의 사슴
25, 26, 35, 38 등과 유사하므로 5-1층
의 절대연대 측정이 B.C 3,000년 전후로
볼 수 있으므로 대곡리 암각화의 선쪼기
사슴은 B.C 3,000년 전후로 볼 수 있다
는 견해는 주목받아야 할 것이다.[33]

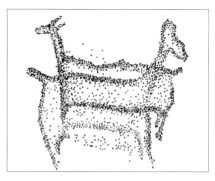

도293. 대곡리 암각화, 사슴25, 26(《盤龜
臺》에서 전재.)

이 토기 선각 사슴은 대곡리 사슴 25,
32, 35, 38 등 모두쪼기한 자연주의 양
식과 가장 유사하지만 사슴 25의 형태나 가늘고 긴 목 또는 선등이 가장 근사
하다고 판단된다. 이 사슴은 모두쪼기한 자연주의 사슴보다 늦다고 판단되므
로 모두쪼기한 자연주의 양식은 이보다 다소 선행하는 이른 시기에 조성되었
다고 볼 수도 있을 것이다.

이와 더불어 울산 황성동 유적의 신석기 전기(B.C 6,000-3,500) 층에서 토
기와 함께 사슴뿔로 만든 골각 화살촉이 박힌 고래 뼈 2점과 골각화살촉이 발
굴되어 골각기에 의한 고래잡이가 신석기시대 전기에 이미 실시되었다는 사
실 등으로 보아 이 암각화가 신석기시대로 편년될 수 있다고 볼 수 있을 것이
다.[34]

또한 2008년 김해 비봉리 유적 출토 신석기의 무늬토기에 새겨진 멧돼지와
비교해서도 대곡리 암각화의 신석기 설은 설득력이 있다고 판단된다.[35]

33) 하인수, 〈고고학적 맥락에서 본 반구대 암각화〉, 《울주 대곡리 반구대 암각화》(울산암
    각화박물관, 2013.2), pp. 204-223.

34) 최은아, 〈울산 황성동 유적의 발굴조사 성과〉, 《고래와 바위 그림》4(울산암각화박물
    관, 2020.12), p. 316.

35) "골제 화살촉이 박힌 견갑골과 미추 외에도 두개골과 하악골, 늑골동에서 다수의 작살
    흔이 발견되었다"는 조사자의 언급에서 신석기시대에는 뼈 작살로 고래잡이 한 것이 보
    편화되었음을 잘 알 수 있다. 신주원, 〈창녕 비봉리 유적의 검토〉, 《고래와 바위 그림》
    4(울주암각화박물관, 2020.12), p. 327.

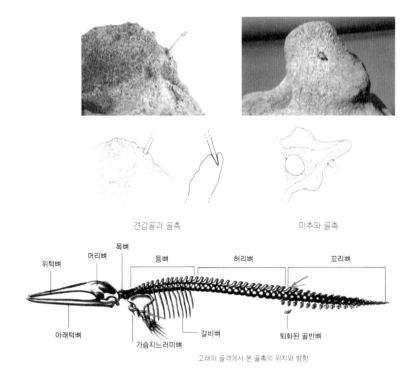

견갑골과 골촉   미추와 골촉

위턱뼈   머리뼈 목뼈   등뼈   허리뼈   꼬리뼈

아래턱뼈   갈비뼈   퇴화된 골반뼈
        가슴지느러미뼈
             고래의 골격에서 본 골촉의 위치와 방향

도294. 견갑골과 골촉 실측도. (《고래와 바위그림》4 전재, 울산암각화박물관)

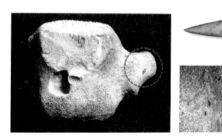

도295. 울산 황성동 유적 고래뼈와 골제 작살.
(《울주 반구대 암각화》 전재, 울주 반구대 암각화
박물관)

도296. 울산 황성동 유적 발굴시 골각
화살촉 박힌 고래뼈 출토 상황

　　넷째 동물의 분포상을 통해서도 편년을 설정할 수 있다. 필자는 반구대 보고
서에서 이미 바닷가에 위치한 신석기시대 유적 출토 동물상과 청동기시대 유
적 출토 동물상을 비교하여 대곡리 암각화가 신석기시대 암각화로 추론한 바

있다[36]. 신석기시대 유적인 궁산 유적, 웅기 서포항, 동삼동 유적 등의 예로 보아 우제상(돼지과, 사향노루과, 록과, 우과)이 가장 많고, 이 가운데 사슴, 노루 등이 70퍼센트 내외로 다수이며[37], 멧돼지, 들토끼, 족제비, 호랑이, 표범은 물론 고래, 물개, 바다사자, 전복, 소라 등 까지 출토되고 있다. 그러나 청동기시대가 되면 노루과의 마리수가 전기에 37%, 후기에는 19%정도로 급격히 줄어지며, 우제류 등도 비슷한 비율로 줄어지는데 견주어 집짐승들이 급속히 증가한다는 사실을 밝힌 바 있다.[38]

대곡리 암각화는 신석기시대 동물 분포상과 거의 유사하므로 신석기시대 암각화로 보아야 한다는 점을 분명히 언급한 바 있다. 이런 점은 울산 황성동 세죽 유적에서도 확인되는데 이 유적은 5,500년 이전전후로 편년되므로 대곡리 암각화 중 모두쪼기한 자연주의 양식의 암각화의 편년과 연관성이 짙다고[39] 생각된다.

다섯째 사냥과 고래잡이의 기법 등 세부적인 물상의 편년 설정이다. 작살이 석기냐 골각기냐 금속기냐 문제, 조각기가 석기냐 청동기냐 문제, 동물 분포상으로 청동기시대에도 수렵어로가 행해지는 문제, 주술사의 성기나 꼬리 문제, 울타리 문제 등이 남아 있다. 이들은 이미 세계 학계에서 판정이 난 결과들이며, 필자 등이 밝힌바 있어 새삼 언급할 필요조차 없을 것이다. 세계적으로나

36) 문명대, 〈대곡리 암각화-考察〉, 《盤龜臺》(동국대, 1984), pp. 210-245.

37) 필자는 이 사실을 분명히 보고서에서 밝혔지만 하인수 관장은 이를 인용하지 않고 있다. 하인수, 〈고고학적 맥락에서 본 반구대 암각화〉, 《울주 대곡리 반구대 암각화》(울산암각화박물관, 2013.2)

38) 다음 글을 참조할 수 있다.① 김신규, 〈농포 원시유적의 동물유골에 대하여〉, 문화유산, 1962.2, pp. 44-60.② 김신규, 〈우리나라 원시시대의 멧짐승에 대하여〉, 고고민속, 1966.2, p. 5.③ 김신규, 〈우리나라 원시유적에 나온 포유동물상〉, 考論Ⅱ, 1970.9, pp. 103-105.④ 국사편찬위원회, 〈한국사〉Ⅰ, 1977, pp. 90-91.⑤ 최무장, 〈한국 선사시대의 동물〉, 《통일인문학》(건국대학교 인문학연구원, 1978), pp. 203-219 참조 및 水佳里貝塚(부산대박물관, 김해수가리패총, 1981)의 신석기시대 유적에는 굴, 고래 등이 발견되었다.

39) 다음 글을 참조할 수 있다.
① 황창환, 〈울산 황성동 세죽유적의 검토〉, 《울주 대곡리 반구대 암각화》(울산암각화박물관, 2013.2), pp. 225-241.
② 최은아, 〈울산 황성동 유적의 발굴성과〉, 《앞 책》, pp. 243-253.
③ 최종혁, 〈울산 황성동 출토 고래 유체에 대하여〉, 《앞 책》, pp. 255-268.

우리나라에서나 신석기시대 유적에서 고래잡이가 행해진 것은 분명하며, 돌 작살, 뼈 작살(실제로 고래 뼈에 박혀 있는 예도 있음.)의 예도 신석기시대 유적에서 많이 출토되고 있다. 또한 경도3 내외의 세일 암면은 경도 6, 7 이상의 돌조각기로 얼마든지 대곡리 암각화의 조탁기법과 동일하게 조각할 수 있고, 주술사는 북방문화권의 암각화에서 동물 가죽을 뒤집어쓰고 의식을 행한다는 것은 상식이며, 울타리나 그물은 사냥방법 내지 사냥물의 보관 등이라는 것은 외국 학계에서는 정설로 굳어져 있다는 사실을 다시 한 번 상기할 필요가 있을 것이다[40].

이상에서 살펴보았듯이 대곡리 암각화는 모두쪼기한 자연주의 양식은 신석기를 전기, 중기, 후기, (말기) 등 3기로 나눈다면 신석기 전기인 B.C. 5,000년 전후 또는 그 이전으로 편년할 수 있을 것이고, 선쪼기한 동적인 표현주의적 자연주의 양식은 중기 전후, 쪼아갈기 기법은 후기 전후, 추상주의 양식은 그 이후(신석기 말기 내지 청동기 극초기 가능성의 예도 있음.)로 일단 잠정적으로 분류해 두고자 한다.[41]

따라서 최말기 암각화인 추상주의 양식의 암각화는 우리나라 역사의 시초인 고조선의 시작(B.C 2,333년)과도 연관될 가능성도 배제할 수 없을 것이다. 이 점은 스칸디나비아에서 러시아, 시베리아에 걸친 북방문화권의 분포와도 연결되면서 우리 민족과 우리 문화의 근간을 이루는 문화의 연결고리로써 깊이 성찰해 보아야 할 과제라 하지 않을 수 없다.

---

40) 문명대, 〈대곡리 암각화-考察〉, 《盤龜臺》(동국대, 1984) 등 참조.

41) 신석기시대 편년은 여러 가지 설이 있지만 제주 고산리나 양양 오산리 최초기 유적층을 기준하면 B.C. 10,000년으로 볼 가능성이 있으나 신석기기대의 시작은 현재로서는 대개 B.C. 6,000년으로 보는 것이 일반적이라 할 수 있을 것이다. 따라서 B.C. 6,000-3,500을 신석기 전기로 보는 견해가 우세하지만 현재는 B.C. 8,000-3,500년 전후를 신석기 전기로 볼 가능성도 제기되고 있다. (임효재 교수설)
① 임효재, 《한국 신석기 문화의 전개》(학연문화사, 2005)
② 김재윤, 〈환동해문화권의 전기 신석기시대 교차 편년 연구〉, 《동북아문화연구》34(동북아시아문화학회, 2013), pp. 507-527.
③ 고동순, 〈양양 오산리 유적 발굴조사 개요〉, 《韓國新石器研究》13(한국신석기연구회, 2007)

표. 신석기 · 청동기시대 동물상

	목	과	종	유적지명
신석기시대	토류목 Lagomorpha	토끼과 Leporidae	들토끼	웅기서포항
			멧토끼	농포
	설치목 rodentia	청서과 Sciuridae	청서	농포리
		쥐과 Muridae	짧은 꼬리집쥐	농포리
	식육목 Carnivora	족제비과 Mustelidae	족제비	서포항
			산달	서포항, 궁산, 농포
			오소리 · 수달	농포, 서포항
		개과 Canidae	승냥이 · 늑대	궁산, 서포항
			너구리	궁산, 서포항
			개	농포, 궁산, 서포항
		고양이과 Felidae	표범	궁산
			시라소니	서포항
			삵	서포항
			범	농포
	물개목	넝예과 Phocidae	잔점물늬넝에	서포항, 농포
		물개과 Otalidae	바다말	서포항
			바다사자	서포항
			물개	서포항, 농포
	우제목 Artiodactayla	돼지과 Suidae	멧돼지	서포항, 궁산, 농포
		사향노루과 Moschidae	사향노루	농포
		사슴과 Cervidae	복작노루	궁산
			노루	서포항, 농포, 궁산
			사슴	궁산, 서포항
			누렁이	서포항, 농포
		소과 Bovidae	산양, 물소	서포항, 궁산
	고래목	고래		농포, 동삼동
청동기시대	토류목	토끼과	들토끼	회녕 오동, 승호군 입석리, 미송리 호곡
	설치목	쥐과	등줄쥐	오동
		비단털쥐과	비단털쥐	의주 미송리
	식육목	족제비과	검은돈	호곡
			산달, 수달	호곡, 입석리, 오동, 덕천상층
		곰과	큰곰	초도, 덕천상층
			곰	오동, 초도, 호곡
		개과	승냥이	미송리, 서포항
			여우	오동, 초동, 덕천상층
			너구리	호곡, 오동, 미송리, 입석리, 덕천상층
			개	초도, 오동, 미송리, 호곡, 덕천상층
		고양이과	범	미송리, 호곡, 초도
			표범	미송리
			시라소니	미송리, 서포항
	우제목	돼지과	멧돼지	호곡, 초도, 미송리
			집돼지	호곡, 덕천상층, 미송리
		사향노루과	사향노루	호곡, 초도, 오동, 덕천상층
		사슴과	복작노루	미송리, 입석리, 덕천상층
			노루	오동, 호곡, 초도, 입석리, 미송리, 덕천
			사슴	초도, 입석, 미송, 호곡, 덕천
			누렁이	초도, 호곡, 오동, 미송리
		소과	산양	초도, 호곡, 서포항
			소	호곡, 초도, 오동, 입석리, 덕천
	기제목	말과	말	오동, 호곡

Ⅶ. 반구대 대곡리 암각화의 의의

　이렇게 발견된 대곡리 암각화는 우리의 역사 내지 미술사에서 어떤 의의를 지니고 있을까.

　첫째 대곡리 암각화는 우리나라 최초의 수렵어로 암각화 이른바 헌팅 아트 (Hunting Art)로 분류되는 선사미술의 최고 걸작이라는 의의를 가지고 있다. 즉 대곡리 암각화는 바다 물고기를 포획하고 육지 동물들을 사냥하는 장면과 수렵·어로의 대상물 그리고 수렵·어로의 풍요를 기원하고 의식 등을 묘사한 사냥미술로써 우리나라는 물론이고 세계에서도 유례가 드문 암각화라는 점이다.

　둘째 대곡리 암각화는 천전리 암각화와 함께 우리나라 선사미술인 암각화 연구의 단초를 열었고, 이를 계기로 전인미답의 미개척 분야인 우리나라 암각화 연구가 활발히 이루어졌을 뿐만 아니라 암각화 학회까지 결성되기에 이르렀다는 점이 높이 평가 된다.

　셋째 대곡리 암각화는 우리나라 신석기 문화의 정수이자 신석기문화의 성격을 확실히 파악할 수 있는 시각예술로써 당시의 미술은 물론 사회생활, 경제활동, 정치체계, 종교 신앙, 문화단계 등 한국 신석기시대의 모든 분야를 이해할 수 있는 척도로서 의미를 갖고 있는 것이다.

　넷째 이 대곡리 암각화가 조성되던 신석기시대 전반기에서 후반기 사이와 신석기 말기 또는 극초기 청동기에 새겨진 일부는 고조선(B.C. 2,333년 전후) 전반기와 그 이전시기라고 할 수 있다. 이른바 대곡리의 일부 암각화는 신석기시대에서 극초기 역사시대에 걸치는 과도기적 시대에 해당할 수도 있을 것이므로 우리나라 역사가 시작되는 여명기의 역사를 이해할 수 있는 가장 중요한 사서(史書)적인 성격을 갖고 있다는 점에 커다란 의의가 있을 것이다.

다섯째 대곡리 암각화는 스칸디나비아(덴마크, 노르웨이, 스웨덴) 반도에서부터 시베리아 아무르 강 일대 그리고 더 나아가 한반도에 이르기까지 이른바 유라시아 북쪽 스텝지대에 걸쳐 있는 북방문화권의 선사문화를 상징하는 암각화 계통이 분명하다고 할 수 있다.

이 북방문화권은 신석기시대의 빗살무늬토기 이른바 절목문 토기 또는 유문토기로도 불리는 토기들의 분포와 궤를 같이 하는 광범위한 문화권으로 중국 대륙문화나 실크로드 문화권과 차별되는 문화권이며, 우리나라의 선사시대는 이 북방권에 속했다고 알려져 있다. 따라서 이 암각화는 우리나라 선사문화가 북방문화권에 속한다는 사실을 잘 알려주는 매우 귀중한 의의를 가지고 있다.

여섯째 특히 선사미술의 기법과 양식을 잘 알려주는 대표적인 암각화라는 점이다. 선사미술 양식 가운데 1기의 자연주의 양식과 2기의 표현주의적 자연주의 양식 그리고 추상표현주의 양식이 한 암각화에 공존함으로써 우리 선사미술을 풍성하게 한다는데 또 하나의 중요한 의의가 있다고 할 수 있다.

제4장

천전리 암각화

도1. 천전리 암각화 전경(1971. 3)

도2. 천전리 암각화 근경(1971. 3)

도3. 천전리 암각화 ⅡⅢ부

도4. 천전리 암각화 Ⅲ, Ⅳ부

도5. 천전리 암각화 1부 긴연체동물, 사슴

도6. 천전리 암각화 마름모문

도7. 천전리 암각화 겹둥근 무늬

도8. 천전리 암각화 타원형문

도9. 천전리 암각화 타원형문과 물결문

도10. 천전리 암각화 인면상

도11. 천전리 암각화 기마행렬도

도12. 승천하는 용

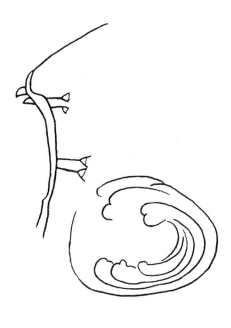

도13. 승천하는 용 실측도

도14. 천전리 암각화 주명문

도15. 천전리 암각화 제2암면

도16. 천전리 제2암면 능형문과 물결문

Ⅰ. 천전리 암각화의 도상 분포

천전리 암각화의 암면(巖面) 즉 바위면은 능선이 계곡의 큰 냇물을 만나 끝나는 지점에 놓여 있는 판판한 대형(大形)의 바위면이다. 주 암면은 높이 약 2.7m, 너비 약 9.5m의 평판적인 면인데 위에서 안으로 15° 가량 기울어져 있어 빗물이 직접적으로 떨어지지 않기 때문에 우화(雨化)와 풍화(風化)가 심하지 않아 보존이 비교적 좋은 편이다.[1]

이 거대한 암면의 전면에 걸쳐 도상들이 전체적으로 묘사되어 있다. 그러나 이들 도상은 모두 동일한 시기의 동일한 도상이 아니라 크게는 두 부분, 좀 더 세분하면, 세 부분으로 나누어져 있다.

즉 암면의 2/3 정도 되는 상단에 청동기시대 암각화가 새겨져 있고 하단(1/3) 부분에 신라시대 선각화가 분포되어 있는 것이다. 상단은 향 왼쪽[向左] 1/5부분에 한 쌍 위주의 동물상이 조각된 부분과 향 오른쪽(4/5)에 기하학적 문양이 새겨진 부분으로 나누어진다.[2]

그 아래 하단(1/3) 부분에는 신라시대의 명문과 선각들이 전면적으로 새겨져 있다. 이 부분의 그림들에는 고(古)신라 이전 삼한(진한) 시대부터의 그림들도 있다고 판단되지만, 그 주류는 신라시대 선각들이라 할 수 있을 것이다.

상단 향 왼쪽 암각화를 상단 Ⅰ부, 오른쪽 암각화를 상단 Ⅱ부라 부르기로 하면 쉽게 구분할 수 있을 것이다.

---

1) 문명대, 〈울산의 선사시대 암벽조각〉, 《문화재》7(문화재관리국, 1973)
2) 황수영·문명대, 《반구대－울주 암벽조각》(동국대학교 출판부, 1984.7)

1. 상단 Ⅰ부 청동기 초기 암각화[3]

상단 Ⅰ부(1-6번)에는 얕게 쪼기한 동물상들이 주로 분포되어 있다. 동물도 암수 한 쌍이 마주보거나 암수 한 쌍이 꼬리부분을 맞대고 있는 것이 특징이다. 가장 많은 예가 사슴 한 쌍이 얼굴을 마주보고 서 있는 상이다. 뚜렷이 구별되는 예는 3부분과 2부분 상단에 사슴 3쌍이지만 상단 암면 탈락이 심한 부분에 마멸되고 탈락되어 정확히 판별할 수 없는 예도 1쌍 이상 몇 예가 있는 것 같다. 또한 단독의 사슴도 4부분과 6부분 상단에 3마리 정도 보이고 있다. 이 사슴도 좀 더 새겨졌을 것으로 보이지만 마멸과 탈락이 심하여 잘 알 수 없다. 더 많은 도상을 도면으로 그린 보고도 있지만 조사자마다 차이 나고 또한 불확실하므로 여기서는 일단 제외하고 확실한 도상 위주로 논의하겠다.[4]

이외 사람 얼굴에 호랑이 몸인 인면호상(人面虎像)도 1마리(2부분 상단) 있고 긴 연체동물 한 쌍이 꼬리를 맞대고 있는 상(1부분)도 있다. 상부에도 연체동물 한 쌍처럼 보이는 예도 있고 사슴도 1마리 정도 있는 것처럼 보이지만 워낙 탈락되고 마멸되어 잘 알 수 없어서 여기서는 제외했다.

한 쌍의 사슴 오른쪽 6부분에 지느러미가 많은 물고기 두 마리가 새겨져 있다. 이 물고기는 상어일 가능성이 많다고 생각된다.[5]

하여튼 이 상단 Ⅰ부에는 얕게 쪼기한 동물상이 다수 보이고 있고 마멸된 동물상도 많지만 바위 상태가 풍화가 심하여 곰보처럼 점문이 전면적으로 나타나 있고, 암면이 위에서부터 탈락이 심하여 불확실한 면이 많이 있다.

그러나 이 부분에 표현된 동물상들은, 대곡리 암각화의 주류 동물상들과는

---

3) (신석기 최말기 내지 청동기 극초기, (실측도2 참조)
4) 다음 글을 참조할 수 있다.
①진흥국 · 안수연, 〈천전리 암각화 유적 조사 비교 자료〉, 《울주 천전리 암각화》(울산 암각화 박물관, 2020.12)
②한국선사미술연구소, 〈국보 제147호 천전리 각석 실측조사 보고서〉(울산광역시, 2003)
③전호태, 《울산 전천리 암각화》(울산대학교 반구대암각화 유적보존연구소, 2014)
④장명수, 〈전천리 각석 암각화의 정밀실사 조사〉, 《대곡천 암각화군 역사문화사 비교 연구》(문화재청, 2016)
5) 문명대, 〈분포〉, 《반구대─울주 암벽조각》(동국대학교 출판부, 1984.7)
이 책의 〈천전리 서석의 암벽 조각〉 편을 참조할 수 있다.

뚜렷이 차이나는, 쌍을 이루면서 정지된 상태의 동물상이어서 일부 학자들이 주장하는 신석기시대 암각화인 대곡리 암각화와는 시대가 다른 과도기적인 청동기 초기(신석기 최말) 암각화로 판단된다.[6]

6) 김은선, 〈천전리 암각화 동물상의 도상학적 의미와 양상〉, 《울산 반구대 천전리 암각화》 (사. 한국미술사연구소, 2010.12)

도17. 상단 Ⅰ부 실측도

2. 상단 Ⅱ부(5.7−30번) (실측도2 참조)

암면 상단(上段) 오른쪽 바위면의 약 4/5나 되는 대부분의 암면에 걸쳐 기하학 문양들이 새겨져 있다. 이 새김은 쪼기 또는 쪼아갈기 기법으로 새겨져 있다. 이 Ⅱ부에도 Ⅰ부의 동물상들이 전면적으로 분포하고 있다는 설도 있는데, 부분적으로는 맞을 가능성도 있지만 전면적으로는 불가능하다고 판단된다. 중복되었다면 중복 표시가 있기 마련이며, 아니면 기하학 무늬가 없는 빈 공간에도 동물상이 표현되어 있어야 하지만 그런 예는 거의 없기 때문이다.

기하학무늬는 동물상(사슴)이 많은 3부분에서부터 나타나고 있는데, 빈 공간에 왜 마름모를 새겼는지 잘 알 수 없다. 바로 옆 상단 Ⅱ부 5부분에는 주로 세로로 된 마름모무늬가 새겨져 있고 7에도 5의 연장으로 세로의 마름모가 좌우로 배치되어 있다. 이 사이에 도식적 물고기가 있다. 7, 8이 이어진 곳에도 마름모들이 보이고 있다.

9부분에도 마름모가 2줄로 배치되었고 왼쪽에 7, 9에 걸쳐 가로의 물결무늬가 있다. 11부분에는 마름모, 원, 세로의 물결무늬, 탈이 보이고 있다. 이 오른쪽인 13과 15, 17번 부분이 기하학 무늬가 가장 많고 가장 복잡하다. 마름모무늬가 주류이고 원, 타원, 물결, 가지무늬와 인물상들이 화려하게 배치되어 있다.[7]

13부분에는 상단에 가로로 된 마름모무늬 5개가 연이어 있어 인상적이며, 그 아래 인물입상, 빗금의 장대, 마름모, 그 아래 세로와 가로의 마름모, 세로 물결, 그 아래 11, 12, 14에 걸쳐 겹둥근 무늬와 마름모 등이 연속되어 있다. 13 오른쪽 15에는 타원형무늬가 연이어 있고, 그 아래 두 줄(二行)의 가로 물결무늬가 새겨져 있다. 17부분에는 상단에 가로 연속 마름모가 파손되어 있고 그 아래 날개 무늬, 탈, 가지무늬가 있고 17과 18에 걸쳐 인물과 동물(개 모양)이 새겨져 있는데, 개 모양 동물은 인물을 따라가는 형상이다. 11의 상단에는 가로물결무늬 마름모, 물결, 겹둥근 무늬들이 성글게 새겨져 있다.[8]

---

7) 문명대, 〈분포〉, 《반구대−울주 암벽조각》(동국대학교 출판부, 1984.7)
8) 강삼혜, 〈천전리 암각화의 기하학적 문양과 선사미술〉, 《울산 반구대 천전리 암각화》

21부분은 19부분과 함께 마멸이 무척 심하여 성글게 남아있다. 마름모, 깃, 가지와 마름모나 원이 복잡하게 연속된 무늬와 23부분에 걸쳐 동심원문이 있다. 23부분에도 마멸이 심하여 마름모, 지팡이 또는 열쇠형 빗금무늬, 가로 연속 마름모(25까지 연결), 그 아래 가로 마름모 연속 등이 성글게 보이고 있다. 25부분에도 연속 마름모, 겹둥근 무늬 등이 성글게 새겨져 있는데 이곳 또한 마멸이 심하다. 27부분에도 지렁이형 무늬 23, 25, 26, 27이 겹치는 부분에는 ≠무늬가 있으나 소략한 편이다. 29부분에는 타원형, 화살형무늬와 연속원문이 간략하게 새겨져 있고, 그 아래 30부분 상단에 가로 물결무늬가 보이고 있다.

이상에서 보이다시피 첫째, 상단 Ⅱ부에는 최상단부분이 13외에는 거의 마멸되어 도상을 잘 알 수 없다. 아마도 이 최상단부분이 복원된다면 이 도상의 성격이 현재보다 좀 더 이해될 수 있을 것으로 판단된다.

둘째, 또한 상단 Ⅰ부의 동물상들이 상단 Ⅱ부에도 선변적으로 새겨져있다고 보는 조사자도 있지만 현재로서는 판별할 수 없다고 생각된다. 점무늬들이 널리 분포되고, 이 점문이 형상을 이룬 듯 볼 수도 있지만, 대부분 풍화된 점문이어서 매우 조심스럽게 판별해야 할 것이다. 수년에 걸쳐 계속 실측조사를 했으나 당시의 안목으로는 도상 판별이 거의 어렵다고 생각되었다.

셋째, 상단 Ⅱ부의 주 문양은 세로 마름모문이고 원(2-3겹)과 타원형(2-3겹), 물결문이 차례로 새겨져 있어 어떤 의미를 분명히 전해주고 있다고 판단된다.[9]

(사. 한국미술사연구소, 2010.12)

9) 점문의 동물상이 전면에 걸쳐 있다고 말하고 있는 경우도 있다.(전호태, 〈울주 천전리 각석 암각화의 내용 및 의미〉, 《대곡천 암각화군》(국립문화재연구소, 2019.12)) 그러나 점 무늬는 거의 대부분 풍화작용에 따라 생긴 자연 무늬이므로 인공적인 물상도형과는 아무런 관계가 없다. 점무늬도상의 유무는 앞으로 좀더 면밀한 조사연구가 진행되어야 할 것이다.

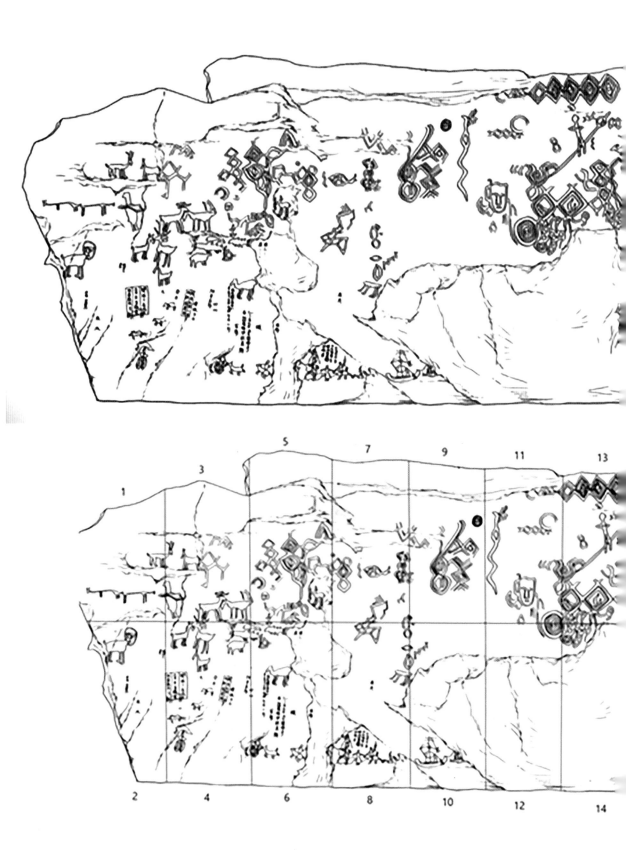

도18. 천전리 암각화 분포도와 번호

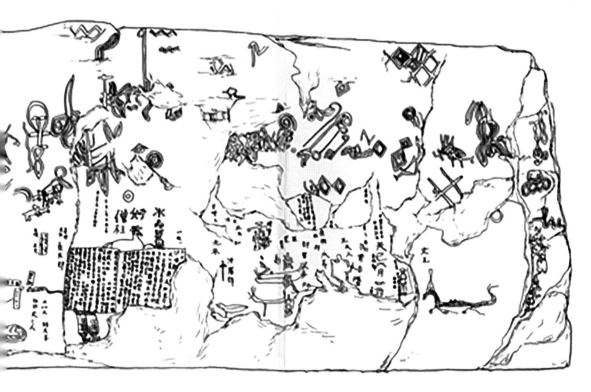

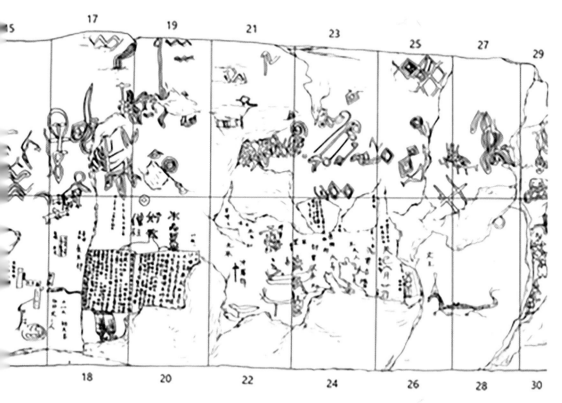

3. 하단(下段) Ⅲ부 (실측도2 참조)

하단 Ⅲ부에는 주로 신라시대의 선각과 명문이 새겨져 있는데, 이 윗부분에는 청동기 암각화가 상단에서 연장되어 새겨져 있다.

암면의 향 왼쪽 2부분에는 流水 등 명문이 2점 있고 그 옆 4부분에는 아랫부분에서 10부분까지 연결되는 긴 행렬도의 선두 인물상이 그려져 있다. 통바지를 입은 이 선두 인물상을 뒤 따르던 2, 3명의 인물은 마멸되어 보이지 않는다. 4부분 중간에는 제 방 안에 개성삼년(開城三年)명과 영랑(永郞)명이 나란히 새겨져 있다. 6부분의 아랫부분에 4의 선두행렬도의 4번 정도의 인물상이 말을 끌고가고 뒤이어 기마인물이 따르고 있다. 이 위에 을삼년(乙三年)명과 병술(丙戌)명이 새겨져 있는데 병술명 옆에는 청동기 초기의 사슴 그림이 있다. 이 명문이 아래 행렬도와 연관 있다고 보는 견해도 있지만 이들과 관련 없는 하나의 긴 행렬도로 판단된다.

8부분에는 이어지는 행렬도가 계속되는데, 일산을 쓴 기마인물이 가고 있어서 이 행렬도의 주인공으로 생각된다. 일산을 쓴 것으로 보아 왕이나 왕족이 거의 확실한 것 같다. 이로 보면 왕이나 왕에 준하는 인물의 행렬도로 보인다. 뒤에는 춤추는 무용수가 따르고 있고 바로 뒤에도 기마인물상이 따르고 있는데 잇달아 역시 기마인물상이 작게 묘사되고 있다. 일산 쓴 기마인물상은 기마인물 또는 인물상만으로 표현한 경우도 있는데 이 그림은 오랫동안, 여러 차례, 여러 사람의 고증을 거쳐 확인한 것임을 밝혀둔다.

이 뒤는 깨어져 행렬도는 보이지 않아 확인할 수 없다. 이에 이어 10부분에는 큰 배 한 척과 작은 배 한 척이 새겨져 있다. 앞의 행렬도는 배에서 내려 천전리 암각화를 향해 가고 있는 인물상들이라고 할 수 있을 것이다. 작은 배 뒤는 깨어져 12, 14, 16부분 중간까지는 도상이 전혀 없다.

16부분의 오른쪽에는 소용돌이 못에서 승천하는 듯한 용이 새겨져 있고 그 위에는 건통법사(建通法事), 임원랑(林元郞)명이 있다. 이어 18부분에는 추명(追銘), 20부분에는 주 명문이 새겨져 있다. 추명 옆에는 정광랑(貞光郞), 혜훈(惠訓), 근순사견(近順思見), 신해년(辛亥年)명 등이 연이어 있다.

추명문(追銘文) 아래쪽에는 바지를 입은 인물상 하체가 새겨져 있는데, 상체는 추

도19. 하단 행렬도1 부분

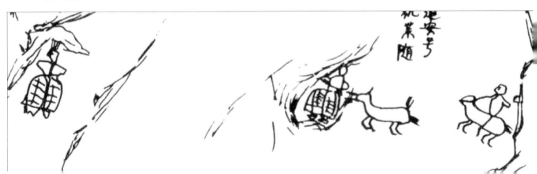

명을 새기면서 깎아내고 말았다. 상당히 큼직한 인물상인데 적어도 고신라 초기나 삼
한시대 인물상으로 추정되므로 큰 손실이 아닐 수 없다.

주명문(主銘文) 위에는 화랑이자 고관귀족들인 水品, 好世, 僧枉 명과 임오(壬午)
명들이 보인다. 22부분에는 아랫부분에 새 4, 5마리가 새겨져 있고 22와 24 경계선
새 그림을 깎으면서도 위에 法民郎 즉 태자시절의 문무왕 이름을 굵은 선각으로 새
겨 놓았다. 이런 굵은 글씨는 22부분에 노현(露玄)을 새기고 있어서 법민랑과 연관있
는 것 같다. 이 22부분에는 충양랑(沖陽郎), 광잠(光岑), 궁순(宮順) 등의 명문도 보
인다. 24부분에는 배중대등(輩衆大等), 왕부인(王夫人), 산랑(山郎), 부서인(部書人)
등의 인명도 있다. 이 부분에는 알 수 없는 세선각들이 무수히 있지만, 여기서는 알
수 있고 의미 있는 선각들만 대상으로 삼았음을 밝혀둔다.

24부분의 법민랑 위쪽에는 을묘년 팔월사 성법흥대왕절(乙卯年八月四聖法興大王
節)명이 새겨져 있어서 법흥대왕이 성왕으로 존칭되었고 기리는 날도 있다는 것을 알
수 있는 중요한 명문이 있다. 26부분에는 계사육월이십이일(癸巳六月二十二日)명과
사탁일분(沙啄壹奮)명 갑인대왕사(甲寅大王寺) 안장허작(安藏許作)명 등이 새겨져
있고 중앙에 마치 미니스커트를 입은 듯한 바지 입은 인물상이 새겨져 있는데 옆에는
「개원십이년갑자사월십일일」 성림랑(聖林郎)이라는 명이 있어서 이 인물은 성림랑으로
보인다.

26과 28부분에 걸쳐 거대한 용 한 마리가 날으듯이 가고 있는 모양을 새기고 있
다. 곧추선 목, 발, 긴 몸체 등에서 고구려 고분벽화 청룡, 백호상과 상당히 유사하며
용머리 위에는 문왕랑(文王郎)명이 새겨져 있다.

30부분에는 암면 위 방향으로 가고 있는 행렬도가 새겨져 있다. 제일 앞에는 기마
인물상인데 측면관이며 그 뒤 인물상도 말없이 걸어가고 있는 모습으로 전체적으로
뒷모습이지만 얼굴은 살짝 측면관을 나타내고 있다. 이 뒤를 동일한 모습의 두 사람
이 따르고 있어서, 현재 총 4명의 인물상이 보이고 있는데, 이 사이에 다른 인물이 있
을 수 있게끔 선들이 더 보이고 있다.[10]

---

10) 하단 오른쪽에는 글씨와 그림들이 중첩되어 있어서 구별되지 않는 그림과 글씨들이 상당수
    있다. 필자는 불확실한 것은 될 수 있는 한 여기서는 다루지 않는 원칙을 세워 논의하고자 하
    기 때문에, 일부 조사자들의 견해는 제외하고자 한다.

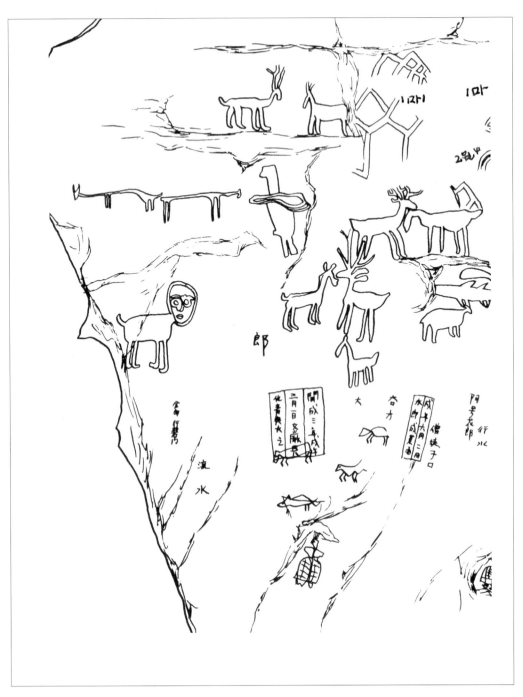

도20. Ⅰ부 실측도

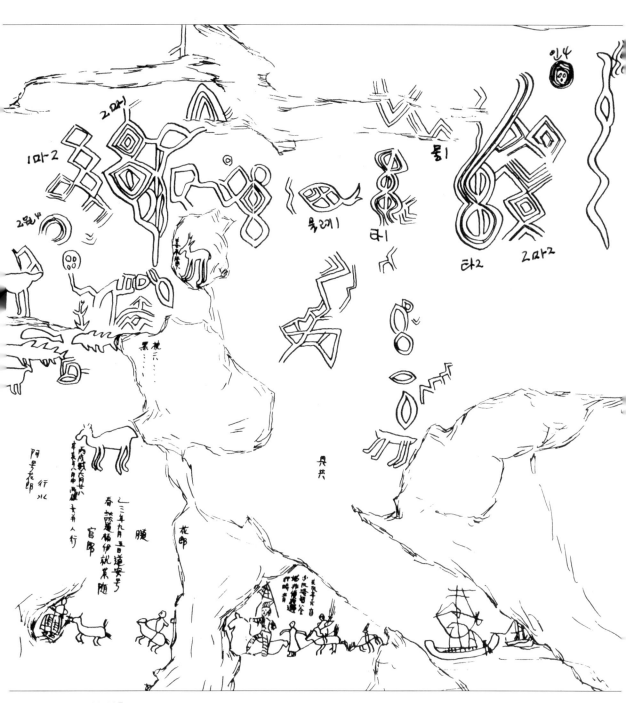

도21. II부 실측도

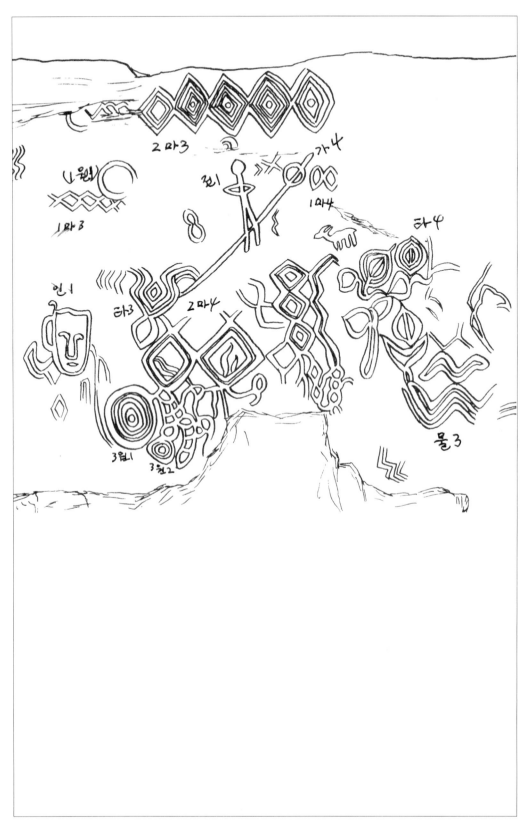

도22. Ⅲ부 실측도

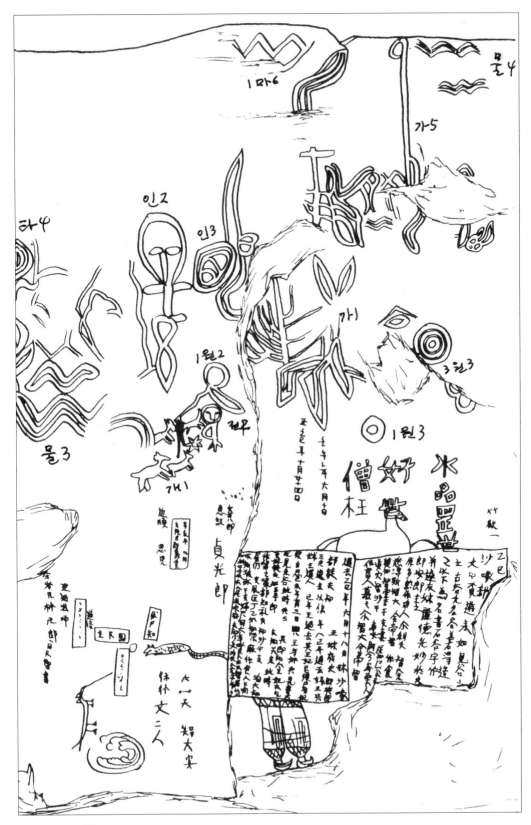

도23. Ⅳ부 실측도

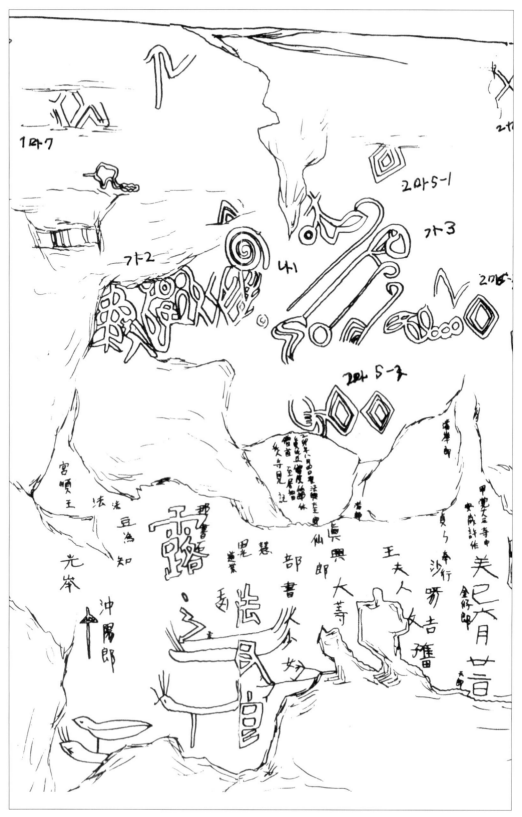

도24. V부 실측도

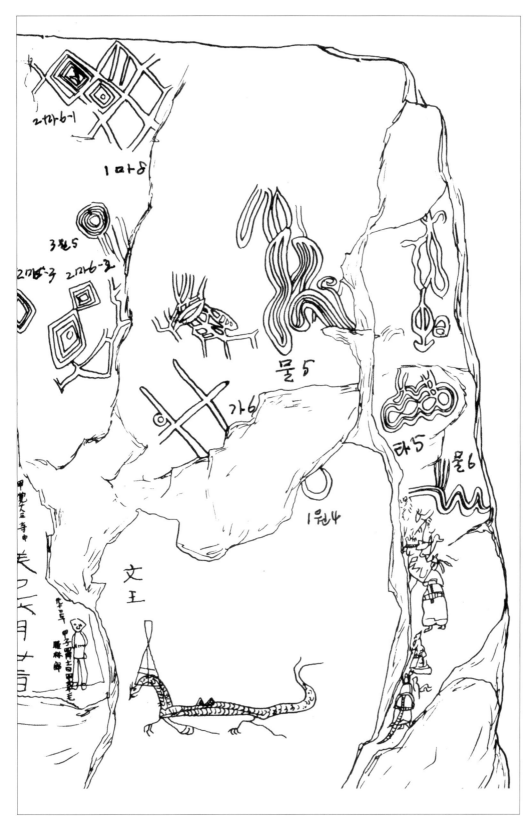

도25. Ⅵ부 실측도

도26. 천전리 암각화 근경 탁본

도27. 천전리 암각화 Ⅰ부 탁본 인물, 동물상

도28. 천전리 암각화 Ⅱ부 탁본

도29. 천전리 암각화 Ⅲ부 탁본

도30. 천전리 암각화 Ⅳ부 탁본

도31. 천전리 암각화 Ⅲ-2부 탁본

(중심부 음문과 파도문)

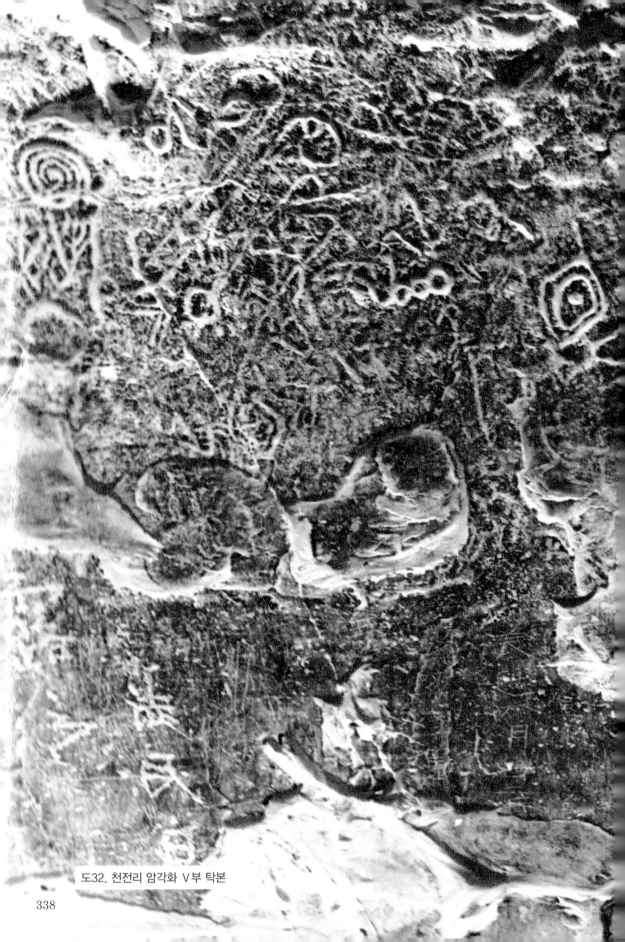

도32. 천전리 암각화 Ⅴ부 탁본

도33. 천전리 암각화 Ⅵ부

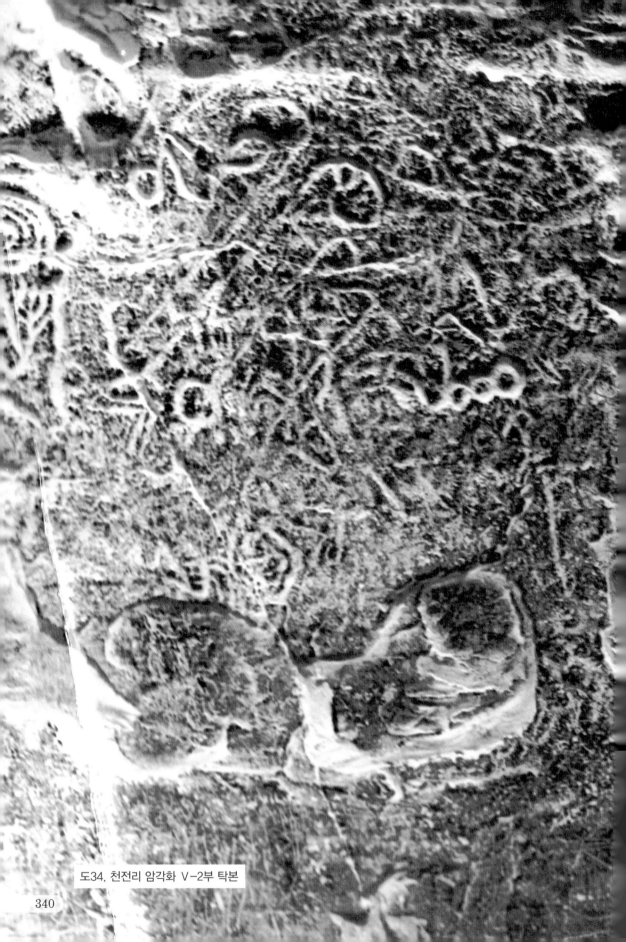

도34. 천전리 암각화 Ⅴ-2부 탁본

도35. 천전리 암각화 Ⅵ-1부

도36. 천전리 암각화 Ⅰ부, 청동기 극초기

도37. 인물상

도38. 사슴2, 3

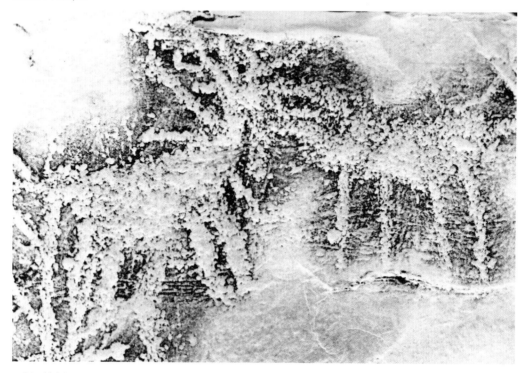

도39. 사슴2

도40. 사슴3

도41. 인면동수상과 긴 연체동물

도42. 인면동수상과 긴 연체동물

도43. 인면동수상(호랑이)

도44. 천전리 암각화 Ⅰ부 상단

Ⅱ. 천전리 암각화의 조성 기법

천전리 암각화의 기법은 대곡리 암각화의 기법과 유사한 점도 있고 다른 점도 있어서 구별할 필요성이 분명히 있다. 우선 기법 종류부터 표로 살펴보자.

	형식	세부형식	특징	시대
1	제1형식	1-1형	모두쪼기	청동기 극초기
	모두쪼기와 선쪼기	1-2형	모두쪼기와 윤곽선, 부분 선쪼기	청동기 초기
	혼합기법	1-3형	1-2형의 도식화	청동기 말기, 과도기
2	제2형식	2-1형	선쪼기	청동기 중기
	선쪼기와 선쪼아갈기 기법	2-2형	선쪼아갈기(Peeking Style)	청동기 중후기
3	제3형식	3-1형	세선 긋기 기법	신라
	선각기법	3-2형	태선 긋기 기법	신라

제1형식은 암각화 왼쪽 부분 1-6부분에 걸쳐있는 동물 조각기법이다. 1-1형식은 모두쪼기 기법인데 사슴들의 기법이 대표적이다. 머리, 뿔, 몸체, 다리 등이 모두 얕고 작은 입자로 타흔하고 있는데, 대곡리 모두쪼기와는 확연히 구별된다. 신석기 최말기 또는 청동기 극초기로 판단된다. 1-2형은 몸체의 모두쪼기와 전체 윤곽선 쪼기와 다리나 얼굴 등 부분 선쪼기가 병행된 기법이다. 연체동물, 사슴5·6, 인면수상 등이 이 기법에 속한다고 할 수 있다. 1-3형은 선쪼기, 모두쪼기의 혼합형이지만 도식적인 특징이 지배적이어서 청동기 말기로 분류할 수 있으므로 청동기 초기 내지 과도기 기법과는 다르다고 할 수 있다.

제2형식은 청동기 중후반기에 새겨진 대부분의 문양들이 제2형식의 기법으로 조성된다. 2-1의 선쪼기 기법은 선으로 쪼은 후 갈기를 하지 않는 기법으로 겹마름모11, 얼굴2 등 상당수의 문양이 이에 속한다. 쪼아갈기 기법보다 선행하는 경우가 대부분이고 일부는 쪼아갈기와 병행하는 경우도 있다고 판단된다.

2-2형은 쪼아서 간 기법으로 선이 굵고 깊고 힘차서 무척 역동적이다. 겹원문5, 마름모12, 타원형문4 등 중요 문양들은 이 기법을 쓰고 있다. 가장 발달되고 가장 원숙한 기법으로 볼 수 있다.

제3형식은 신라시대 선각화나 명문에 모두 쓰인 신라기법이다. 예리한 조각기로 선을 세밀하고 예리하게 그어 행렬도의 인물 등을 그리거나 명문을 새기는 기법이다. 3-1형은 날카롭고 예리한 조각으로 세선을 그어 인물이나 동물 그리고 명문을 새기는 세선 긋기 기법이다. 3-2형은 좀 더 굵은 조각기를 좀 더 깊고 굵게 새기는 태선(太線) 긋기 기법을 말하고 있다. "好世""法民郎" 18부분의 인물상 하체 등이 이 기법이다.

도45. 천전리 Ⅰ부 실측도

Ⅲ. 천전리 암각화의 도상 특징

천전리 암각화의 도상은 크게 두 시기로 나누어진다. 첫째, 청동기시대와 둘째, 신라시대이다.

첫째, 청동기시대는 청동기 초기(신석기 최말기 내지 청동기 극초기인 과도기) 둘째, 청동기 중·후기로 다시 나눌 수 있다. 이렇게 되면 모두 세 시기로 나누어 볼 수 있다. 여기서는 편의상 세 시기로 나누어 설명하고자 한다.

필자는 보고서를 출간한 지 15년 동안 몇 편의 간단한 논고 외에는 반구대 암각화에 대한 연구는 중단하게 되었다. 많은 학자들의 다양한 견해가 활발히 개진되기를 기대한 면도 있고 전공분야인 불교미술의 발굴, 조사, 연구 등 시급한 면도 있었기 때문이다.

발견 40주년이 되면서 반구대 암각화 연구는 장족의 발전이 이루어졌으나 주 분야인 선사미술적 관점에서는 연구가 미진하다고 판단되어 40주년 기념 학술대회를 기획하여 2010년, 2011년 2년간 실시하여 상당한 성과를 거둘 수 있었다. 신진기예한 미술사학자들과 참신한 연구가 주효했다고 자부한다. 이 업적을 폭 넓게 수용하여 반영하고자 한다.[11]

1. 청동기시대 초기 동물·인물 암각화(상단 Ⅰ부)

1) 분포

이 시기의 암각화는 상단 Ⅰ부인 암면 왼쪽에 몰려있다. 전면에 걸쳐 새겨져 있다고 보는 견해도 있지만, 현재로서는 확인할 수 없고 비슷한 한두 예가 있는 것으로 보기도 하지만, 상단부가 워낙 마멸이 심화돼 마멸된 기하학 무늬인지 구별이 애매하는 등 현재로서는 안정적으로 확인할 단계는 아직 이르다고 판단된다.[12]

---

11) 문명대 외, 《울산 반구대 천전리 암각화》(사. 한국미술사연구소, 2010.12) 참조.

12) 전호태, 〈울주 천전리 각석 암각화의 내용 및 의미〉, 《대곡천 암각화군》上(문화재청, 2018.12) 참조.

만약 전면적으로 새겼다면 9, 10, 12, 15, 16부분 등 빈 공간에 청동기 초기의 암각화가 새겨져 있어야 하지만 현재로서는 보이지 않기 때문이다.

어쨌든 왜 향 왼쪽 암면(1-6부분)에 몰려있는지 명쾌한 해답은 내릴 수 없지만 왼쪽부터 암각화를 새기기 시작했으나 암각화 조성 주체 세력이 교체되면서 중단되었을 가능성을 우선 생각해볼 수 있을 것이다. 이 점은 대곡리 암각화가 고래·호랑이·사슴이 Ⅰ·Ⅱ·Ⅲ부에 각각 집중적으로 새겨져 있는 것과 동일한 원리일 가능성도 높은 편이다.

여기서는 이 시기의 암각화인 동물상 내지 인물상의 성격과 도상의 특징을 살펴보고자 한다. 이 상들은 쌍을 이루면서 정지된 형상의 사슴이 위주이고 연체동물 1쌍, 상어 1쌍, 인면수신, 팔을 벌린 인물상, 사슴, 고래 등이 새겨져 있다. 이 밖에 상단에 연체동물 한 쌍과 어미와 새끼가 마주보고 있는 한 쌍 등이 일부 조사자에 의해 제시되고 있지만, 워낙 마멸되고 손상되어 일부만 필자는 확인했으나 전모는 명쾌히 제시하지 못하고 있어, 여기서는 유보할 수 밖에 없다. 5부분에도 청동기 초기의 상들이 더 있었다고 생각되지만 기하학 문양이 이를 훼손했을 가능성은 있다.

도46. 서산 마애삼존불입상 얼굴 부분 점각

도47. 방어산 약사마애삼존불입상 얼굴부분 점각

2) 기법

청동기 초기의 암각기법은 모두 얕고 입자가 작게 쪼은 쪼기기법을 사용하고 있다. 극히 작은 점각(點刻) 같은 구멍은 조각 타흔이 아니라 쪼기한 부분에 생기는 풍화 구멍으로 판단된다. 조각 타흔과 구별하지 않으면 도상 형태가 잘못될 가능성이 농후하므로 극히 주의해야 할 것이다. 후대의 마애불 가령 대표적으로 서산마애삼존불 얼굴(도46), 방어산 약사마애삼존불 얼굴(도47) 등 특히 얼굴부분에는 천전리 암각화 점각같은 무수한 점각이 보이고 있어서 인공적인 구멍은 결코 아니라고 해야 할 것이다. 조각기로는 이런 점각을 만든다는 것은 거의 불가능하기 때문이다.

3) 양식

이 극초기 청동기시대의 도상[사슴, 연체동물 등]은 앞 시기인 신석기 말기의 자연주의적 추상표현주의에서 진전된 추상표현주의적 양식에 가깝다고 할 수 있다. 사슴의 특징 가령 거대한 뿔, 긴 목, 타원형적 몸체, 긴 다리 등 사슴의 특징을 최대한 강조하고 사슴의 사실적 특징을 생략할대로 생략한 추상표현주의에 가까운 양식이 쓰이고 있기 때문이다. 이것은 긴 연체동물이나 지느러미가 강조된 상에 이르면 더욱 절정에 이르게 된다.

4) 도상 종류와 해석
(1) 사슴상
○성격

사슴은 동종(同種)으로 생각되는 암수가 마주보고 있는 세 쌍[三雙]의 사슴이 3부분과 2부분 상단에 몰려있다. 그 밖에 2부분과 6부분에 사슴인지 다른 동물인지 불분명한 동물 3마리가 새겨져 있으나 모두 1마리씩이어서 한 쌍씩의 사슴과는 구별되고 있다. 모두 뿔이 크고 가지가 많고 엉덩이가 각지고 해서 대륙사슴일 가능성이 농후하다.

숫사슴은 뿔이 크고 머리가 길며 체구는 날씬하고 다리가 긴 편의 사슴형태인데 암사슴도 유사한 형태이다. 위에서부터 떨어져 마주 바라보고 있는 한 쌍(사1), 수놈의 머리가 암놈의 머리 위에 걸치고 있는 한 쌍(사2), 암수가 애무하듯 맞대고 있는 한 쌍(사3) 등 3쌍의 사슴들은 모두 개성있게 표현하였지만 형태나 기법, 양식 등이 동일하여 한 사람의 장인이 동시에 새긴 동일작품으로 판단된다.[13]

첫째, 3쌍 모두 정중동(靜中動)의 정지된 형태의 특징을 나타내고 있는 점이 주목된다. 이런 정적인 형태는 신석기시대의 대곡리 암각화 사슴들의 역동적인 형태와는 완연히 차이나고 있어서 신석기시대 사슴의 특징으로는 볼 수 없으며, 신석기 최말기나 청동기 극 초기(조기)의 과도기적 양식으로 볼 수 있을 것이다.

둘째, 기법은 쪼기로 새겼는데 타흔이 얕고 작아 대곡리 암각화의 타흔과는 다른 기법이라 할 수 있다. 마치 금속 조각기로 쪼은 듯 정교하게 보이는 것도 있어서 주목되는데, 이것은 자연풍화·점이지 인공기법은 아니다.

셋째, 마주보고 애무하거나 지긋이 바라보고 있는 독특한 자세는 대곡리 사슴들과는 판이한 성격을 보여주고 있다. 이런 상은 자손 증식과 풍요를 나타내는 특징적 성격이어서, 대곡리 암각화의 풍요는 풍요이되 먹이(식량) 획득 사냥미술의 성격과는 뚜렷이 구별된다고 할 수 있다.

○종류와 특징

① 사슴 한 쌍1

3부분 중단에 새겨진 암수 한 쌍이다. 이 한쌍은 뿔이 있는 숫사슴이 왼쪽, 뿔이 없는 암사슴이 오른쪽에 서서 서로 마주 바라보고 있는데, 한 발 떨어져 있

도48. 사슴 한 쌍1

13) 다음 글을 참조할 수 있다.
　① 문명대, 〈천전리 암벽조각 분포, 동물상〉, 《반구대-울주 암벽조각》(동국대학교 출판부, 1984.7)
　② 김은선, 〈천전리 암각화 동물상의 도상학적 의미와 양상〉, 《강좌미술사》36((사)한국미술사연구소·한국불교미술사학회, 2011.6)

어서 다른 두 쌍과 구별되고 있다. 숫사슴은 뿔의 가지가 크고 몸체가 비교적 날씬하게 보인다. 암사슴은 귀가 길고 몸체가 숫사슴보다 뚱뚱한 편이다.

정지된 형태이지만 암수가 마주 보면서 애틋한 정을 주고 받는 자세에서 정중동의 감성을 느낄 수 있어서 극 초기 청동기인들의 미양식[美感]을 잘 알 수 있다.

② 사슴 한 쌍2

3부분 하단 오른쪽에 사슴 한 쌍이 마주 보고 있다. 뿔이 크고 가지가 많은 숫사슴이 왼쪽에 우뚝 서있고, 뿔이 없는 오른쪽의 암사슴은 머리를 숫사슴의 턱 아래로 넣어 서로 애무하는 자세를 나타내고 있다. 이런 적극적인 암수의 감정표현은 정적인 형태를 정중동의 형태로 승

도49. 사슴 한 쌍2

화시켜주고 있다. 숫사슴은 다리가 길고 몸체가 늘씬한 편이며, 암사슴은 배가 볼록하고 다리도 역시 긴 편이다.

③ 사슴 한 쌍3

4부분 상단에 두 마리의 사슴 한 쌍이 마주보고 있다. 사슴2의 아래쪽에 있는 이 사슴 한 쌍은 숫사슴이 오른쪽, 암사슴이 왼쪽에 서 있는데 숫사슴의 주둥이로 암사슴의 얼굴을 애무하고 있는 자세이다. 숫사슴의 두 가닥의 뿔이 너무 거대하며, 몸체는 통통하면서도 날씬한 꼬리와 엉덩이 때문에 날렵하게 보이고 있으며, 암사슴은 목이 유난히 길고 날씬한 편이다.

이 한 쌍의 암수사슴들은 이 시기 사슴을 대표하는 정중동의 뛰어난 걸작으로 평가할 만 하다.

도50. 사슴 한 쌍3

④ 사슴4

4부분의 상단; 사-3의 숫사슴 발 아래 있는 사슴으로 한 마리의 사슴만 표현되고 있다. 쌍을 이룬 사슴보다는 작은 체구인데 둥근 체구 등은 암사슴을 닮고 있다. 향은 향좌(向左)이다.

동체 길이와 높이[胴體長高] 13:12㎝.

도51. 사슴4

⑤ 사슴5

3부분의 상단인 사-4의 숫사슴 꼬리에서 약간 떨어져 있는데 머리나 몸 등은 다른 사슴들보다는 통통하여 산양(염소)으로도 생각되지만, 여기서는 일단 뿔 없는 암사슴으로 분류해 두었다. 향은 향우(向右). 얕게 쪼고 모두떼기 하였다.

동체 길이와 높이[胴體長高] 12:12㎝.

도52. 사슴5

⑥ 사슴6

6부분 상단에 새겨진 동물이다. 발이 뒤로 젖혀진 긴다리, 긴 주둥이와 짧은 몸, 뭉툭한 꼬리 등 형상으로 판단하건데 암사슴으로 보는 것이 옳지 않을까 한다.(6 上段)

동체 길이와 높이[胴體長高] 19:13.5㎝

도53. 사슴6

⑦ 사슴7

5부분의 중단, 깨어진 부분에 새겨져 있다. 사슴4나 7과 유사하지만 깨어진 부분에 새겨져 있고 선각이어서 후보인지 잘 알 수 없다. 일단 사슴으로 분류해둔다.

길이 : 높이=12.5 : 14㎝

도54. 사슴7

⑧ 사슴8

머리가 없고 몸이 가늘고 다리가 긴 형상의 동물은 일단 사슴으로 볼 수 있다. 선각이어서 시기는 늦다고 판단된다.

도55. 사슴8

(2) 연체동물 한 쌍

도56. 연체동물 한 쌍 탁본

1부분에 몸체가 유난히 가늘고 긴 동물 두 마리가 꼬리부분을 맞대고 좌우 일직선으로 배치되어 있다. 긴 머리에는 두 귀가 달렸고 몸체는 휘어지면서 하나의 단선으로 길게 새겼는데 엉덩이 부분이 두터워졌고 왼쪽 상은 꼬리가 위로 뻗친 형태여서 교미하는 상으로 추정되며 왼쪽 상이 암놈, 오른쪽 상이 수놈으로 추정된다.

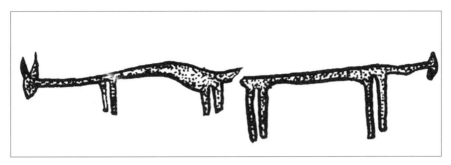

도57. 연체동물 한 쌍 실측도

이 상(像)의 기법은 사슴의 기법처럼 얕고 작게 쪼은 타흔이 있는 쪼기 기법인데 전체적으로 점각처럼 보이는 일정한 구멍들이 보인다. 이 점각형은 점각 타흔이 아니고 주로 쪼기한 부분에 나타나는 풍화구멍으로 보아야 할 것이다. 이 점각을 잘못 이해하면 예리한 금속기로 점각한 것으로 오해하여 이 유사 점각을 조각으로 보고 잘못 상을 추정하는 경우가 많은 것 같다. 앞에서 말했다시피 이 유사점각은 마애불상(서산마애삼존상, 방어산 마애불 등)에도 많이 나타나는 현상인데 서산마애불상의 유사점각이 가장 대표적인 예라 할 수 있다.

이 연체동물 바로 위 상단에도 긴 연체동물 또는 동물상 흔적이 있으나 손상이 너무 심해서 어떤 상인지 단정할 수 없어서 여기서는 유보한다.

이 연체동물은 명칭이 무엇인지 명확히 밝힐 수 없고 조성시기는 사슴과 비슷하지만, 교미하는 장면으로 판단하면 개과에 속하는 동물로 판단되지만 동시작은 아니라고 생각되며 아마도 약간의 시차를 두고 새긴 것으로 판단된다. 이런 양식은 추상표현주의 양식에 가까운 것으로 보아야 할 것이다.

(3) 상어 한 쌍

6부분 상단에 상어로 추정되는 어류가 새겨져 있다. 몸이 통통하고 지느러미가 좌우 3개씩 있어서 상어종류로 생각된다. 상어(1) 위에는 상어보다 작은 어류가 보이는데 형태는 고래처럼 묘사되었으나 정확한 명칭은 알 수 없다. 상어(1) 뒤에 상어(2)가 뒤따르고 있어서 이 상들도 유영하는 1쌍의 상어를 묘사했을 가능성도 있다.

청동기 초기에는 고래를 새기지 않고 상어를 쌍으로 새기고 있는 것은 울산만의 어로에는 고래의 비중이 현격히 줄어지고 상어의 비중이 높아졌다는 사실을 알려주는 암각화일 가능성이 있다고 생각된다. 다른 형태는 과감히 생략하고 지느러미(꼬리 포함)만 유난히 강조한 이 상어는 추상표현주의에 가까운 양식적 특징이라 할 수 있다.

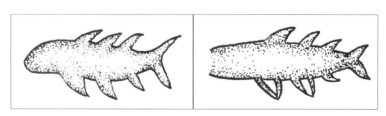

도58. 상어(1, 2)

(4) 고래

상어(1) 위에 고래 모양의 작은 물고기가 보이고 있다. 고래의 비중이 낮아진 시대의 고래로 보아 좋을 것이다.

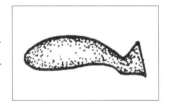

도59. 고래1

(5) 인물상

연체동물 오른쪽이자 사슴 한 쌍(3) 위인 3부분에는 목이 유난히 길고 몸체가 뚱뚱한데다가 팔을 벌리고 꼬리를 표현하고 서 있는 듯한 인물이 새겨져 있다. 배의 상태 등을 감안하면 임산부일 가능성이 농후한 것 같다. 만약 임산부라면 자손 번창을 바라던 청동기 초기인들의 염원이 서린 인물상으로 볼 수도 있다. 이른바 한 쌍의 동물상의 연장선에서 해석할 수 있는 추상표현주의적 인물상이라 할 수 있다. 왼팔에 활을 든 사냥꾼으로 보기도 하지만 풍요를 상징하는 정지된 상들과 맞지 않아 풍요상으로 보는 것이 더 합리적이지 않을까.

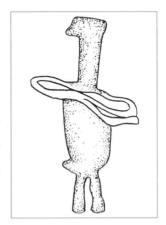

도60. 인물상

(5) 인면수상(人面獸像)

연체동물 아래쪽 2의 상단에 얼굴은 사람, 몸체는 동물 몸체인 이른바 인면수상이 새겨져 있다. 사슴과 동일하게 쪼기 기법으로 새긴 이 상은 만약 인면수상이 확실하다면 청동기시대에 나타나던 현상이 이 천전리 암각화에도 그대로 재현되고 있어서 흥미진진하다고 할 수 있다. 두뇌는 지혜로운 사람이나 몸체는 괴력 즉 강력한 힘을 가진 동물 몸체의 인면수상은 청동기인들의 원망의 대상이었다고 알려져 있다. 이 상이 인면수상이 확실하다면 매우 귀중한 청동기 초기의 도상으로 높이 평가되어야 할 것이다.

일부 조사자가 이 인면은 후대에 새긴 것이고 원 얼굴은 인면 오른쪽에 있는 타흔이라고 말하고 있다.[14] 그러나 이 타흔은 얼굴이라기보다 그 옆에 있는 물상의 일부나 다른 타흔일 가능성이 있다고 생각된다. 후대에 얼굴(人面) 즉 탈을 새로 새겨 동물의 목에 꼭 맞게 맞추었다고 자유롭게 생각하는 발상도 할 수 있다는 점에서 사람의 상상력은 무궁무진하다는 사실에 새삼 놀라게 된다. 그러나 얼굴 옆 타흔의 형태는 도저히 동물 머리가 될 수 없고 만약 얼굴이라면 통통한 몸체 긴 다리의 분명한 형태와 견주어 너무 비현실적이고 목이 너무 길게 되어 몸체보다 긴 기형이 되므로 머리로는 도저히 볼 수 없기 때문이다.

특히 얼굴 윤곽의 뚜렷한 선각은 다리 등의 선각과 일치하는 동일 기법이어서 동일시대의 동일 상의 인면(人面) 얼굴로 보는 것이 옳다고 판단된다. 1972년 이후 몇 차례의 정밀조사 시에도 여러 번 검증했던 문제이어서 큰 문제는 없다고 판단된다. 쪼기 기법이 워낙 애매한 부분이 많아 판별에 특히 유념해야 할 것으로 판단된다.

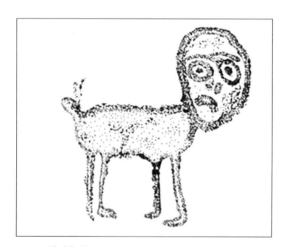

도61. 인면수상

---

14) 다음 글을 참고할 수 있다.① 문화재청, 〈미술사분야〉, 《대곡천 암각화군》(문화재청, 2012.12), pp. 78-79 참조.② 이하우, 〈천전리의 동물표현, 황금 뿔의 사슴〉, 《한국암각화연구》14(한국암각화학회, 2010)

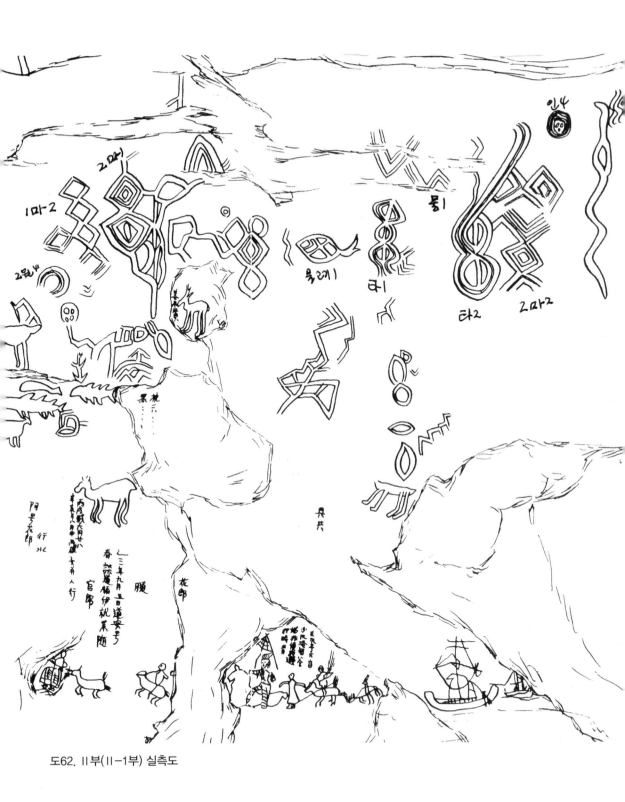

도62. II부(II-1부) 실측도

도63. 인면상(탈)

도64. 인면상(탈)

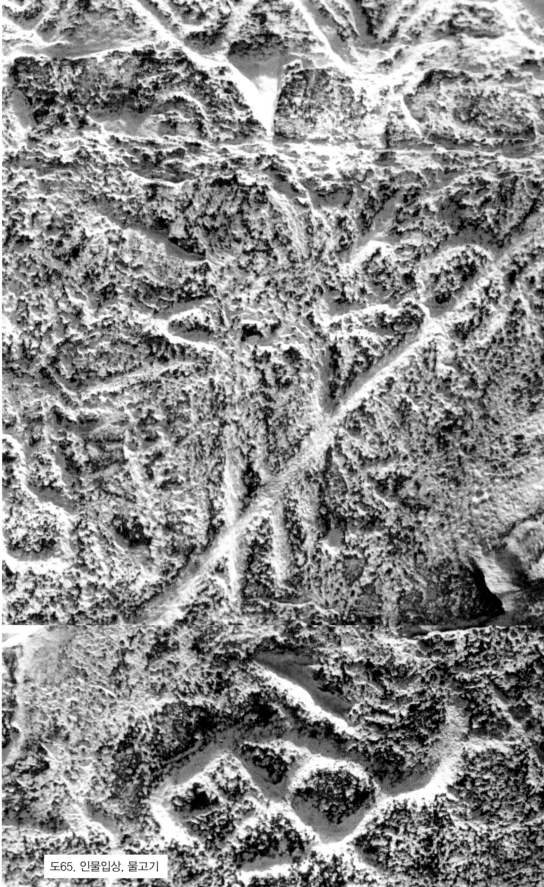

도65. 인물입상, 물고기

도66. 천전리 암각화 Ⅱ·Ⅲ부

도67. 천전리 암각화 II부 상단

도68. 천전리 암각화 II부 중단

도69. 겹마름모무늬

도70. 마름모무늬, 겹둥근 무늬(동심원)

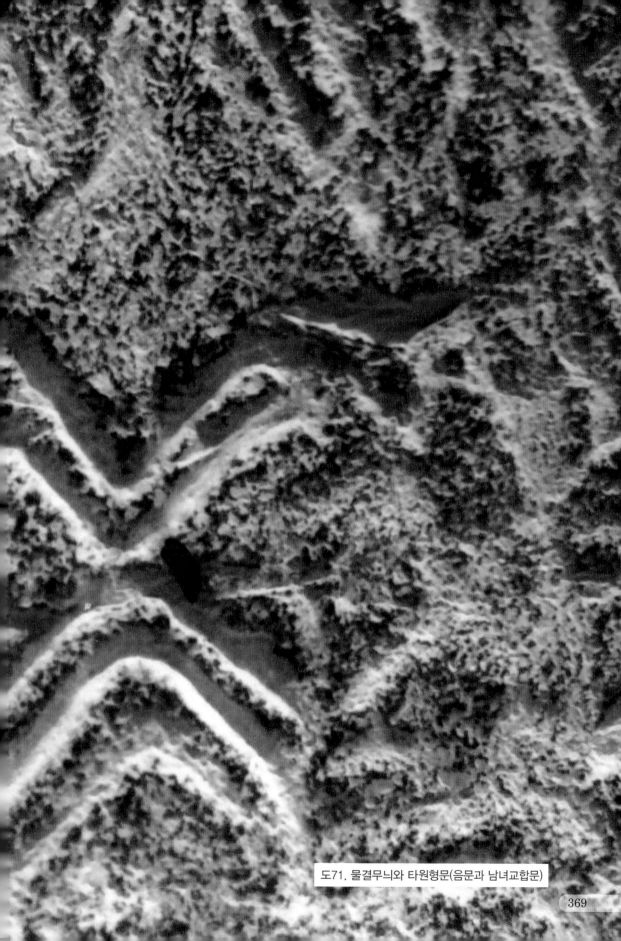

도71. 물결무늬와 타원형문(음문과 남녀교합문)

도72. 천전리 암각화 Ⅲ부

도73. 천전리 암각화 Ⅲ부 상단

도74. 천전리 암각화 Ⅲ부 하단

도75. 천전리 암각화 Ⅳ부

도76. 천전리 암각화 Ⅴ부

도77. 천전리 암각화 Ⅴ부

도78. 물결문6

도79. 타원형문5와 암수문

2. 청동기 중기 기하학 문양 암각화(상단 Ⅱ부)

1) 분포

상단 왼쪽 일부를 제외하고 상단 전면에 걸쳐 기하학 무늬들이 새겨져 있다. 이들 무늬 외에 군데군데 인물상, 탈, 동물상 등도 분포되어 있다.

2) 문양 종류

기하학 문양은 순수 기하학 문양, 탈 등 인물상, 동물, 어류, 가지 또는 식물문 등 여러 가지 물상들이 새겨져 있지만 그 주류는 기하학 문양이다.

기하학문양의 종류는 마름모문, 원문, 나선형문, 타원문, 물결문, 번개문(지그재그), 가지문, 십자문 등으로 대별할 수 있다. 이 가운데 마름모무늬가 단연 압도적으로 많고, 원·타원형 등 순으로 새겨져 있어서 마름모가 이 기하학문의 주류라 할 수 있고 원은 숫자는 적지만 대형 3중 圓文은 기하학문의 왕의 위치라 할 수 있어서 마름모에 못지않은 중요성을 가진다고 할 수 있다.

3) 기법

이들 문양 기법은 중요한 것은 쪼아갈기 기법으로 새겼고 일부는 쪼기 기법으로 새기기도 했다. 쪼아갈기는 "Pecking style"이라 통칭되고 있는데 유럽 북부에서는 신석기말 청동기시대의 중요한 기법으로 알려져 있다.

4) 양식

문양 즉 무늬의 도상 양식은 추상화의 단계가 극대화된 단계로 도안화라고 말해지고 있다. 즉 추상미술 단계를 초극한 단계라 할 수 있다. 도안화된 문양의 양식인 것이다.

5) 성격

이들 문양의 성격은 모두 상징성을 갖고 있지만 단순한 상징성에 그치지 않고 서로 연결되어 의미를 가진 문자화 단계로 들어서고 있어서 한국 청동기 초기 문자로 판단해도 좋을 것이다. 중국 《양서(梁書)》54 〈열전〉48에 보면 신라가 문자가 없어 나무에 새겨 신표로 삼았다[刻木爲信]는 그 신표의 원형일 가능성이 있다.[15] 진서(晉書)에도 신라가 백제로부터 문자를 받아들이기 전에 나무에 신표를 새겨 의사를 전달했다는 내용이 있다. 이 신표는 바로 초기문자단계라 할 수 있기 때문이다.[16]

이른바 주명문에 "文嵓(巖)을 찾아 왔다"는 그 글바위가 바로 이 기하학 문양이 새겨진 글자 바위를 가리킨다고 볼 수 있지 않을까.[17]

6) 도상 종류와 해석

(1) 마름모무늬[棱形文]

○ 성격

첫째, 마름모무늬는 3, 5부분에서부터 29부분에 이르기까지 거의 모든 암면에 걸쳐 골고루 분포되고 있어서 수적으로나 내용적으로나 단연 압도적인 문양으로 자리잡고 있다. 가장 중요한 주 문양이라 할 수 있다.

둘째, 마름모의 종류는 홑마름모, 겹마름모, 3겹마름모가 있고 2, 3, 5 연속마름모, 가로 마름모, 세로 마름모, 마름모 안의 여러 문양 등 다양한 종류의 마름모가 있다.

셋째, 마름모의 기법도 쪼아갈기와 쪼기 등 두 종류의 기법이 공존하는데 역시 중요한 것은 쪼아갈기가 많은 편이다.

넷째, 마름모의 성격은 배가 볼록한 임산부를 상징화했다고 보아 다산과 풍요를 의미한다고 보는 것이 보편적이다. 또한 풍요를 상징하는 농경의례로도

---

15) 梁書 卷54 列傳第四十八 참조.

16) 기하학무늬가 문자로 해석한 것은 필자가 처음 제기했다. "이 무늬는 따라서 상징의 도형으로 회문자의 전단계의 성격을 갖고 있을 가능성도 있으며, …신라가 백제를 통하여 중국 문자를 받아들이기 이전에는 나무에 새겨 신표를 삼았다는 기록을 유의해야 할 것이다." 문명대, 〈Ⅳ. 고찰-3. 성격 및 문제점〉, 《반구대-울주 암벽조각》(동국대학교 출판부, 1984.7)

17) 필자의 논의 이후 이에 대한 논의는 간간이 이어져 오고 있지만 활발한 논의가 시급한 편이다. ① 조철수, 〈정보의 발생과 그림 문자, 그리고 울산 암각화의 상징체계〉, 《암각화 국제학술대회 논문집》(예술의전당 · 울산광역시, 2000.8)② 김현권, 〈천전리 암각화에 대한 신라인의 이해와 행렬도 제작〉, 《강좌미술사》36((사)한국미술사연구소 · 한국불교미술사학회, 2011.6)

보고 있다.[18] 그러나 이 암각화에서는 단순히 다산이나 풍요라기보다 이 단계를 넘어 세로 연속 마름모가 몇 개인지 또는 몇겹 마름모인지, 그리고 마름모 안에 어떤 문양이 있는지, 또한 가로 연속마름모일 경우도 마찬가지로 그 의미가 모두 다를 수 있는 단계의 일종의 글자로 보면 좋지 않을까. 가령 가로 연속 마름모 5개일 때는 5명이나 10명의 아이들이 함께 어디로 간다든가 하는 의미로 볼 수도 있을 수 있다는 것이다. 이른바 다산을 넘어 어떤 행위를 뜻하는 문자일 수 있다는 것이다. 이렇게 되면 이 바위는 문자바위가 되는 셈이기 때문이다.

○종류와 특징

① 1겹 홀 마름모무늬1

한 겹 측 홑겹으로 이루어진 마름모1은 3부분 중단, 바로 쌍 사슴 오른쪽에 있다. 현재 2점이 연속되어 있고 그 위에도 연속으로 마름모가 있지만 중간의 마모 때문에 전체는 잘 알 수 없다.

도80. 1겹마름모1

② 1겹 마름모무늬2

5부 중단에 마름모가 집중되어 있는데 4개의 마름모가 세로로 연속되어 있고 3번째 마름모 옆에 또 하나의 마름모가 있으며, 오른쪽에 2겹 마름모가 세로로 2개 연속되어 있다. 이 옆에 1겹 마름모 4개가 2개씩 연속되어 있고, 이 오른쪽 7부분 중단에 걸쳐 1겹

도81. 1겹마름모2

18) 다음 글을 참고할 수 있다.
   ① 박영희, 〈천전리 암각화의 기하문양 중 마름모꼴 상징성에 대한 일고찰〉, 《한국암각화연구》6(한국암각화학회, 2005)
   ② 강삼혜, 〈앞 논문〉, 《울산 반구대 천전리 암각화》19(㈔한국미술사연구소, 2010)
   ③ 아리엘 골란 지음, 정석배 옮김, 《선사시대가 남긴세계의 모든 문양》(푸른역사, 2005)
   ④ 전호태, 〈천전리 암각화 기하문 연구〉, 《울산천전리 암각화》(울산암각화박물관, 2020.12, P228)

마름모가 2개 3개가 세로로 있다. 마멸로 말미암아 다소의 무늬는 없어졌지만 1겹 2겹 마름모가 여러 형태로 조합되고 있어서 하나의 문장이나 하나의 스토리가 구성되어 있다고 생각된다.

③ 1겹 마름모무늬3

11부분 상단에 13의 3겹 마름모 왼쪽으로 연결되어 3개의 1겹 마름모가 있는데 상단이 손상되어 정확히 알 수 없지만 3겹과 연속되어 어떤 문장을 이룰 가능성이 있다. 이 아래쪽에 5개의 1겹 마름모가 가로로 배치되었고 여기에 원문이 하나 붙어 있어서 이 역시 어떤 문장을 이룬다고 할 수 있다.

도82. 1겹마름모3

④ 1겹 마름모무늬4

13부분의 중단 오른쪽에 1겹 마름모가 2개 보이는데 긴 횡선 끝부분 원문과 그 왼쪽의 1겹 희미한 마름모와 어떤 내용을 이루고 있다고 판단된다.

도83. 1겹마름모4

⑤ 1겹 마름모무늬5

13부분의 하단; 세로 2겹 마름모 3개에 연속해서 3개의 1겹 마름모가 연결되어 있고 왼쪽에도 1겹마름모 2개와 1개(3개)가 있으며 이 오른쪽에 세로 물결무늬가 연속되어 있어서 이 역시 어떤 문장을 구성하고 있는 것 같다.

도84. 1겹마름모5

⑥ 1겹 마름모무늬6

17부분 상단에 1겹 마름모무늬가 가로로 3개 연속되어 있는데 더 많은 마름모가 있다고 생각되지만 마멸되어 확인할 수 없다.

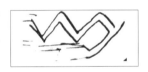

도85. 1겹마름모6

⑦ 1겹 마름모무늬7

21 상단에도 1겹 마름모 2개가 연속되어 있는데 주
위로 더 많은 마름모가 있는 것 같지만 마멸 때문에

도86. 1겹마름모7

알 수 없고 그 아래에도 마름모 2개와 그 아래 3개가
연속되어 있는데 마멸로 역시 잘 알 수 없다. 만약 마
멸이 안되었다면 마름모군은 어떤 문장을 이루었다고 판단된다. 또한 이 아래
쪽 식물문 같은 것에도 마름모 형태가 보이지만 불확실하다.

⑧ 1겹 마름모무늬8

25부분 상단에 마름모가 무리를 이루고 있는데 3
겹 마름모 1개 외에는 1겹 마름모가 연속되어 있다고
생각된다. 왼쪽 끝의 두 마름모는 마멸되어 잘 보이지
않지만 더 많은 마름모가 있어서 어떤 문장을 이루고
있다고 생각된다. 1겹 마름모 안에 빗금도 있고 3겹
마름모 안에도 무늬가 있는 등 스토리가 있다고 볼 수
있다.

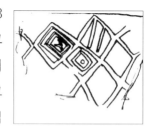

도87. 1겹마름모8

⑨ 겹 마름모무늬1

5부분 마름모군 중심에 새겨진 세로 2개의 마름모
는 3겹 마름모인데 중심에 선이 새겨져 있어 의미를
가지고 있다고 판단된다. 오른쪽 위에도 반쪽만 남은
3겹 마름모가 있으나 마멸로 잘 알 수 없다.

도88. 겹마름모1

⑩ 겹 마름모무늬2

9부분 중단에도 타원형문과 나란히 있는 세로 마름
모는 5개의 겹 마름모(2개는 반마름모)가 타원형문양
과 함께 스토리를 나타내고 있는 것 같다.

도89. 겹마름모2

⑪ 겹 마름모3

13 상단에는 겹 마름모 5개가 가로로 연속되어 있는데 왼쪽으로 연장된 홑 마름모와 하나의 문장이 된다고 볼 수 있다. 3겹 안 중앙에 원이나 선 같은 다

도90. 겹마름모3

른 문양이 새겨져 있어 어떤 내용을 표시한다고 생각된다. 마름모안의 선들은 마모 때문에 정확치 않아 세밀한 도면은 그릴 수 없다.

⑫ 겹 마름모4

13의 하단에는 마름모무늬들이 군을 이루고 있는데 큰 3겹 마름모가 가로로 2개(홑 1개 첨가) 있고 세로로 3개 있는데 이들은 지그재그무늬, 홑 마름모, 원문 등과 하나의 문장을 이루고 있다고 판단된다.

이 부분이 무늬의 중심이 되고 있어서 가장 크고 제일 대표적인 문양들이라 할 수 있다.

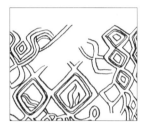
도91. 겹마름모4

⑬ 겹 마름모5

23의 중단에 겹 마름모 1개, 하단에 2개가 있는데 중단의 것은 마멸로 하나만 보이며 하단에도 더 있을 가능성이 있다.

도92. 겹마름모5

⑭ 겹 마름모6

25부분에도 겹 마름모들이 있는데 상단의 홑 마름모와 연속된 겹 마름모 1개가 있다. 중하단에 세로의 겹 마름모 2개가 있는데 하나가 마멸된 것 같고, 하단 왼쪽에도 겹 마름모가 1개 있는데 서로 연관성이 있는 것 같다.

도93. 겹마름모6

(2) 둥근 무늬(圓文=重圓文:同心圓文, 겹둥근 무늬)

○성격

첫째, 천전리 암각화에는 총 9점의 둥근 무늬가 새겨져 있다. 이들 둥근 무늬는 한문으로는 원문(圓文)이지만 주로 한 겹만 있는 것이 아니고 중복된 겹둥근 무늬가 많은 편이다. 그래서 한문으로는 "重圓文"이지만 원이 3개 이상일 때는 흔히 동심원문(同心圓文)으로 부르고 있다.

둘째, 이 둥근 무늬인 원문은 5부분에 2겹원문, 7부분에 1겹원문, 11부분에 3겹원문과 1겹원문, 14부분에 2겹원문, 17부분에 1겹, 19부분에 3겹, 20부분에 1겹, 25부분에 3겹원문 등 모두 9점이 전면에 걸쳐 분포하고 있다. 이 가운데 동심원문이라는 3중 원문 즉 삼겹둥근 무늬는 3점이 있다. 그러나 11부분의 3중원문(동심원문)이 가장 크고 가장 뛰어난 대표적 3중원문이고 전 기하학문을 대표할 수 있는 최고 걸작의 문양이라 할 수 있다. 1겹원문은 여성을 상징한다는 설도 있고 마음을 상징하다는 설도 있다.

셋째, 기법은 3겹둥근 무늬인 대표적 3중원문은 쪼아갈기(pecking style)기법이고 둥근 무늬 등은 쪼기 기법으로 새겨진 것도 있다. 11부분의 3겹둥근 무늬인 3중 원문은 가장 깊고 굵게 쪼아갈기한 암각화로 뚜렷한 무늬로 유명한 것이다.

넷째, 둥근 무늬 즉 원문(圓文)은 태양을 상징한다는 것은 상식이다시피 잘 알려져 있다. 특히 스칸디나비아 일대나 시베리아 등 북방 암각화에서는 태양이 주 상징으로 생각되고 있다. 특히 3중 원문 이른바 동심원문(同心圓文)은 주로 태양을 뜻한다는 것은 상식이 되고 있다. 그 밖에 태양과 같은 마음을 상징한다고도 알려져 있다. 강삼혜 학예관은 갑골문자 해 즉 日의 표현인 ⊙ 로 해석하고 있어서 흥미진진하다.[19]

그러나 일부에서는 돌을 물에 던지면 물결이 퍼져 나가는 겹둥근 무늬 즉 동심원문과 비슷하고 빗방울도 원과 같이 동일하므로 물을 상징한다고도 말하고

<hr />

19) 강삼혜, 〈천전리 암각화의 기하학적 문양과 선사미술〉, 《강좌미술사》36((사)한국미술사연구소·한국불교미술사학회, 2011.6) 및 문명대 외, 《울산 반구대 천전리 암각화》((사)한국미술사연구소, 2010.12)

있다.

그러나 북방문화권에서는 겹둥근 무늬(同心圓文)는 태양을 뜻하는 것이 보편적이라 할 수 있다. 다만 어떤 경우에는 물방울을 상징할 가능성도 일부 있다는 정도로 이해하면 어떨까 한다.[20]

11부분에 있는 3중 원문은 깊고 굵으면서 뚜렷하고 역강한 형태로 보아 태양으로 보는 것이 순리라 생각된다. 물론 여기에서는 단지 태양을 상징하는 단계를 넘어 인면의 탈과 겹마름모 2, 타원형, 세로 마름모 4 등 주위의 기하학 무늬들과 하나의 문장을 구성한다고 보여지는 것 같다. 즉 샤먼과 어떤 사람들, 그리고 여자들이 태양을 둘러싸고 의식이나 행사를 하고 있는 내용을 문장화한 문자로 볼 수 있지 않을까 한다.

○도상특징

① 홑 원문(圓紋)1

11 상단에 둥근 홑 원문이 있는데 홑 마름모(마4)에 연결되어 있어 어떤 연관성이 있는 것 같다. 마름모 보다 훨씬 큰 편이어서 주목된다.

② 홑 원문2

17부분 하단 인물상 위에 둥근 원문이 있는데 인물과 어떤 연관성이 있을 가능성이 있다.

③ 홑 원문3

19부분 하단에도 홑 원문이 있는데 현재는 원문 하나만 있다.

도94. 홑원문1　　　　도95. 홑원문2　　　　도96. 홑원문3　　　　도97. 홑원문4

---

20) 이하우, 〈한국 동심원 암각화의 일고찰─물과 관련하여〉, 《동아시아고대학》26(동아시아고대학회, 2011)

④ 홑 원문4

28 상단에 홑 원문이 하나만 새겨져 있다. 다른 문양이 탈락으로 보이지 않을 가능성도 있지만 다른 홑 원문과 같이 원문 하나만 따로 있을 가능성이 더 농후한 것 같다. 홑 원문이 하나만 따로 떨어져 있는 이유는 현재로서는 알 수 없다.

⑤ 겹 원문1

11, 12, 13, 14; 네 부분에 걸쳐 큼직한 3겹 원문이 새겨져 있다. 이 원문은 3겹일 뿐만 아니라 음각선이 굵고 깊어 역강한 힘을 느끼게 하는데 동심원문으로 통칭한다. 조각기로 쪼고 돌이나 나무로 갈아 역강한 둥근 무늬를 만든 것으로 전체 기하학 모양 가운데 가장 역강한 무늬로 태양을 상징한다고 판단된다. 이 동심원문은 고조선의 태양족과 깊은 연관이 있다고 생각되므로 더욱 주목된다.

⑥ 겹 원문2

14 상단이자 겹 원문1에 잇대어 겹 원문이 있다. 겹 원문1 보다는 훨씬 작지만 겹 원문1 등과 함께 어떤 의미를 함축하고 있다고 생각된다.

⑦ 겹 원문3

19 부분 하단에도 겹 둥근 무늬가 있는데 다른 무늬들과 연결되고 있지만 깨어지고 마멸되어 불확실하다. 주위에 문양이 더 있었는지는 잘 알 수 없다.

⑧ 겹 원문4

5부분 하단 왼쪽에 마멸로 일부가 보이지 않지만 겹 원문이 하나 새겨져 있다. 오른쪽 마름모(마2)와 연결되었을 가능성이 있지만 불확실하여, 앞으로 좀

도98. 겹원문1, 2

도99. 겹원문3

도100. 겹원문4

도101. 겹원문5

더 밝힐 필요가 있다.

⑨ 겹 원문5

25부분 중단에도 3중 원문인 동심원이 새겨져 있는데 가지문 위에 있어서 서로 연관되어 하나의 문장을 구성한 것 같다.

(3) 타원형문(楕圓形文=陰文)

○성격

첫째, 타원형문은 8점 정도 헤아릴 수 있는데 홑타원형문, 겹타원형문 등이 있고 이들도 1개나 2, 3개의 가로나 세로의 연속 타원형을 그리고 타원형문에서 연장되는 꼬리부분이 달린 타원형문 등 여러 가지 형태가 있다.

둘째, 이 타원형문은 7 부분에 세로 3연속 타원형문이 있고, 9부분에는 2연속 타원형문에 꼬리가 달린 것도 있으며, 13부분에도 2연속 타원형문에 꼬리가 둘 달린 것도 배치되어 있다. 15부분에는 세 개의 타원형문이 각각 다른 문양과 함께 새겨져 있기도 한다. 29부분에는 타원형문이 4개 연속되어 이상한 형태를 이루고 있으며 그 위에는 타원형문이 화살촉문(암수문)에 연결되어 있다.

셋째, 타원형문의 기법도 다른 문양과 마찬가지로 중심부의 15부분의 타원형문은 굵고 깊게 쪼아갈기한 문양으로 매우 뚜렷한 무늬를 이루고 있다. 작은 타원형문일 경우 쪼기만 한 예도 있으나 쪼아갈기한 타원형문이 가장 중요한 것으로 파악된다.

넷째, 타원형문 가운데 형태가 뚜렷하고 힘찬 겹타원형은 대개 중심선이 표시되고 있는데 가령 15의 타원형문 등이다. 이 무늬는 여자의 음문으로 알려지고 있다.[21] 1971년도 1차 정밀조사 때 당시 부여박물관장이던 홍사준 선생께서 15부분의 가로로 된 물결문에 음문이 있는 형태를 누워있는 여자라고 언제

---

21) 강삼혜, 〈천전리 암각화의 기하학적 문양과 선사미술〉, 《강좌미술사》36(㈜한국미술사연구소·한국불교미술사학회, 2011.6)

도102. 4부 실측도

388

나 말씀하시면서 "저기는 여자도 많이 있네."라는 말씀이 지금도 생생하게 기억나고 있다. 그래서 우리 조사단에서는 언제나 여자들로 이해했다.

이 15부분은 여자들이 생식을 위해서 어떤 의식을 행하는 당시의 의미를 문장으로 남긴 내용으로도 볼 수 있을 것이다. 29부분에는 음문에 남자의 상징인 화살촉이 달려 있어 현대의 남여상징과 동일하게 한 쌍의 남여로 볼 수 있을 가능성도 배제할 수 없을 것이다.

○도상특징

① 타원형문1

7부분 중단; 물고기 문 오른쪽에 겹 타원형 연속문이 세로로 3개가 새겨져 있다. 겹 타원형이 좌우가 넓고 안에는 관통하는 선이 있다.

② 타원형문2

9부분 중단에 마름모문과 나란히 타원형문 2개가 세로로 연속되고 있다. 겹 타원형 안에 선이 새겨져 있고 상 타원형문에 길게 꼬리가 비스듬히 올라가 있다. 상하 마름모와 함께 생식의식과 관련된 어떤 문장을 형성한다고 생각된다.

③ 타원형문3

13부분과 11부분 하단에 걸쳐 타원형문 2개가 있는데 아래는 1겹, 위는 3겹 무늬이다. 3겹 무늬는 위로 올라간 선의 좌우로 꼬리처럼 올라가 동심원(태양), 마름모 등과 함께 어떤 의미를 나타내고 있는 것 같다.

도103. 타원형문1   도104. 타원형문2   도105. 타원형문3

④ 타원형문4

15부분 하단에 겹 타원형문 13개와 홑 타원형문 4개가 무리를 짓고 있는데 물결문의 위에 있어서 물결문(남녀교합)과 함께 여성을 상징하고 있는 것으로 해석된다. 특히 겹 타원형문 안에 선이 있어서 여성의 성기로 해석되고 있는데 자손 번식과 관련 있는 스토리로 판단된다.

도106. 타원형문4

⑤ 타원형문5

29부분 하단에 4개의 겹 타원형 무늬가 가로로 새겨져 있는데, 겹 타원을 이루는 선들이 알처럼 생겨 탄생 과정을 알려주는 스토리일 가능성도 있다.

도107. 타원형문5

(4) 와권문(나선형문)

중심에서 뱅뱅 돌아 나가는 무늬가 소용돌이 무늬 즉 와권문 일명 나선형문이다. 이 와권문은 23부분에 사슴뿔형 가지문 위에 단 한 점이 새겨져 있다. 이 문양은 일명 고동문이라고도 하는데 한없이 뻗어나간다고 해서 수명장수를 상징한다고 보고 있다. 이 와권문도 사슴뿔형 가지문 등과 어울려 하나의 문장을 나타내고 있다고 생각된다.

도108. 와권문1

(5) 물결문

○성격

첫째, 물결문은 가로물결문과 세로물결문이 있다. 대개 두 개 내지 세 개의 곡선을 이루고 있는데 한 겹도 있고 여러 겹도 있다.

둘째, 물결문의 분포는 7부분에 세로물결문이 있고(1), 9부분에 가로물결문이 7부분에 걸쳐 새겨져있다.(2) 11부분에는 매우 긴 세로 물결문이 있는데 뱀모양이다.(3) 15부분에는 하단에 가로물결문이 아래 위로 배치되어(4)(5) 음문과 연결되고 있어서 여인상으로 보기도 한다. 또한 19부분 상단에도 가로 물결문이 상하로 2점이 배치되어있고(6)(7), 30부분 상단에도 물결문이 보이고 있다.(8) 모두 8점의 물결문이 있는 셈이다.

셋째, 기법은 역시 쪼기와 쪼아갈기 등 두 기법이 사용되고 있다. 쪼아갈기로 새겨진 15부분 (4)(5)물결문은 가로물결문의 대표적 예이고 11부분의 세로 물결문도 쪼아갈기로 새겨 뚜렷하고 역동적인 물결문(뱀)이다.

넷째, 물결문의 성격은 몇 가지로 정의되고 있지만 그 가운데 가로물결문은 바로 물결문 또는 파도문으로 이해되고 있다. 15부분 (4)(5)물결문은 물결문일 가능성이 농후하지만 이 경우는 음문이나 마름모문 등과 어울려 앞에서 말했다시피 상징을 넘어 문장을 구성하고 있을 가능성이 높다고 하겠다. 이와 달리 세로물결문은 뱀을 상징한다는 것이 보편적이다. 11의 긴 세로물결문은 대표적으로 뱀일 가능성이 높은 것이다. 용이 승천하는 도상이라는 설도 있지만, 용보다는 뱀의 생식과 관련이 깊다고 보는 것이 순리가 아닐까. 즉 먹이를 먹은 상태의 뱀인지 새끼 밴 상태의 뱀인지 하여튼 번식과 풍요를 상징한다고 생각되지만 이 경우도 오른쪽 탈, 3중원문 등과 연결되거나 왼쪽의 타원형과 마름모문과 연결되든지 또는 모두와 연결되든지 해서 역시 문장을 구성한다고 생각된다.

○도상특징
① 물결문1

9부분 상단 왼쪽에 마름모 반 쪽 비슷한 물결문이 3개 보이는데 마름모일 가능성도 있지만 현재로서는 물결문일 가능성이 더 농후하다.

도109. 물결문1

② 물결문2

11부분 중단에 길게 세로로 물결문이 새겨져 있다. 상단은 머리 비슷하고 그 아래 타원형 비슷한 표현이 있어서 뱀처럼 보이고 있는 세로 물결문이다. 세로 물결문은 대개 뱀을 상징하고 있는데 이 역시 뱀의 상징일 가능성이 농후하다. 특히 머리와 목아래에 볼록한 것은 새끼 밴 것이나 먹이 먹은 모양을 나타내고 있는데, 이것은 새끼 밴 뱀으로 풍요를 상징한다고 판단된다. 남신이 하늘로 오르는 모양으로 기우제를 상징한다고 보기도 하고 용이 승천하는 모양으로 보기도 한다.[22]

도110. 물결문2

③ 물결문3

7부분 중간에도 세로 물결문(3)이 있는데 물고기와 어울려 문장을 나타내고 있는 것 같다.

도111. 물결문3

④ 물결문4

15부분 하단부에 물결문 두 줄이 평행되게 새겨져 있다. 2개의 물결과 꼬리로 구성된 이 물결문은 타원형과 어울려 인체(남녀교합)를 나타낸다고 말해지기도 한다. 이 물결문은 깊고 굵은 선이어서 역강함을 보여주고 있어서 가장 대표적인 가로 물결문이다.

도112. 물결문4

⑤ 물결문5

19 상단에 아래 위로 겹 물결문이 새겨져 있다. 물결이 얕아서 물결로 볼 수 있는데 더 많은 물결이 풍화로 마멸되었을 가능성이 많다.

도113. 물결문5

22) 전호태, 〈울산 천전리 서석 암각화의 용〉, 《한국고대사연구》77, 2015

⑥ 물결문6

27부분 중단에 세로 물결문 두 개가 나란히 붙어 있다. 4겹 무늬가 힘차게 세로로 물결치고 있고 오른쪽 끝은 한 번 휘어지고 있어서 활력을 느끼게 하고 있다. 어떤 스토리를 상징한다고 생각된다.

도114. 물결문6

⑦ 물결문7

30부분 상단에 굽이치는 3겹 물결문이 힘차게 흘러가는 듯 표현되고 있어서 파도를 상징했을 가능성도 있다.

도115. 물결문7

(6) 번개문

첫째, 번개문은 세로로 지그재그문을 형성하고 있는 무늬를 말한다. 세로물결문과 비슷하지만 꺾쇠 각도가 직각을 이루고 있는 점이 다른 것이다.

둘째, 13부분의 세로 연속 마름모 옆에 새겨진 예가 대표적이며 17상단부의 가로번개문도 들 수 있지만 마름모 또는 물결문과 명확히 구분할 수 없는 점이 있어서 일단 보류해 둔다.

셋째, 기법은 세로번개문은 쪼아갈기로 매우 역동적이다.

넷째, 이 번개문의 성격은 하늘의 천둥번개를 상징하는 것으로 알려져 있지만 이 경우(13부분)는 4연속 마름모와 연결되고 이 좌우의 무늬들과 어울려 역시 문장을 구성하고 있다고 볼 수 있을 것이다.

도116. 번개문

도117. 5부 실측도

(7) 가지문

○ 성격

첫째, 가지문은 종류가 다양한 편이다. ①사슴뿔 종류도 있고 ②식물가지문도 있고, 긴 막대형에 원 등이 달린 경우도 있으며, 十자형도 있어서 여러 가지 종류가 있다.

둘째, 가지문도 암면 전체에 분포되고 있다. 13부분 중간에 긴 막대가 비스듬히 있고 상부 끝에 원문을 관통하였고 아래에는 마름모문과 연결되고 있다.(가지1) 이런 형태의 가지문은 창·칼 등과 같은 무기로 보기도 한다. 실제로 무기도 있다고 생각된다. 17부분에도 사슴뿔형의 가지문이 있지만 다른 문양과 연결되고 있다.(가지2)

17부분 하단부에도 사슴뿔형의 가지문이 있는데 이 가지문은 상당히 뚜렷하여 중요시된다.(가지3) 19부분에도 직선의 막대 위[上] 끝에 원문이 있고 아래에도 가지가 달려있다.(가지4) 23부분에도 옆으로 비스듬히 세워진 막대에 아래위로 원문 등이 달려있고(가지4, 5, 6) 25부분에는 十자가 겹쳐있는 무늬도 보인다.(가지8)

셋째, 이 가지문의 기법도 역시 쪼아갈기와 쪼기기법이 사용되고 있다.

넷째, 가지문의 성격은 여러 가지로 볼 수 있다. 대표적인 것은 사슴뿔 가지문이다. 17부분의 사슴뿔 가지문은 가지가 많이 달린 사슴뿔로 생각되는데 사슴 가운데 뿔만 표현하여 사슴으로 간주하는 예이다. 흔히 황금가지로 표현하고 있어서 세계 도처의 암각화에 많이 보이고 있다.

긴 막대에 아래위로 달린 13, 19, 23부분의 가지문은 식물 가령 벼나 곡식의 상태를 상징하고 있다고 생각되고 있다. 이 가지문이 곡식 열매나 뿌리를 상징하는지는 정확히 알 수 없으나 번식과 풍요를 나타낼 가능성이 농후하다고 생각된다. 이 경우도 단독의 상징이 아니라 다른 문양과 어울려 문장을 구성하고 있다고 생각된다.

도118. 가지문1

도119. 가지문2

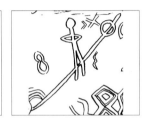

도120. 가지문3

○도상특징

① 가지문1

17부분 하단에 황금가지로 알려진 사슴뿔형 가지문이 새겨져 있다. 나뭇가지가 좌우로 뻗어있는 형상의 이 가지는 사슴뿔을 상징한다고 알려져 있다. 아래의 형상은 사슴을 추상화한 도형일 가능성이 있다.

② 가지문2

21부분 하단에 가지문들이 가로로 새겨져 있고 오른쪽 위에는 와권문이 보인다. 가지와 부정형 원, 마름모, 타원형도 보이는 이 무늬는 농경 작물일 가능성이 있다고 생각된다. 이른바 추수 때의 들녘을 하나의 스토리로 새긴 것일 가능성이 있는 것이다.

③ 가지문3

13부분 중단에 원문이 달린 긴 막대가 비스듬히 있는 모양으로 가지문3과 같은 문양으로 생각된다. 무기일 가능성도 있다.

④ 가지문4

23부분 중단의 끝에 원문이나 곡선문 등이 달려 있는 비스듬한 막대형이 4개가 나란히 있는 독특한 문양이다. 열매나 뿌리 작물 등을 상징하는 가지문일 가능성이 농후한 것으로 알려져 있다. 역시 풍요와 번식을 상징한다고 생각된다. 무기로 보는 경우도 있다.

도121. 가지문4

⑤ 가지문5

19 상단에도 원이 달린 막대가 세로로 서 있는 가지문이 있다. 이 역시 가지문3과 유사하다고 생각된다. 이 무늬를 인물상으로 보는 견해도 있지만 팔이라 보는 형태도 불분명하고 다리 상태도 인물다리와는 다르므로 인물로 보기에는 미심쩍다. 이것은 3가지문의 비스듬한 막대문과 비슷한 형태로 볼수 있다.

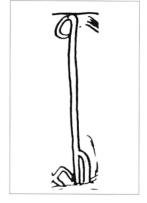

도122. 가지문7

⑥ 가지문6

25, 26, 27, 28이 만나는 지점에 2개의 막대에 이를 관통하는 직선이 있어 마치 비행기 모형을 상징하는 가지문이 있다. 경작지를 상징한다고도 말해지고 있다.

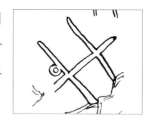

도123. 가지문6

(8) 인물상

○성격

첫째, 인물상의 종류는 인면(人面)이나 탈과 인물전신상 등 두 종류로 나눌 수 있다.

둘째, 인면(人面) 또는 탈은 현재 4점이고, 인물입상은 2점을 헤아릴 수 있다. 탈은 9부분 상단에 작은 탈이 1점 보이고 있고,(4) 11부분에는 본격적인 탈이 크고 뚜렷하게 표현되고 있다.(1) 17부분에도 눈, 코가 뚜렷한 탈이 1점 있는데 얼굴 아래에 十자형이 있어서 신체부분을 상징적으로 나타낸 것일 수도 있다.(2) 바로 오른쪽에도 탈 모양이 1점 보이고 있다.(3) 인물상은 13부분 연속마름모 아래에 긴 입상이 있고, 17과 18 경계선에 작은 전신상의 인물상이 보인다.

셋째, 기법 역시 9부분(2)의 탈이나 17부분 탈 등은 쪼아갈기로 매우 뚜렷한 탈을 잘 묘사하고 있다. 인물 입상들은 굵은 한 선으로 인물을 표현하고 있다.

넷째, 인면 또는 탈의 성격은 잘 알려져 있다시피 샤먼을 상징하거나 인물상을 한 얼굴을 상징하는 것으로 이해되고 있다. 11부분의 탈(1)은 시베리아 아무르 지역의 탈과 상당히 유사하여 북방계통의 탈과 깊이 연관된다고 생각되고 있다.

다섯째, 천전리 선각 암각화의 인물상에서 중요시되는 것은 복식이다. 버선형 또는 조우관 같은 관모, 저고리와 바지, 저고리와 치마 등 복식인데 단석산 석굴 공양장과 일치하는 예, 고구려 고분과 일치하는 예 등이 있어서 삼국 내지 통일신라 복식 연구에 기본적인 예로 중요시 된다.[23] 이에 견주어 청동기시대 인물입상은 13부분의 경우(1) 굵은 선으로만 인물이라는 것을 나타낼 뿐 매우 도식적 추상적 인물상인데 아래위의 문양들과 연결되어 어떤 중요한 장면의 중심인물로 등장한 사실을 나타낸 것일 수도 있다.

17과 18에 걸쳐 있는 인물입상(2)은 얼굴은 크게 묘사하고 신체는 극도로 생략한 도식적 추상적 인물 입상이다. 이 인물은 개로 생각되는 4마리(더 많이 묘사되고 있다고 보기도 함)의 동물을 거느리고 사냥이나 나들이를 가고 있는 장면의 중심인물을 묘사한 것으로 판단된다. 위에 있는 사슴뿔과 연관이 있을 가능성도 있어서 흥미진진한 편이다. 만약 사슴뿔로 상징되는 사슴무리를 쫓는 장면이라면 매우 서술적인 드라마틱한 장면을 묘사한 문장일 수도 있다.

○도상의 특징

① 인면1

11하단에 사람 얼굴인 인면상(人面相)이 새겨져 있다. 삼각형 얼굴에 눈, 코, 입, 오른쪽 귀가 표현된 인면 형상이다. 탈로도 보이지만 반사실(半寫實)에 가까

도124. 인면1

23)　다음 글을 참조할 수 있다. ① 문명대, 《반구대-울주 암벽조각》(동국대학교 출판부, 1984)② 정병모, 〈울주 천전리 암각화의 인면상을 통해 본 선사시대 인물 표현의 특색〉, 《강좌미술사》36(㈔한국미술사연구소·한국불교미술사학회, 2011.6)③ 송요량, 〈중국인면암각화특질〉, 《암각화 국제학술대회 논문집》(예술의전당·울산광역시, 2000.8) ④ 권준희, 〈천전리 각석의 인물상에 표현된 신라 복식〉, 《울산 천전리 암각화》(울산 암각화 박물관, 2020)

운 형상이라 하겠다. 시베리아 인면상과 다소 유사한 이 인면상은 대곡리 인면상을 계승하고 있다고 생각된다.

도125. 인면2

② 인면2

17부분의 중단 왼쪽에 새겨진 얼굴이다. 긴 타원형 얼굴에 두 눈과 코, 입을 T자로 표현하고 十자로 인체를 나타낸 상으로 일종의 전신상이지만 인체는 너무 추상화했기 때문에 일단 인면상으로 분류했다.

③ 인면3

인면2의 오른쪽에 배치된 달 모양의 인면상이다. 2중 타원형 얼굴에 두 눈은 ㅇ자, 코, 입은 1자로 표현한 추상 양식의 얼굴이다.

도126. 인면3

④ 인면4

9의 상단에 아주 작게 표현된 탈형 인면상이다. 3겹 얼굴에 두 눈과 입은 ㅇ자로 표현한 추상적 얼굴 형상이다.

도127. 인면4

⑤ 전신상1

13부분 상단, 겹 마름모 아래에 서 있는 전신 인물상이다. 얼굴은 원, 신체와 두 다리는 ㅅ자 형이고 두 팔은 타원형으로 인체를 최소한의 선으로 간략화한 것이다. 하체로 긴 가지문3이 지나가고 있는데 이 상이 가지문3보다 뒷시기에 새기고 있어 주목된다.

도128. 전신상1

⑥ 전신상2

　　17하단과 18상단에 걸쳐 새겨진 전신 인물상이다. 둥근 얼굴에 두 눈, 코, 입이 간략화되게 나타내었고 반 타원형 오른팔, 3발형 하체 등으로 최소화로 표현한 얼굴은 다르지만 인체는 전신상1과 동일하게 선으로만 표현하여 추상화하고 있다. 이 인물은 가축인 개 무리를 끌고 사냥하러 가는 장면이거나 가축을 사육하는 장면일 가능성이 크다. 이상은 앞에서 말했다시피 기하문보다 늦은 청동기 말기의 기법일 가능성도 있을 것이다.

도129. 전신상2

　　(9) 동물상

　　○성격

　　첫째, 동물상은 인물입상(2)이 거느리고 있는 개로 추정되는 개 4마리와 7부분의 물고기 한 마리가 있다.

　　둘째, 개 4마리는 17, 18 경계선에 있고, 물고기는 7부분 중간 쯤에 자리잡고 있다.

　　셋째, 기법은 쪼아갈기 위주로 새겨져 있어 선이 뚜렷한 편이다.

　　넷째, 성격은 집에서 사육하는 개로서 앞에서 말했다시피 주인과 사냥 같은 행위를 하는 장면으로 생각되는데 개들은 막 뛰어가는 모양을 나타내고 있는 것 같다. 물고기는 타원형에 꼬리가 달리고 몸체에는 X자 무늬가 새겨 물고기라는 것을 상징하고 있다. 이 물고기는 주둥이 부분에 매우 작은 세로 물결문이 있어서 물고기의 생태를 나타내려고 하는 것 같아 역시 단순한 물고기에 그치지 않고 어떤 의미를 보이고 있는 것 같다.

도130. 개 무리

○도상특징

① 개 무리1

전신상2를 따라가고 있는 동물 4마리가 18부분 상단에 새겨져 있다. 이 동물은 선으로 간략하게 새겼기 때문에 동물 이름을 정확히 단정할 수 없다. 사슴(고라니)같기도 하고 아니면 개 같기도 하여 단정할 수는 없다. 다만 무리를 지어 인물상2를 따라가는 형상이어서 인물상2가 사육하는 동물로 생각되므로 개 무리일 가능성이 크다고 판단된다. 이 동물은 1차 조사 때는 사슴으로 보았지만 인물상(전신2)을 따라가고 있는 상으로 판단되어 개 무리로 보는 것이 타당할 것 같다.

만약 개 무리가 맞다면, 인물상2가 개 무리를 끌고 사냥하러가는 장면이거나 사육하는 장면일 가능성이 많아 하나의 스토리가 형성된다고 판단된다. 이것이 사실이라면 우리는 청동기인들의 동물 사육 장면 또는 사냥 장면의 일단을 알 수 있는 극히 중요한 자료가 되는 것이다.

이 상의 기법은 선쪼기와 모두쪼기 혼합 기법이지만 도식화가 진전하였고 기하학 문의 위에 겹치는 경우도 있어서 기하문보다 늦은 청동기 말기의 특성으로 볼 수 있다.

② 물고기 문1

7부분 중단에 도안화된 물고기 한 마리가 보이고 있다. 물고기 형상에 X자로 문양을 새기고 꼬리까지 달리게 해서 물고기를 도안화하고 있다는 것을 알 수 있다.

도131. 물고기 문양1

이 물고기는 바다 물고기가 아니라 바로 앞 반계천에서 풍부하게 서식하고 있는 붕어 종류일 가능성이 짙다. 오늘날도 바로 앞 반계천에는 물고기들이 많아 봄에는 이 물고기들을 잡아 천렵하고 있는 광경을 볼 수 있다. 우리 조사단도 여러 번 천렵국을 끓여 마을 사람들과 함께 먹은 적이 있다.

따라서 이 물고기는 여성의 성기로 보기도 하지만 천렵 같은 풍부한 먹이, 즉 풍요의 상징으로 보는 것이 보다 합리적이지 않을까.

Ⅳ. 천전리 암각화의 청동기시대 편년

천전리 암각화 암면 상단 Ⅰ부와 Ⅱ부에 새겨진 청동기(고조선) 초기 암각화와 청동기 중·후기 암각화는 기법과 양식적 특징에 따라 두 시기로 뚜렷이 구별되고 있다.

1. 청동기 초기 암각화(상단 Ⅰ부 동물상)

1) 청동기 초기 암각화의 기법

이 시기의 조각기법은 두 가지로 크게 나눌 수 있는데 사슴 같은 동물을 쪼기한 모두쪼기[全面彫啄法]와 연체동물 같은 가는 몸체의 상하선을 함께 쪼기한 맞선 쪼기 등 두 종류가 있다.[24]

모두쪼기는 사슴이나 인면수신 또는 동물, 상어 등에 쓴 기법으로 매우 얕게 쪼기하고 있다. 얕게 쪼기했을 뿐만 아니라 쪼기한 입자도 작은 편이어서 강도가 높지 않는 조각기로 얕게 그리고 빈도가 많게 새긴 것으로 생각된다.

맞선쪼기는 긴 연체동물 등에 사용한 것으로 쪼기 기법은 모두쪼기 기법이나 동일한 편이다. 이 연체동물은 물론 중후기의 기하학무늬(겹둥근무늬 등)에는 일정한 크기의 점각 구멍들이 무수히 있는데 이것은 조각 타흔이 아니고 풍화작용으로 생긴 점각임을 알 필요가 있다. 앞에서도 말했다시피 서산 마애삼존불이나 방어산 마애불 등 마애불의 쪼은 부위에 생기는 풍화작용의 점각과 동일한

---

24) 선사 암각기법을 세계최초로 체계화하여 분류한 것은 필자가 1973년에 《문화재》7호에 쓴 〈울산의 선사시대 암벽조각〉논문이다. 당시까지 쪼기나 쪼아갈기 기법 등은 기법 용어만 쓰고 있었지만 필자는 세계 최초로 이 기법을 용어와 함께 체계적으로 정리하고 5종류로 분류한 뒤 1종류는 미분류하여 총 6종류로 정리한 것이다.이보다 2년 뒤인 1975년 황용훈 교수가 〈한반도 선사시대 암각의 제작기법과 형식 분류〉《고고미술》127)라는 논고에서 필자의 5종 분류에 미분류한 것을 넣어 6종으로 분류했는데, 필자의 논문을 인용조차 하지 않아 완전히 표절한 것이다. 아직도 암각화 분류기법을 인용할 때 황용훈의 논고를 따르고 있는데 이는 큰 오류임을 밝혀둔다. 필자가 미분류한 기법은 특정 부위를 강조하기 위한 특정 부위 주위를 쪼기하여 특정 부위가 부조한 것처럼 보이게 하는 하나의 기법으로 새로 분류해둔다.

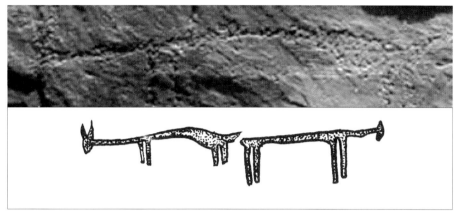

도132. 천전리 암각화 1부 긴연체동물(상)과 그 실측도(하)

도133. 천전리 암각화 겹둥근 무늬

도134. 서산 마애삼존불입상 얼굴 부분 점각(좌)과 방어산 약사마애삼존불입상 얼굴부분 점각(우)

것이다. 얕고 작은 편이어서 구별되며, 일부 암각화는 거의 동일한 경우도 있다.

이런 얕게 천각한 도식적 기법은 신석기말 내지 청동기 초기의 과도기적 쪼기 기법으로 볼 수 있을 것 같다.

2) 양식 특징

첫째, 구도면이다. 이 청동기 초기 암각화 도상은 동물상이 위주인데, 주로 암수를 대칭적으로 배치하는 대칭구도를 나타내고 있는 점이다. 특히 사슴 한 쌍(3쌍)의 경우, 좌우로 거대한 뿔을 가진 숫사슴과 뿔 없는 암사슴을 배치하는 대칭구도와 서로 애무하는 숫사슴의 턱 아래 암사슴 머리를 넣는다든가 입을 맞대고 키스하는 듯한 표현 구도는 절묘한 구도미로 보아 좋을 것이다.

또한 긴 연체동물의 경우 꼬리를 맞대고 머리를 반대방향으로 나타내면서 왼쪽 암놈의 꼬리를 든 구도는 바로 개과의 교미 장면을 표현하고 있어서 이 역시 번식의 상징적 구도로서는 멋진 구도미라 하지 않을 수 없다. 상어 두 마리가 앞뒤로 유영하는 구도 역시 번식기의 장면을 나타낸 구도로 생각된다.

둘째, 형태적 특징이다. 먼저 ①모든 상들이 움직이는 동세를 표현하지 않고 심지어 곡선적인 표현까지 생략하여 정적인 형태를 나타내고 있다. 그 다음 ②연체동물은 물론 사슴까지도 길고 직선적인 동체를 표현하여 형태를 극도로 생략하고 있는 점이다. 또한 ③도상의 가장 중요한 특징을 압도적이고 과장적으로 나타낸 것으로 숫사슴의 지나치게 거대한 뿔, 연체동물의 너무 긴 몸체, 인면수신의 영적인 얼굴을 압도적으로 나타낸 점, 상어의 특징인 지느러미를 확연히 표현한 점 등이다.

바로 청동기의 부각할 때는 극도로 과장하는 표현주의적 양식 특징이 잘 표현된 것으로 더 진전되면 II부의 기하학적 문양으로 진전되는 것이다.[25]

셋째, 부조면이다. 편평하게 쪼기했지만 숫사슴의 턱 아래 암사슴의 머리를 넣어 입체감을 나타내거나 암사슴의 두 귀가 비스듬히 정면향한다든가,[26] 연체

---

25) 문명대, 〈천전리 암벽조각 고찰〉, 《반구대−울주 암벽조각》(동국대학교 출판부, 1984)

26) 김은선, 〈천전리 암각화 동물상의 도상학적 의미와 양상〉, 《강좌미술사》36(㈔한국미술사연구소·한국불교미술사학회, 2011.6)

동물 암놈의 꼬리를 슬쩍 든다든가, 인면수신의 인면이 측면향 몸체와 달리 정면향하여 공간감을 준다든가 하는 평면적이면서도 부조감을 느끼게 하는 작가의 의지가 잘 보이고 있는 점이다.

3) 청동기 초기 편년

이상에서 보았다시피 구도, 형태, 부조, 선 등 모든 양식적 특징은 추상표현주의적 양식특징을 나타내고 있다. 추상화 가운데서도 극도의 추상화가 아니라 반추상적인 특징이 남아있어서 과도기적 양식으로 판단된다.

이런 과도기적 초기 추상미술은 신석기 최말기부터 나타나 초기 청동기시대에 유행되고 있는 미술 양식이다.[27]

우리나라 초기 청동기시대는 B.C. 2000년대 이전부터 나타나기 시작한다고 보아 천전리 상단 Ⅰ 청동기 암각화는 B.C. 2000년 이전 또는 늦어도 그 전후(B.C. 3000-2000)의 암각화로 일단 편년할 수 있지 않을까 한다.[28]

2. 청동기 중 · 후기 암각화(상단 Ⅱ부 기하학 문양)

1) 청동기 중 · 후기 암각화의 기법

천전리 기하학문 암각화는 암면 상단 왼쪽 일부를 제외하고 거의 전 암면에 걸쳐 새겨져 있다. 이 기하학적 암각문양들은 거의 대부분 쪼아갈기한 기법으로 조성되었고 부분적으로 쪼기기법으로 새기기도 했다.

---

27) 이런 양식은 러시아 카라수쿠 시대(B.C. 16-10) 등 스키토, 시베리아 암각화에도 보이고 있다. 또한 긴 연체동물과 유사한 것은 러시아 하카스코 미누신스크의 쉬쉬카암각화 동물 등과도 비교되고 있다. 동북아역사재단, 《(중앙아시아의) 바위그림》(동북아역사재단 · 러시아 과학아카데미 물질문화사연구소, 2007)

28) 청동기시대는 여러 가지로 편년하고 있는데 첫째 조기(B.C. 3200-B.C. 2900)와 전기(B.C. 2800-B.C. 2600)경 무문토기와 함께 시작한다는 설과 둘째 B.C. 2000년 전부터 시작한다는 설, 셋째 B.C. 1500년 전부터 시작한다는 설 등이 있다.① 임효재, 〈경남 동래군 서생 출토 융기문토기〉, 《고고학》1② 이선행, 〈무문토기시대의 조기설정과 시간적 범위〉, 《한국청동기학보》1(한국청동기학회, 2007)③ 이형원, 〈남한지역 청동기시대 전기의 상한과 하한〉, 《한국청동기학보》1(한국청동기학회, 2007)

쪼아갈기(彫啄硏磨) 기법은 패킹스타일(Pecking style)이라고도 말해지는 기법으로 조각기로 깊이 쪼고 그 위에 나무나 돌로 갈아 깊고 뚜렷하게 새기는 조각기법이다. 유럽 특히 북구에서는 신석기말 청동기 전반기에 주로 암각을 새긴 기법으로 잘 알려져 있고 편년도 명확하게 규정짓고 있다.

우리나라도 청동기시대 암각에 주로 나타나고 있어서 청동기시대의 톡특한 암각기법이라 할 수 있다. 대곡리 암각화에도 극히 일부에 쪼아갈기한 것과 유사한 기법이 보이고 있지만 천전리 암각화처럼 깊고 뚜렷하지 않고 매우 얕고 희미하여 청동기시대로 보기 어렵고 아마도 신석기시대 말기 암각화로 편년할 수 있을 것이다.[29]

2) 양식적 특징

기하학 무늬의 양식적 특징은 매우 인상적이다. 극히 정적이면서도 한편 동적인 이른바 정중동(靜中動)의 양식특징을 보여주고 있기 때문이다.[30]

첫째, 원, 마름모, 타원형문, 가지문, 인물상(입상, 탈) 등이 전 암면 상단에 거의 골고루 배치되어 평면적인 도상군을 이루고 있지만 겹마름모 무늬나 3중 원문, 물결문, 타원형음문, 탈 등 굵고 깊고 뚜렷한 무늬들이 중심부에 배치되어 있어서 중심부를 크게 부각시키고 있는 점이 눈에 띈다. 그러면서 뚜렷한 마름모무늬들이 전체적으로 압도적인 문양군을 이루면서 골고루 배치되어 있어서 전체적으로 균형을 이루고 있기 때문에 암면의 도상 질서를 잘 잡고 있는 점은 높이 평가되는 미의식이라 할 수 있다.

둘째, 중심부의 3중 원문(동심원문), 연속 겹둥근 무늬 등의 큼직한 형태나 굵고 깊고 뚜렷한 문양은 힘찬 역강성을 느끼게 하고 있다. 뿐만 아니라 중심부의 세로 긴 지그재그 번개문(13)과 2중타원형 상단 꼬리가 휘어지면서 힘차게 뻗친 선, 9부분의 세로 2중선의 타원형화한 꼬리가 길고 힘차게 뻗친 선,

---

29) 문명대, 〈반구대 암각화의 신석기시대 편년 연구〉, 《반구대 암각화 제작연대 규명》(울산암각화박물관 · 울산대학교, 2015.9)

30) 문명대, 〈천전리 암벽조각 고찰〉, 《반구대─울주 암벽조각》(동국대학교 출판부, 1984)

11부분의 세로 물결선이 길고 힘차게 뻗은 선 등에서 역동적인 동감과 힘을 느낄 수 있는 것이다.

이런 형태는 문양 자체로 보면 지극히 정적 형태이지만 여기에 깊이와 굵기와 중복, 몇 겹의 형태와 연속 그리고 뻗친 선 등을 가미함으로써 힘차고 역동적인 형태미를 창출하고 있는 것이다.[31]

셋째, 선과 부조미이다. 원, 마름모, 타원형문 등은 대부분 굵고 깊고 뚜렷하게 선을 새기고 있어서 선 자체도 역동적이 될 뿐 아니라 깊이를 더해 매우 뚜렷한 부조적인 양감을 실감나게 느낄 수 있다.

3) 청동기시대의 편년

이상에서 논의한 것처럼 기하학 무늬 자체가 청동기시대로 편년되는 것은 보편적이지만 기법상 쪼아갈기 기법은 청동기시대의 표식이라 할 수 있다. 특히 이렇게 굵고 깊고 역동적인 기하학 무늬는 청동기시대가 절정을 이루던 청동기 중기 경에 조성되었다고 보는 것이 순리라 할 수 있을 것이다.[32]

더구나 무늬가 상징성을 넘어 하나의 문장으로 구성될 정도로 의미있게 구성되어 있기 때문에 문자로 승화되었다고 볼 수 있어서 청동기의 절정기에 새겨졌을 가능성이 더 크다고 판단된다.

더 넓히면 전체 기하학 무늬는 청동기 절정기를 중심으로 전후 세 차례.정도 새겼을 가능성이 농후하다고 판단된다.

---

31) 강삼혜, 〈천전리 암각화의 기하학적 문양과 선사미술〉, 《강좌미술사》36(㈜한국미술사연구소·한국불교미술사학회, 2011.6)

32) 문명대, 〈천전리 암벽조각 고찰〉, 《반구대-울주 암벽조각》(동국대학교 출판부, 1984)

Ⅴ. 천전리 청동기 암각화의 의미와 고조선(한)과의 관계

1. 천전리 청동기 암각화의 의미

천전리 청동기 암각화는 두 시기로 나눌 수 있으므로 두 시기의 암각화 의미를 살펴보고자 한다.

1) 청동기 초기 암각화 동물상 도상의 의미

첫째, 사슴 3쌍(1쌍 이상 마멸)과 긴 연체동물 1쌍(1쌍 이상 마멸), 상어 1쌍 등 주로 쌍을 이루는 동물상으로 정적이면서 동적인 이른바 정중동(靜中動)의 특징을 잘 보여주는 청동기시대의 가장 대표적인 미술이라 할 수 있다. 이 양식은 사실양식과 추상양식의 중간단계인 반(半) 추상양식이지만 동물의 성격을 가장 잘 나타내는 특징을 극도로 강조한 대표적인 미술로 가장 주목해야 할 것이다.

둘째, 한 쌍으로 이루어진 동물상들은 증식과 풍요를 상징하기 때문에 청동기 초기 사람들의 기본적인 의식(意識)과 사상을 잘 알 수 있고 또한 이를 대변하는 미술로 높이 평가된다고 할 수 있다.

셋째, 청동기 초기 사람들의 제의식(祭儀式)을 알려주는 미술로 신앙의 상징으로도 평가될 수 있다고 판단된다. 따라서 이 암각화는 신앙의식을 행하던 제단 역할을 했다고 생각된다.

이 쌍 동물들은 이외에 2, 3가지가 더 있는 것 같지만 마멸이 심해서 여기서는 생략한다.

2) 청동기 중·후기 암각화의 의미

첫째, 마름모, 원, 타원, 물결, 가지문 등 전 암면에 걸쳐 갖가지무늬를 새긴 이 청동기 암각화는 극도로 추상화한 도안적이고 추상적인 미술이지만 굵고,

깊고, 뚜렷하게 쪼아 간 역동적인 조각이어서 청동기 전·후기를 대표하는 가장 특징적인 역강한 추상미술이라 할 수 있다. 청동기시대 검파형이나 원형 무늬의 암각화들이 상당히 나타나고 있지만 이 천전리 암각화만큼 탁월한 암각화는 아직 발견되지 않고 있다. 더구나 이런 굵고 깊고 역동적인 뛰어난 무늬의 암각화는 세계적으로도 아직 발견되지 않고 있어서 이런 양식의 암각화로서는 세계 최고라 할 수 있을 것이다.

둘째, 추상화되고 도안화된 갖가지 문양의 암각은 여러 가지 상징적인 의미를 가지고 있지만 그 상징성을 넘어 문자의 성격을 띠고 있고, 여러 무늬들이 어울려 문장을 구성하고 있다고 추정된다. "신라가 백제로부터 문자를 받아들이기 전에 '나무에 새겨' 신표를 삼았다.(刻木爲信)"는 그 문자와 문장이 여기 암각화 무늬로 표현했다고 생각되는 것이다. 또한 주명문에 "문자가 새겨진 바위 즉 문암(文巖)을 찾아 천전리 암각화에 찾아왔다"는 그 문자바위가 바로 이 암각화바위를 뜻한다고 볼 수 있는 것이다. [33]

셋째, 이 여러 가지 문양들은 청동기시대의 최고걸작의 미술이자 그 시대의 역사와 사상을 나타내고 있는 문자적 의미뿐만 아니라 이 암각화는 증식과 풍요를 기원하는 재의식의 장소 즉 제단의 성격을 갖고 있다고 판단되는 것이다. [34]

따라서 이 천전리문양 암각화는 한국사의 첫 장을 장식하는 가장 오래고 가장 역사적인 이른바 한국 역사의 첫 장면을 알려주는 의미심장한 역사책이라 할 수 있다.

2. 고조선과의 관계

천전리 암각화의 제작시기는 앞에서 지적했다시피 청동기시대이다. 우리나

---

33) 문명대, 〈천전리 암벽조각 고찰〉, 《반구대−울주 암벽조각》(동국대학교 출판부, 1984)

34) 강삼혜, 〈천전리 암각화의 기하학적 문양과 선사미술〉, 《강좌미술사》36(㈔한국미술사연구소·한국불교미술사학회, 2011.6)

라 청동기시대는 여러 설이 있지만 B.C. 3200년 내지 B.C. 1500년부터 B.C. 1000년경까지로 잡고 있다. 시작점은 주장하는 학자에 따라 워낙 편차가 심해서 단정하기 어렵지만 B.C. 3000내지 B.C. 2000년 사이로 보면 과히 틀리지 않는다고 볼 수 있을 것이다. 이렇게 보면 넓게는 B.C. 3000년에서 B.C. 1000년 전후로 우리나라 청동기시대는 전개되었다고 할 수 있을 것이다.

이 시기는 우리 역사에는 어느 때인가. 바로 B.C. 2333년에 시작해서 B.C. 1000년 전후까지 존재했다고 생각되는 고조선시대와 상당히 겹친다고 할 수 있다. 우리는 고조선시대를 흔히 신화시대로 치부하여 역사에서 제외하는 경향이 있지만, 근래에는 발굴에 따라 고조선시대가 베일을 벗고 한국사로 편입되기 시작하고 있다.

특히 3중원문 이른바 동심원문(同心圓文)은 태양을 상징하기 때문에 태양족인 고조선과도 깊이 연관된다고 할 수 있지 않을까. 우리는 이 천전리 암각화가 바로 고조선시대와 겹치기 때문에 암각화에 표현된 문자적 성격을 감안하면 고조선을 역사시대로 편입할 수 있는 길이 열린다고 볼 수 있지 않을까.[35] 특히 고조선시대는 발달된 고인돌(고인돌) 시대로 보고 있는데, 고인돌인 지석묘의 돌과 이 암각화의 암면 문양은 서로 상충하고 있다는 점도 주목된다.

만약 이 사실을 인정하다면 고조선을 재해석할 수 있을 뿐만 아니라[36], 고조선 또는 전기 삼한의 역사적 실체를 이 암각화가 밝혀낼 가능성이 있는 것이다. 앞으로 이런 면을 유의해서 심도 있는 연구가 이루어지기를 바라마지 않는 바이다.

특히 고조선(전기 삼한) 시대는 청동기 문화와 고인돌, 적석총, 천전리 암각화 등 석조문화 그리고 문자의 기원이 이루어지던 시기로 고조선이 성립되어 한국 민족(예·맥족·삼한족)이 국가체제를 갖추기 시작한 고도로 발달된 문명단계로 진입했다고 할 수 있다. 이 고조선(전기 삼한) 시대를 대표할 문화가 바로 천전리 암각화인 것이다.

---

35) 문명대, 〈천전리 암각화 발견의미와 도상의 재해석〉, 《울산 반구대 천전리 암각화》((사)한국미술사연구소, 2010.12)

36) 신용하, 《고조선 문명의 사회사》(지식산업사, 2018).

제5장

신라시대 선각화의 특징과
명문의 해석

도1. 행렬도1, 고신라(古新羅)

도2. 행렬도2

도3. 주명문(主銘文)과 추명문(追銘文)

도4. 인물상 하체

도5. 무평(武平) 영랑성업명문(戊年六月二日永郎成業)

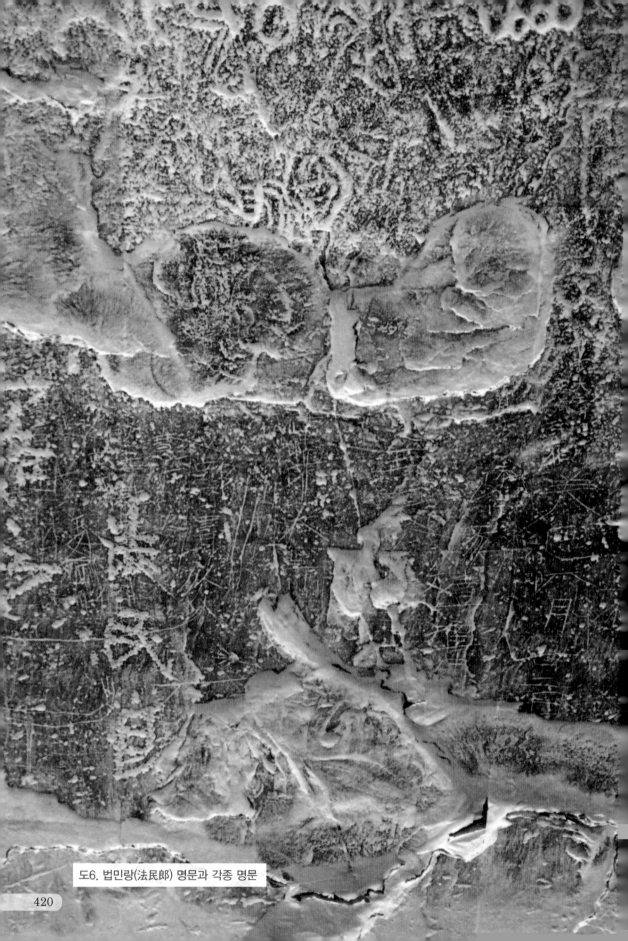

도6. 법민랑(法民郞) 명문과 각종 명문

도7. 수품, 호세 명문(水品, 好世)

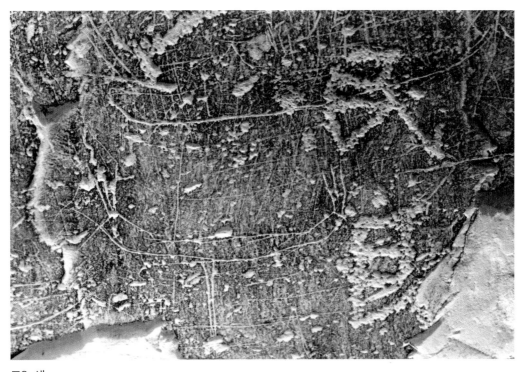

도8. 새

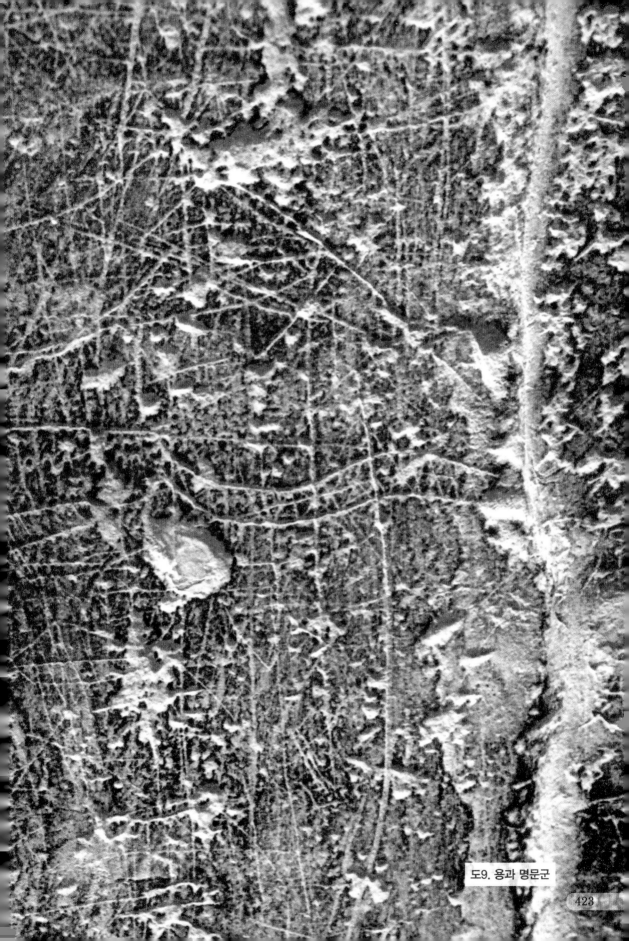

도9. 용과 명문군

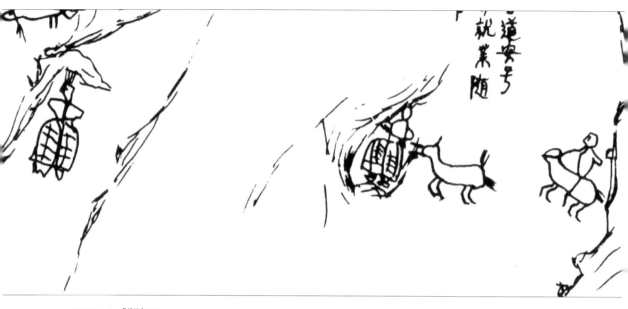

도10-1. 행렬도1

도10-2. 행렬도1-1

도10-3. 행렬도1-2

도10-4. 행렬도 1-3

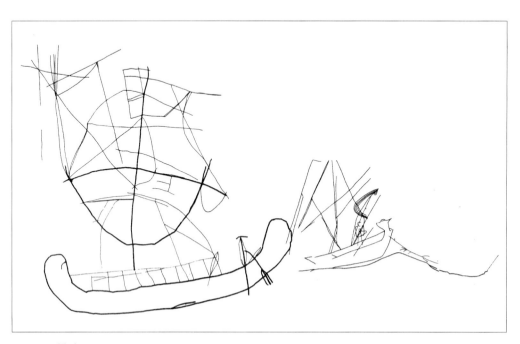

도10-5. 행렬도 1-4

도11. 행렬도2

Ⅰ. 천전리 신라 선각화 도상의 특징

1. 분포

암면 하단부에 선각으로 새겨진 도상들이 상당히 많이 보인다. 행렬도(2) 인물입상(2구), 용(3점), 말, 새(4점) 등이 파노라마처럼 펼쳐져 있는 것이다.[1]

행렬도(1)은 하단 암면 왼쪽인 4부분에서 10부분까지 7인의 기마인물상(5)인과 인물입상(2인)이 1열로 길게 행진하고 있는 광경을 묘사하고 있고 맨 뒤에는 크고 작은 배 두 척이 강에 정박하고 있는 정경이 파노라마처럼 새겨져 있다.

행렬도 맨 앞사람 위로 작은 말 세 마리가 뛰어가고 있는 정경이 펼쳐지고 있는데 이 말들은 행렬도와는 연관되지 않은 것 같다.

행렬도(2)는 맨 오른쪽에 아래[下]에서 위로 진행하고 있는 행렬도인데, 앞에는 기마인물(1)이 가고 있고 그 뒤를 세 사람이 일렬로 가고 있는 광경이 선각으로 새겨져 있는 그림이다.

16하단에는 소용돌이치는 물과 물 위로 솟아오르는[昇天] 용이 새겨져 있다. 이 오른쪽 18과 20부분에 주명문(主銘文=原文)과 추명(追銘)이 큼직하게 새겨져 있는데 원문은 말 다리 부분을 절단하고 만든 공간에 원명문을 새겨 말이 뒷다리와 앞다리 반이 잘려나가고 없다. 추명은 인물 입상의 상반신을 절단해서 새겼기 때문에 인물 입상의 상체가 없어지고 있다. 이른바 말과 인물입상(1)이 명문을 새기기 전에는 완전하게 남아있었지만 525년에서 539년에 이들은 훼손된 체 남아있는 셈이다. 또한 추명의 왼쪽에 용 한 마리가 새겨져 있는데 꼬리가 추명 때문에 잘려나가고 없다. 이처럼 원명과 추명 때문에 인물, 용, 말 등 3개의 도상이 훼손된 셈이다.

22와 24부분에 새로 생각되는 도상 4점이 새겨져 있는데 두 마리 새 위에 "法民郞"을 새겼기 때문에 새의 형태는 알아볼 수 있어서 그나마 다행이다. 이 부분은 워낙 선각이 많아서 불확실한 상이 많다고 생각된다. 26부분에는 미니

---

1) 문명대, 〈천전리 암벽조각, 하부 선각무늬〉, 《반구대-울주 암벽조각》(동국대학교 출판부, 1984)

스커트 같은 바지를 입은 인물입상이 작게 새겨져 있고 이어 다리 달린 고구려 고분벽화의 청룡, 백호 같은 용 한 마리가 길게 새겨져 있다.

이처럼 깨어진 부분 외에는 하단 전면에 걸쳐 여러 도상들이 선각으로 새겨져 있는 것이다.

2. 선각화의 기법

이 회화적인 선각들은 모두 금속 조각기로 예리하게 선각하고 있다. 선각도 두 종류로 대별할 수 있는데 가는 세선(細線) 선각과 굵은 태선(太線) 선각으로 구분된다. 태선 선각은 날이 보다 굵은 조각기로 여러 번 그어 굵고 깊은 선각을 만든 것이다.

3. 선각화의 편년

선각화들은 고신라와 통일신라 등 크게 두 시기로 나누어지고 고신라시대도 원명(原銘)과 추명(追銘)이 새겨진 법흥왕 이전과 법흥왕 이후 시대로 나눌 수 있다. 그러나 삼한시대 상이 있을 가능성도 배제할 수 없다. 명문으로 잘려 나간 말, 인물, 용 등은 고신라가 아닌, 특히 김씨왕조와는 상관 없는 삼한시대 선각일 가능성도 있기 때문이다.

4. 선각화의 종류와 특징

선각화의 종류는 행렬도, 인물입상, 용, 말, 새 등으로 구별된다.

1) 행렬도
(1) 행렬도(1)

첫째, 이 행렬도(1)은 암면 왼쪽 하단 4, 6, 8, 10부분에 걸쳐 1열로 길게 10여명이 행렬을 이루고 있는 긴 행렬도이다. 맨 앞 인물상 뒤에 2명 정도가 더 있었을 것이고 현 3, 4인물 사이에도 1인이 더 있었을 것 같지만 3인은 암면의 훼손 때문에 사라지고 현재는 7인의 인물과 크고 작은[大小] 배 두 척이 1열을 이루고 있다.[2]

둘째, 행렬도 인물의 도상 특징이다. 맨 앞에는 격자무늬 통바지를 입고 있는 입상인데, 인도자로 생각되며 이 뒤에는 2인 정도 더 있었을 것이지만 현재는 보이지 않고 그 다음 인물은 1번 인물처럼 무늬 통바지를 입은 인물인데 말을 끌고 가고 있다. 이 지점이 가파른 바위나 언덕이 있어서 말에서 내려 말을 끌고 가는 모습으로 보인다.

현 세 번째 인물은 말을 타고 달리는 기마인물이고 그다음은 바위가 깨져져 기마인물이 손상된 것 같다. 현재의 4번째 인물은 커다란 말을 탄 체 일산을 쓰고 가는 연로한 관 쓴 인물로 긴 행렬도 인물 가운데 가장 큼직한 인물상이어서 삼국시대 4, 5세기 인물도에서 보이는 주인공이 크게 묘사되는 기법과 동일하므로 이 행렬도의 중심인물이 분명하다. 그 다음 5번째 인물은 원피스 같은 치마를 입고 팔을 활짝 편 자세여서 춤추는 무희로 보고 있으나 잘 알 수 없다. 그 다음 6번째 인물은 말을 탄 기마인물인데 말총 같은 것이 인물에서도 뻗치고 말 꼬리도 말총처럼 위로 뻗치고 있다. 이런 하늘로 뻗친 말총은 4, 5세기 삼국시대 인물 특히 토기의 인물이나 말 그림에서 보이는 수법이다. 다음 인물은 말을 탄 기마인물인데 머리칼이 위로 뻗치고 있는 더 작은 기마인물상이다. 바로 뒤에 거대한 돛을 단 커다란 배가 강가 언덕에 정박하고 있고 대형 배 뒤에는 소형 배가 정박한 광경이 펼쳐져 있다.

셋째, 양식 특징이다. 이 행렬도는 배를 정박하는 장면, 배에서 차례로 내려 순서대로 대오를 이루면서 천전리 암각화를 향해 가고 있는 장면을 묘사하고 있어서 한 그림 속에 시차를 둔 여러 장면이 동시에 그려진 이시동도법(異時同圖法)이 활용되고 있는 점이 눈에 띈다.[3]

---

2) 문명대, 〈앞 글〉(주34 참조)
3) 김현권, 〈천전리 암각화에 대한 신라인의 이해와 행렬도 제작〉, 《강좌미술사》36(㈔한국

이와 함께 인물의 중요도에 따라 크고 작게 그리는 중대소소식(重大小小式) 기법을 쓰고 있다. 또한 신라 토우나 토기 그림처럼 삼각형 머리나 팔처럼 생략과 통바지나 말총머리칼 같은 과장 또는 주인공의 말 반대편 다리 표현같은 투시 수법을 쓰고 있는 점이 또 하나의 특징이다.

이러한 양식 특징은 신라 4, 5세기의 토우나 토기 그림과 거의 유사하여 4, 5세기 신라미술 양식이라 할 수 있으며 광범위하게는 삼국시대 양식이라 할 수 있는 것이다.

넷째, 이 행렬도의 성격이다. 이 행렬도는 적어도 4, 5세기 특히 5세기 내지 6세기 경의 삼국 고신라 양식으로 평가되므로 이 시기의 고관대작의 행차를 묘사한 행렬도로 판단된다. 이렇게 보면 그림 위의 통일신라기 내지 통일신라시대 명문과는 관련 없는 것으로 생각된다. 명문 가운데 선각 그림의 내용과 부합될 수 있는 명문은 주명문 즉 흔히 원명(原銘)과 추명(追銘) 밖에 없을 것이다.

일산을 쓸 수 있는 지위의 인물은 왕과 왕비 밖에 없기 때문이다. 행렬도의 주인공은 연로한 왕급 신분이기 때문에 원명의 주인공인 사부지갈문왕(徙夫知葛文王)으로 보면 가장 적합하다고 판단된다. 사부지갈문왕은 그가 천전리 암각화에 유행했던 525년에는 이미 539년에 고인이 된 것으로 보아 노년에 접어들었던 것으로 보이기 때문이다.

또한 행렬도에 10명과 크고 작은 배 두 척(3척이라는 설도 있음)을 감안하면 원래의 인원은 적어도 50명 내외는 충분히 되었을 것으로 판단되므로 이러한 규모를 움직여 천전리 암각화에 유행할 정도의 신분이 되는 인물은 왕이나 갈문왕 정도는 되어야 가능할 것이므로 이 행렬도는 사부지갈문왕 일행이었을 가능성이 가장 높다고 생각된다.[4]

그러면 사부지갈문왕은 무엇 때문에 이 천전리 암각화를 찾았을까. 바로 이 천전리 암각화를 찾아 많은 일행을 거느리고 노고를 무릅쓰고 일편단심으로 왔

미술사연구소 · 한국불교미술사학회, 2011.6)

4) 이 행렬도가 원명의 사부지갈문왕 일행의 서석 유행(遊行=流行)과 관련있다는 생각은 1971년 1차 조사 때부터 가졌는데 여러 사람들에게 문의하기도 했다. 또한 이 행렬도는 신영훈 위원이 홍사준 관장과 조사단의 고증을 거쳐 장기간 심혈을 기울여 그린 그림이어서 신뢰할 수 있다.

을 것으로 판단된다. 이를 알기 위해서는 명문부터 이해할 필요가 있을 것이다.

1. 을사(乙巳) (년 유월 15일 새벽에)

2. 사탁부(사부지갈문왕)이

3. 문암(文巖=岩)을 찾아 유행와서 처음으로 골짜기에서 이를 보았다.

4. 고곡(古谷)은 이름이 없었으나 선석(善石)에 글자가 쓰여진 것을 보고

5. 이후부터 이름을 서석곡(書石谷)이라 했는데 이는 글자를 새긴[字作] 것이다.

6. 함께 유행 온 벗은 여동생 려덕광묘 어사

7. 추여랑왕이시다

8. 원다오작 공인은 이리부지나말(末)과

9. 실득사지 대사 제지이며, 음식 만든 작식인(作食人)은

10. 영지지일길간의 처, 거지시혜부인과

11. 진육(尖)지 사간의 처, 아혜모홍부인이며

12. 글을 쓴 이(작서인)은 모모이지대사제지이시다.[5]

여기서 보면 왕족 및 귀족은 총 7명인데 갈문왕과 귀족 3명, 갈문왕 여동생과 귀족 여인 2명 등이다. 행렬도의 인원과 7인의 왕족 귀족은 모두 행렬의 그림에 넣었다고 보아야 할 것이다. 그 밖의 군사나 하인들은 행렬도에서는 뺐다고 볼 수 있을 것이다.

사부지갈문왕은 법흥대왕의 동생이자 진흥대왕의 아버지이므로 임금 못지 않은 대왕급 신분이므로 대단원의 인원과 배까지 동원할 수 있는 위치에 있었다고 할 수 있다. 이 갈문왕은 법흥왕 12년(525년) 6월 18일 예부터 사탁부 배후지인 경주 남부지역인 울산 천전리 고곡에 삼한 이전부터 전해내려 온 성스러운 글자가 새겨진 성소인 문암(文岩)을 찾아 천전리 고곡에 와서 글자가 새겨진 선석을 찾아 의식을 행한 사실을 원명은 말해주고 있는 것이다. 이 공덕

---

5) 원문과 해석은 다음절 명문해석을 참조할 수 있다.

으로 6살의 나이로 갈문왕보다 14년 후에 천전리 암각화를 친견한 자기의 아들이 진흥대왕으로 등극했는지도 모른다.

사부지갈문왕이 잊혀졌던 문암 즉 글자바위인 서석을 찾은 지 1445년 만에 필자가 또 다시 잊혀졌던 문암 즉 천전리 암각화를 찾아내게 된 것이고 금년(2020)이 찾은 지 50년 기념일이 된 것도 드라마틱하다고 해야 할까.

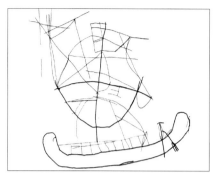

도12. 배1

이 천전리 암각화는 신라 김씨 왕실인 사탁부의 배후지 경주 남부 천전리에 고대로부터 전해 내려오던 그들의 옛 조상이 남긴 성스러운 글자 바위를 찾아와 그 기념으로 원명을 남기고 행렬도를 선각했다고 보는 것이 가장 순리적인 해석이 아닐까.

도13. 배2

(2) 행렬도(2)

첫째, 행렬도(2)는 암면 맨 오른쪽 30부분 상단에 1열로 오르막 산길을 오르고 있는 일행 4인의 장면을 선각으로 새기고 있다.

둘째, 행렬도는 맨 앞에 말을 타고 무엇을 안은 듯한 기마인물이 가고 있고 그 뒤를 등을 보이고 앞으로 걸어가는 3인이 뒤따르고 있는데, 말은 타지 않고 있다. 말은 목이 길지만 형태는 불분명하며 이 앞에 또 한 마리의 말이 있는 듯하다. 이 뒤의 인물은 이 행렬도에서 가장 장대한 인물이어서 행렬의 주인공으로 생각되며, 허리에는 허리띠를 맨 듯 보인다. 이 뒤는 더 작은 인물이 걸어가고 있는 뒷모습이 보이고 있고, 이 뒤를 긴 꼬리 같은 띠를 내려뜨리고 가는 뒷모습의 인물상이 새겨져 있다.

셋째, 이 행렬도의 인물들은 행렬도(1)의 인물들보다 형태나 의상, 신발 등이 더 세련되고 있어서 통일기 전후의 양식을 보이고 있는데 날카로운 조각기로 세밀하게 새기고 있다.

넷째, 이 행렬도의 성격은 남자 위주의 행렬도일 가능성이 높은 것 같다. 따라서 행렬도를 이루어 이 천전리 서석을 찾을 수 있는 인물은 누구일까. 어쩌면 법민랑(法民郎) 일행일 가능성은 없을까. 양식으로 보아 그럴 가능성은 어느 정도 있어 보인다. 문무왕이 왕자 즉 태자로 있을 당시 7세기 중엽(654-660)이므로 충분히 가능하지 않을까.

(3) 기마인물도

12의 중단 왼쪽에 말을 탄 기마인물도가 보인다. 인물, 말 모두 한선으로 긋고 있다. 말은 네모난 말머리, 긴 목, 휘어진 등, 달리는 자세의 꺾어진 네 다리, 긴 말총 등은 모두 한선으로 묘사했고, 말 탄 기마인물도 네모난 긴 머리, 삼각형 상체, 좌·우 다리의 표현 등도 모두 한선으로 긋고 있다. 특히 보이지 않는

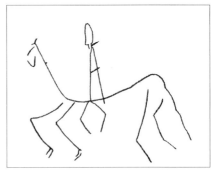

도14. 기마인물도

왼다리도 표현한 투시적 특징은 행렬도1의 기마인물상과 동일한 것으로 당시 인물묘법의 특징이라 할 수 있어서 주목된다.

2) 인물상
(1) 인물상(1)

첫째, 단독 인물입상은 2구인데, 1구인 이 상은 18부분 추명 아래쪽에 하반신이 남아있는 것이다.

둘째, 형태는 하반신만 남아있고 상반신은 추명의 구획을 만들면서 깎아버려 없어졌다. 발이 오른쪽으로 향해 가고 있는 모습이어서 우측면관의 걸어가는 보행 인물 입상으로 생각된다. 무늬 있는 통바지를 입고 뾰족한 신발을 신은 것으로 보아 귀족인물로 보인다. 상반신이 있다면 상당히 큼직한 539년 이전의 신라인의 생생한 초상화의 모습을 볼 수 있었을 텐데 무심한 추명 작가들

때문에 무척 아쉽게 되었다.

셋째, 기법은 굵은 태선으로 바지와 신발을 뚜렷이 새겨 공을 들인 인물상 초상이라 하겠다.

넷째, 인물상의 성격이다. 이 인물입상의 조성연대는 539년 이전이 분명하고 추명을 새길 때 없앤 것으로 보면 원명의 인물과도 관계없으므로 525년 이전에 조

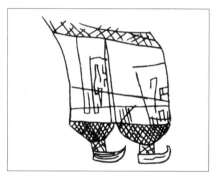

도15. 인물상(1)

성한 것이 분명하다. 또한 사탁부 김씨 왕실과도 무관한 오랫동안 잊혀진 미지의 인물로 생각되므로 적어도 5세기 이전의 인물로 생각된다. 그렇다면 고신라 초기인 2, 3세기의 귀족인물이거나 아니면 삼한시대 진한의 귀족 인물로 볼수도 있을 것이다. 원명을 새길 때 다리가 잘려나간 말과 연관 있는 인물이라면, 이 지역 내지 경주 일대의 지배자일 가능성도 있을 것이다.

(2) 인물입상(2)

첫째, 26부분 용 왼쪽 깨어진 부분에 새겨진 인물입상이다. 왼쪽에는 길게 명문이 새겨져 있어서 이 인물의 성격을 알 수 있다.

둘째, 도상의 형태는 정면을 향한 인물입상이다. 얼굴은 삼각형에 가까우나 눈, 코, 입이 뚜렷하여 인상을 알 수 있고, 미니스커트 같은 긴 상의(上衣)를 입고 바지를 입어 날씬한 모습이다. 조사하는 내내 미니스커트 입은 미인으로 모든 사람들이 통칭할만큼 인기만점의 인물상이었다.

셋째, 기법은 작은 입상이지만 상당히 신경 써서 세밀하게 선각하고 있어서 8세기 전반기 신라인의 모습을 잘 알려주고 있다.

도16. 인물상(2)

넷째, 이 상의 성격은 바로 왼쪽에 새겨진 명문에 따라 밝힐 수 있다.

"開元十二年 甲子四月十一日 啄部○毛ㄴ 聖林郎"

성덕왕 23년 724년 4월 11일에 유행 온 탁부소속의 성림랑이라는 뜻이므로 이 인물입상은 성림랑이라는 화랑이라 할 수 있다. 신라 화랑의 초상화를 알 수 있는 유일한 예이므로 중요시되며, 화랑의 한 분을 알 수 있어서 매우 중요시해야 할 것이다.

3) 동물상

(1) 용(龍)

첫째, 용은 세 마리가 전 암면에 새겨져 있는데, 용(1)은 16부분 하단에 배치되었고, 용(2)는 16의 오른쪽 위에 새겨져 있고 용(3)은 26·28부분에 걸쳐 있다.

둘째, 용의 형태는 모두 다르다. 용(1)은 소용돌이치는 물 위로 솟구치는 모습을 형상화한 것이다. 용은 머리를 하늘로 향하고 꼬리는 물 근처에 있어서 막 승천하는 모습을 포착한 그림이다. 용의 형태는 세선 2선을 간략히 그어 네 발 달린 간결한 용을 형상화하고 있다.

용(2)는 머리를 왼쪽, 꼬리를 오른쪽에 두고 물 속을 헤엄치는 듯한 모습을 형상화한 것이다. 머리와 몸통, 꼬리를 다소 굵게 표현하여 통상 이무기 용처럼 보이고 있다. 꼬리 끝은 추명에 깎여져 나간 상태이다. 용(3)은 세 마리 용 가운데 가장 리얼하게 묘사하고 있다. 머리를 들고

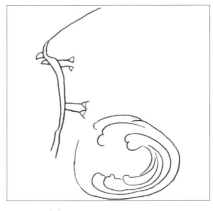

도17. 용(1)

도18. 용(2)

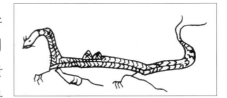

도19. 용(3)

436

목을 세워 네 발을 허우적거리면서 하늘을 유영하는 듯한 모습을 형상화한 것이다. 길고 큼직한 이 용은 삼각형 머리, 빳빳이 세운 목, 세 개의 발가락, 2겹으로 세세하게 새긴 비늘 등 상당히 사실적으로 묘사하고 있어서 고구려 벽화고분의 청룡·백호 모습과 완연하게 닮았다.

셋째, 기법은 날카로운 조각기로 세밀하게 새긴 것이다. 이런 선묘는 상당한 기량을 가진 전문가가 정성들여 새긴 용으로 판단된다.

넷째, 성격은 우선 이 용들은 모두 고신라 용으로 생각되는 점이다. 용(2)가 추명으로 꼬리가 절단되었으므로 539년 이전에 새겨진 것이 분명하다 할 수 있고 또한 원명이 새겨진 525년보다 이른 시기에 조성된 것으로 생각된다. 비늘 등 기법상 용(3)도 늦어도 용(1)보다는 좀 늦은 525년 전후에는 조성되었을 것으로 보인다. 용(2)도 기법상 용(1)과 비슷한 시기나 좀 늦은 시기에 고구려 사신도와 비슷한 시기에 조성되었다고 생각된다. 따라서 용 세 마리는 모두 고신라 특히 525년 이전의 고식 용으로 생각된다는 것이다.

용은 물과 연관있고 국가 흥성과도 밀접하게 관련되고 있어서 신라의 농업 증산과 국가 발전과 깊게 관련되고 있기 때문에, 내물왕대 이후 법흥왕대 사이에 조성된 것으로 추정된다.

(2) 말[馬]

첫째, 말은 행렬도 말들 외에 말(1)과 말 4마리가 새겨져 있는데 말(1)은 20부분 원명 윗부분에 새겨져 있고 말 네 마리는 4부분 행렬도(1)의 첫 인물 위로 나란히 달리는 듯하게 분포되어 있다.

둘째, 말(1)은 원명과 추명이 하체의 다리 부분을 절단했기 때문에 말의 몸체만

도20. 말(1)

보이고 있다. 머리는 몸통에 비해 작으나 생생한 모양이고 몸체는 크고 당당하며, 앞 다리 가운데 한 다리는 그대로 있고 꼬리도 끝이 잘렸지만 길게 나타내고 있어서 말의 형태는 잘 알 수 있다. 이 말은 간략한 수법이지만 말의 특징적 형태는 생생하게 잘 묘사되고 있어서 세련된 말 그림이라 생각된다. 이른바 삼국시대

신라의 준마를 보는 듯하다. 말 4 마리(1, 2, 3, 4)는 워낙 작고 간략하게 묘사하여 말인지조차 불분명한 편이다. 그러나 몸체나 다리의 놀림이 말처럼 보이기 때문에 말로 보고자 하며, 네 마리가 달리는 듯한 자세를 나타내고 있다.

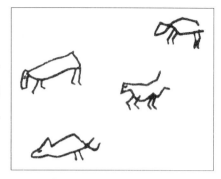

도21. 말(郡馬)(2)

(3) 새(鳥)

첫째, 새 4마리가 두 마리씩 위아래[上下]로 짝을 이루고 있는데 원명 오른쪽인 22 부분에 몰려있다.

둘째, 두 마리 가운데 1마리는 머리에 깃털이 말총처럼 솟아있어서 암수를 상징하는지도 모르겠다. 다리는 하나만 보이고 몸체는 길어 학이나 두루미 종류일 가능성이 높은 편이다.

셋째, 기법은 역시 조각기로 예리하게 선을 그어 형상을 만들고 있어 한 사람의 솜씨로 보인다.

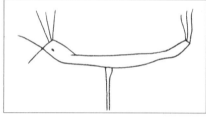

도22. 새(1)

넷째, 학 같은 철새로 생각되는 이 새는 무리를 이룬 정경을 이렇게 묘사했는지도 모른다. 태화강에 지금도 둥지를 틀고 있는 학 같은 새가 신라시대에도 이 태화강 일대 특히 천전리 일대의 반계(磻溪)의 계곡에 군집을 이루고 있었던 것을 표현했을 수도 있을 것이다.

그러나 이 새 모양을 배로 보는 경우도 있어서 세밀한 관찰이 필요하다.

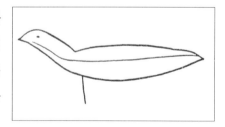

도23. 새(2)

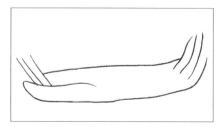

도24. 새(3)

Ⅱ. 명문의 판독과 해석

1. 분포

암면 하단 전체에 걸쳐 선각 그림들과 함께 갖가지 명문(銘文)들이 새겨져 있다. 이 암면 가운데 가장 중요하고 또한 주인공이 될 만한 명문은 흔히 주명문(主銘文)이라 하는데, 처음 새긴 원명(原銘)과 연이어 새긴 추명(追銘)이 18과 20부분에 걸쳐 연이어 새겨져 있다.

아마도 깨어지지 않는 암면으로는 가장 중심이 된다고 생각해서 앞시대의 중요한 인물상과 말 그림을 깎아내면서까지 원명의 주인공은 마애 기념비문을 여기다 새긴 듯하다.

주명문 바로 위로는 진평대왕 전후의 대표적 귀족과 승려들인 수품(水品), 호세(好世), 승왕(僧枉) 등의 이름을 남기고 있다. 주명문 오른쪽으로는 주명문보다 이른 계사년(癸巳年)명문과 문무대왕의 왕자 시절 이름인 법민랑(法民郎) 그리고 성법흥대왕절(聖法興大王節) 명문, 개원12년(開元十二年)명 등이 새겨져 있다.

주명문 왼쪽으로는 18, 16부분에 정광랑(貞光郎), 건통법사(建通法師), 임원랑(林元郎) 같은 화랑과 승려들 이름이 보이고 있고, 4~10부분의 행렬도(1) 위로도 명문들이 많이 보이고 있다. 계해년(癸亥年) 을축년(乙丑年), 술년 영랑(戌年 永郎), 병술년(丙戌年) 개성 3년 명(開成三年銘) 등이 연이어 새겨져 있어서 신라인들이 특히 사탁부 사람들의 유행이 잦았던 것을 잘 알 수 있다.

2. 명문의 성격

신라인들의 유행 성격이다. 신라인들이 천전리 암각화를 찾아 끊임없이 유행 온 목적은 무엇이었을까. 흔히 주명문에 보이는 "遊行"은 유람이나 놀러 다닌다는 뜻이 아닌 것은 물론이다.

신라시대 등 옛날에는 공부하러 가는 것을 공부하러 머문다는 뜻인 유학"留

學"이 아니라 다닌다 또는 간다는 뜻의 "유학 遊學"을 쓰고 있는 예에서 잘 알 수 있다. 유행, 유래는 순행이나 순례와 같은 뜻이 강한 것으로 알려져 있기 때문이다. 여기서 유래나 유행은 순행이나 순례처럼 가서 보고 찾고 배우는 뜻이라 할 수 있다.

그러므로 이 원명에 찾으러 왔다[覓遊來]라 쓴 것이다. '찾고 보고 배우러 이 천전리 암각화에 왔다'는 뜻이라 하겠다.

3. 명문의 내용과 해석, 그리고 신라사

명문은 몇 가지로 나눌 수 있다. 첫째 주명문(主銘文)인 원명과 추명, 둘째 연호 있는 명문, 셋째 간지명이 있는 명문, 넷째 귀족이나 화랑이름, 다섯째 승려나 사찰신도, 여섯째 기타 등으로 분류할 수 있을 것이다. 필자는 반구대 보고서 가운데 명문 부분만 황수영 총장이 담당했기 때문에 내가 조사하고 읽은 내용을 게재하지 못했는데, 여기서는 내가 다른 분들과 판독한 내용을 최근 여러학자들이 읽은 내용을 참조하여[6] 새롭게 판독하고 해석하고자 한다.

---

6) 대표적인 명문 판독과 해석은 다음 글을 참조했음을 밝혀둔다.(여기서는 일일이 주를 달지 않겠다)① 황수영, 〈신라의 誓(書)銘〉, 《동대신문》, 1971.5.10. ② 김용선, 〈울주 천전리 서석 명문의 연구〉, 《역사학보》81(역사학회, 1979)③ 이문기, 〈울주 천전리 원·추명의 재검토〉, 《역사교육논집》4(역사교육학회, 1983)④ 김창호, 〈신라중고금석문의 人名表記(1)〉, 《대구사학》22(대구사학회, 1983)⑤ 문경현, 〈울주 신라 서석명기의 재검토〉, 《경북사학》10(경북사학회, 1987)⑥ 김창호, 〈울주 천전리 서석의 해석문제〉, 《한국상고사학보》19(한국상고사학회, 1995)⑦ 강종훈, 〈울주 천전리 서석명문에 대한 일고찰〉, 《울산연구》1(울산대박물관, 1999)⑧ 주보돈, 〈울주 천전리 서석명문에 대한 검토〉, 《금석문과 신라사》(지식산업사, 2002)⑨ 이완우, 〈암각화 명문 서체 양식〉, 《울산 반구대 천전리 암각화》(㈔한국미술사연구소, 2010.12)⑩ 전호태, 〈울주 천전리 각석 암각화의 내용 및 의미〉, 《대곡천 암각화군》(국립문화재연구소, 2018.12)

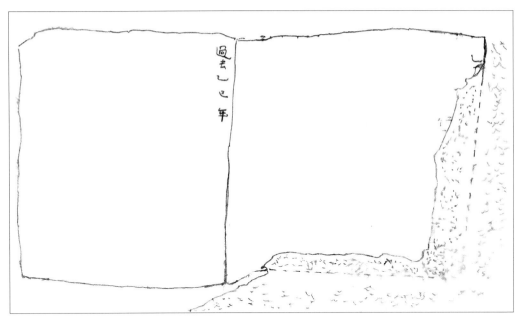

도25. 원명의 깨어진 상태 실측도, 점선은 원 원명 윤곽선

도26. 원명과 추명의 깨어진 상태

1) 주명문(主銘文)

주명문은 원명과 추명이 잇달아 새겨져 있다. 우선 원명의 내용과 해석부터 살펴보기로 하자.

〈원명〉

① 을사(乙巳) (년 유월 18일 새벽에)

② 사탁부(사부지갈문왕)이

③ 문암(文巖＝岩)을 찾아 유행와서 처음으로 골짜기에서 이를 보았다.

④ 고곡(古谷)은 이름이 없었으나 선석(善石)에 글자가 쓰인 것을 보고

⑤ 이후부터 이름을 서석곡(書石谷)이라 했는데, 이는 글자를 새긴 것(뜻)이다.

⑥ 함께 유행 온 벗은 여동생(우애깊은 여동생) 려덕광묘 어사

⑦ 추여랑왕이시다

⑧ 원(식)다오작공인은 이리부지나말(末)과

⑨ 실득사지 대사 제지이며, 음식 만든 사람[作食人]은

⑩ 미(영)지(범)지일길간의 처, 거지시혜부인과

⑪ 진육(宍)지 사간의 처, 아혜모홍부인이며

⑫ 작서인(作書人)은 모모이지대사제지이시다.

	1	2	3	4	5	6	7	8	9	10	11	12	13
1	乙	巳	(年	六	月	十	八	日	昧)				
2	沙	啄	部	(徙	夫	知	葛	文	王)				
3	文	岩	覓	遊	來	始	得	見	谷				
4	之	古	谷	无	名	谷	善	石	得	造	書		
5	乙	以	下	爲	名	書	石	谷	字	作	之		
6	幷	遊	友	妹	麗	德	光	妙	於	史			
7	鄒	女	郎	王	之								
8	原	多	熬	作	功	人	尒	利	夫	智	奈		
9	悉	得	斯	智	大	舍	帝	智	作	食	人		
10	昧	知(几)	智	壹	吉	干	支	妻	居	知	尸	奚	
11	眞	宍	智	沙	干	支	妻	阿	兮	牟	弘	夫	人
12	作	書	人	慕	慕(氵)	尒	智	大	舍	帝	智		

① 이 명문은 사부지 즉 입종(立宗)갈문왕의 유행을 기념하고자 새긴 마애 비문이다. 1행은 을사 밖에 없으나 1행과 2행은 돌 자체가 떨어져 나가 글자 1

행 7자와 2행 6자가 떨어져 파손된 것이 분명하다. 파손되고 남은 획들이 분명히 보이고 있고 깨어진 부분이 선명히 보이고 추명에 천전리 서석에 유행한 날짜와 간 사람이 그대로 인용되어 있기 때문에 더 거론할 필요조차 없다. 바로 "을사년 6월 18일 새벽 乙巳年六月十八日昧"를 넣어야 하는 것이다. 이 글자 7자와 2행의 6자는 원래 네모반듯한 사각형 구획안에 새겨져 있었으나 신라 이후 언젠가 바위 자체가 엷은 판으로 떨어져 나가면서 글자들이 없어진 것이다. 즉 법흥왕 12년, 525년 6월 18일 새벽에 사부지 갈문왕 일행이 천전리 암각화로 떠난 것이다.

② 2행은 사탁부까지만 있기 때문에 사탁부의 사부지갈문왕을 2행에 넣으면 1행의 9자와 3행의 9자와 완전히 맞아떨어진다. 따라서 "사부지갈문왕 徙夫知葛文王"을 넣어야 문장이 완성된다.[7]

③ 3행은 거의 모두 文王으로 판독하고 있지만 사부지갈문왕은 추명에서 그대로 인용되고 있기 때문에 2행 沙啄部葛까지만 적었다는 것은 도저히 있을 수 없으므로 3행의 文王의 王은 王자가 아니게 된다. 글자를 보면 王자가 아니라 위가 山자 비슷하고 밑에는 皿이나 口으로 판독할 수밖에 없기 때문에 우리 조사자들은 사람들이 巖의 약자 嵓으로 판독하는 것이 옳다고 보았다. 따라서 여기서는 文嵓으로 판독하여 사부지갈문왕은 글자바위인 바로 "문암"을 찾으러 천전리에 왔다고 하면 문제는 쉽게 해결되는 것이다.[8] 文巖을 보러 왔다는 838년 개성 3년의 유행기도 서석이 문암이라는 사실을 알려주는 좋은 예라 할 수 있다. 문암의 뜻은 원명과 추명이 새겨진 바위라 해서 붙인 이름이 아니라 원이나 마름모 같은 무늬를 글자인 문자로 보고 문암이라 한 것이 분명하기 때문이다.

---

7) 원명 1행과 2행은 명문을 새겼던 암면이 떨어져 나간 것이 암면의 결을 자세히 관찰하면 분명하게 알 수 있다. 사부지갈문왕이 비문을 새기기 가장 좋은 암면을 선택하여 일부러 말 같은 전각들까지 없애면서 반듯한 4각형 명문판을 만들었기 때문에 글자 2 또는 3자만 썼다는 것은 있을 수 없는 일인 것이다. 1차 조사 때부터 이 점은 누구도 이의가 없었음을 밝혀둔다. 기본적인 판각의 원리를 무시하고 사적인 견해를 마음대로 개진하는 것은 삼가야 할 것이다.

8) 획을 자세히 관찰하면 王자는 결코 아닌 것으로 판독된다. 당시 1차 조사 때 여러 학자들의 공통된 의견이었다.

④ 4행, 옛날부터 내려온 고곡(古谷)은 이름이 없었으나 글이 새겨진 훌륭한 성스러운 바위인 선석(善石)을 득 즉 찾아서 또는 얻어서로 되는 것이다. 이 행은 이두식 한문이어서 선석은 "글이 조성된 선석을 찾아서"라는 뜻이 된다.

⑤ 5행은 글이 새겨진 선석을 찾은(얻은) 그 이후로 그 이름을 글자가 새겨진[字作之] 서석곡이라 했다고 해석할 수 있다.

⑥ 友妹는 함께 온 벗인 여동생이라는 뜻도 되지만 우애있는(깊은) 여동생이라는 뜻도 되는데 바로 려덕광묘어사 추여랑왕이시다가 되어 추명의 과거 을사년의 추억이 모두 살려지게 된다.

따라서 이상의 판독과 해석이라면 사부지갈문왕과 여동생 어사 추여랑왕이 애써서 서석곡의 글자바위를 찾아왔다는 사실이 비로소 해명될 수 있다고 할 수 있다. 왕(王)을 주(主)로 읽기도 하지만 이때는 王자일 가능성이 더 많은 것 같다.

⑦ 갈문왕과 여동생 왕을 직접 도운 귀족 관리는 3인인데 의식 담당과 글 담당 그리고 행사를 담당했을 것이며, 작식인인 귀족부인은 두 사람이어서 모두 5인의 귀족들이 유행의 행사를 담당하고 있다. 작공인 앞의 세 자는 정확치 않은데 추명의 작공신(作功臣)과 동일한 기술직 관리들을 가리키고 있어서 의식, 글, 글씨 등을 담당한 관리들이라고 할 수 있다.

⑧ 이렇게 제 1차 신라왕실 서석탐사유행단은 왕족 2인과 귀족 5인 등 총 7인으로 구성되었다고 할 수 있다. 이 유행단을 사적인 관광성격의 유람만으로 생각하는 경우도 있지만, 갈문왕과 추명의 법흥왕비까지 있다면, 그리고 단순히 놀러간 것이 아니라면 사적관광이 아닌 국가적인 행차로 보는 것이 마땅하다.

〈추명〉

① 과거 을사년 6월 18일 새벽에 사탁

② 부 사부지갈문왕과 여동생 어사추여랑

③ 왕이 함께 유행한 이후 8년이 지나(533년) 여동생왕이 돌아가고

④ 여동생왕(妹王)이 과인이 된 뒤 정사년(537년)에 왕(갈문왕)도 돌아가니 왕비인 지몰시혜비가

⑤ 무척 그리워하다가 기미년(539년 법흥왕 26년) 7월 3일에 갈문왕과 여동생이 함께 본 서석을

⑥ 보러 (서석곡) 골짜기에 왔다. 이때 함께 온 3인(또는 왕)은 령(另) 즉지 대왕
의 비인

⑦ 부걸지비와 사부지왕의 아들(子郞)인 심맥부지이다. 이때 함께 온

⑧ 작공신은 탁부지부지사간지와 ○박육지

⑨ 거벌간지이며 예신(礼臣)은 정을이지나마이며 작식인은 진

⑩ 육(宍)지 파진간지의 아내인 아혜모호부인과 이부지거벌간지의 부인

⑪ 일리등차부인과 거례차○간지의 아내인 사효공부인으로 함께 나누어 지었다.

	1	2	3	4	5	6	7	8	9	10	11	12	13	14	15	16	17	18	19	20	21
1	過	去	乙	巳	年	六	月	十	八	日	昧	沙	啄								
2	部	徙	夫	知	葛	文	王	妹	於	史	鄒	女	郎								
3	王	共	遊	來	以	後	○	年	八		年	過	去	妹	王	考					
4	妹	王	過	人	丁	巳	年	王	過	去	其	王	妃	只	沒	尸	兮	妃			
5	愛	自	思	己	未	年	七	月	三	日	其	王	与	妹	共	見	書	石			
6	叱	見	來	谷	此	時	共	三	來	另	卽	知	太	王	妃	夫	乞				
7	支	妃	徙	夫	知	王	子	郎	深	麥	夫	知	共	來	此	時	○				
8	作	功	臣	啄	部	知	夫	知	沙	干	支	○	迫	六	知						
9	居	伐	干	支	礼	臣	丁	乙	尒	知	奈	麻	作	食	人	眞					
10	宍	知	珎	干	支	婦	阿	兮	牟	呼	夫	人	尒	夫	知	居	伐	干	支	婦	
11	一	利	等	次	夫	人	居	次	○	干	支	婦	沙	爻	功	夫	人	分	共	作	之

1) 사부지갈문왕과 그 여동생 어사추영랑왕이 고인이 되자, 갈문왕의 부인 지몰시혜비가 그의 어머니이자 법흥대왕의 부인과 그의 아들인 심맥부지 즉 1년 후에 왕이 될 진흥대왕 등 세 왕족이 함께 갈문왕과 그 여동생이 법흥왕 26년 539년 7월 3일에 서석을 찾아 유행한 것을 사모하고 기념하고자 다시 서석곡을 찾은 사실을 기록한 마애비문이다.

이처럼 마애비문은 세 사람의 왕족이 주인공인 것이다. 진흥대왕은 서석 즉 천전리 암각화를 유행한 신라 최초의 왕이 되는 셈이다.

2) 이 세 왕족의 유행을 직접 도운 귀족(작공인과 작식인)은 3인의 관리와 3인의 귀족부인 등 모두 6인이다. 관리 세 사람은 의식을 행하는 관리, 글을 쓰고 새긴 관리, 행사를 주관하는 관리들이며 세 사람의 귀족 부인은 작식인으로 단순한 식사담당이 아니라 덕흥리 고분 등 고구려 벽화고분의 예로 보면 의식에 필요한 의식용 차례를 담당한 것으로 이해되고 있다.

3) 따라서 왕족 3인과 귀족 6인 등 총 9인이 제 2차 신라왕실 서석(천전리 암각화) 유행단이 되는 셈이다.

이 유행단을 개인적인 사적 유행단으로 생각하기도 하지만, 작식인, 작서인 등이 있는 경우 공식적인 유행단이며 국가적인 의례행사로 보아야 마땅하다고 판단된다.

2) 연호명문(年號銘文)

연호가 있는 명문은 통일 이후의 명문들인데, 모두 4점 밖에 없다. 신라연호는 발견되지 않고 모두 중국연호이다.

① 상원2년 을해 정월 20일 가구 견지야 대아간(上元二年乙亥正月卄日加具見之也大阿干)

675년 1월 20일에 대아간인 가구 견지야가 유래했다는 것이어서 이 분도 사탁부인 인지 모르겠다.

② 상원4년 10월 24일 부미평댁저오(上元四年十月卄四日夫米坪宅猪塢)

문무왕 17년인 677년에 부미평댁 저오가 유래했다는 내용이다. 역시 "부미평댁"이라는 귀족 가문으로 생각된다.

③ 개원12년 갑자 4월 11일 탁부모리성림랑(開元十二年甲子四月十一日啄部毛利」聖林郎)

성덕왕 23년인 개원12년 724년에 탁부의 성림랑이 유행했다는 내용인데 탁부인지 부가 애매해서 잘 알 수 없다. 이 명문은 미니스커트식 상의(上衣)와 날씬한 바지를 입은 인물상의 성격을 알려주고 있어서 매우 중요하다. 신라 화랑의 유일한 초상화이어서 특히 주목되고 있다.

④ 개성3년 무오」3월1일 문암견○」○화유래지」(開成三年戊午三月一日文巖見○」○化遊來之」)

민애왕1년인 838년 3월 1일에 문암을 보러 ○○化가 유래했다는 내용으로 원명의 "文巖"과 동일하게 문암 즉 서석(書石)을 보러오게 되었다는 뜻인데 이 문암은 서석을 가리키고 이 문암은 사부지갈문왕이 공들여 이 서석곡을 찾아 유행오게 한 것으로 오늘날은 천전리 암각화인 것이다. 따라서 이 "文巖"은 원명이나 추명이 새겨져서 문암으로 이해한 것이 아니라 천전리 암각화 바위 암면 자체를 뜻하는 매우 중요한 의미를 가지고 있으며 원명의 3행이 文王이 아닌 文岩이라는 사실을 알려주고 있는 중요한 근거자료의 하나로 볼 수 있다.

천전리 암각화의 원·마름모·가지문 등의 문양들은 단순한 무늬가 아닌 청동기시대인 고조선의 문자라는 사실을 단적으로 알려주는 너무나 중요한 자료라 할 수 있다.

3) 간지(干支) 있는 명문

간지 있는 명문은 상당히 많지만 고신라명문은 5점이고 통일신라명문은 12점으로 모두 17점을 헤아릴 수 있다. 통일신라 간지명과 연호명을 합하면 모두 16점으로 상당히 많은 편이며 고신라와 합쳐 21점이 대체적인 년대를 아는 셈이다.

또한 이들 연호명이나 간지명을 보면 11월, 12월, 1월, 2월, 3월 등 추운 겨울에도 천전리 암각화로 찾아오는 것을 보면 단순히 놀러오거나 관광차 온 것이 아니라 참배의 목적으로 찾은 것으로 이해해야 할 것이다.

(1) 고신라간지명
① 계사년명(癸巳年銘: 513년 또는 453년)

26, 24부분에 걸쳐 널리 분포되어 있는 명문이다. 글씨체로 보아 주명문에 깔린 말 그림이나 새 그림들과 비슷한 시기에 새긴 것으로 판단된다.

계사6월22일」사탁일분」왕부나마」부서인소문」사랑여○작」추탄월석

래」이소지대형가」두독지대형가」궁순사」형잠랑처」

癸巳六月卄二日」沙喙壹奮」王夫奈」蕫衆大等」部書人小文」思郞女○

作」鄒呑越釋來」介小知大兄加」豆篤知大兄加」宮順師」兄岑郞妻」

이 명문은 가장 큰 글자로 예리하게 새기고 형식을 갖추지 않고 자유스럽게 새겨 이른 예의 명문으로 생각되고 있다. 아주 이르면 453년 눌지왕 37년도

될 수 있지만 513년(지증왕 14년)이 가능할 수 있을 것이다. 573년인 진흥왕 34년으로 보기도 하지만 고구려 관직인 대형가(大兄加)가 보이므로 고구려를 정벌하던 진흥왕일 가능성은 높지 않을 수 있기 때문이다. 고구려 관인이 사탁부 귀족들과 함께 유행해 왔다면 신라에 와있던 고구려 관리일 가능성이 농후할 것이다. 고구려 관리가 왜 서석(천전리 암각화)을 굳이 찾아왔을까. 역사적으로 흥미진진한 사실이 아닐 수 없다.

② 갑인년명(甲寅年銘)

계사년명 바로 위에 새긴 명문이다. "갑인대왕사중」안장허작」(甲寅大王寺中」安藏許作」)"이라는 간단한 명문인데 안장은 550년(진흥대왕 11년)에 대서성(大書省)이 된 안장과 동일인물로 생각된다. 여기서 보면 대서성이 되기 전으로 볼 수 있어서 534년일 가능성이 높다. 다만 대왕 흥륜사가 544년에 낙성되고 大王興輪寺로 명명한 예로 보아 그 이후가 될 가능성이 있지만 594년이 되므로 안장이 그 때까지 살아있을 가능성이 없기 때문에, 534년일 가능성이 높은 것이다. 흥륜사의 창건은 불교 공인 이전부터였으므로 544년 이전에는 대왕사로 부르고 있었다고 생각되기 때문에 안장이 일찍부터 대왕사의 승려였다면 534년에 서석을 순례하러 왔을 가능성이 높기 때문이다.

③ 계해년명(癸亥年銘=543년)

암면 하단 맨 왼쪽에 비스듬히 4줄로 새긴 명문이다. 이름 뒤에 존칭어인 제지가 없는 대신 부인의 婦가 있어서 추명과 비슷한 시기로 보고 있다.

"계해년 2월 8일」사탁부능지소사」부비덕도유」행시서」(癸亥年二月八日」沙啄部凌智小舍」婦非德刀遊」行時書」)"

"계해년 543년(진흥대왕 4년) 2월 8일에 사탁부의 능지소사의 부인 비덕도가 유행왔을 때 쓰다"라는 내용으로 사탁부의 능지라는 소사의 부인이 쓴 글로 부녀자들도 유행을 다니고 있는 사실을 잘 알 수 있다.

④ 을축년명(乙丑年銘, 545년)

주명문 왼쪽 위에 얕게 새겨진 명문이다.

　　"을축년9월중사탁부우서부지」 파진간지처부인아도랑여」 곡견래시전
　　립인한여례」 여래」 을탁거ㅇ실공부」 리ㅇㅇㅇ분차소ㅇ」 삼일ㅇㅇ걸ㅇ심
　　맥부지재」 왕ㅇ초유부지세ㅇ」 일춘부지세ㅇ일배삼백」 구장부대위소왕삼
　　인공래」 소노」

　　(乙丑年九月中沙啄部于西」 夫智波珎干支妻夫人阿刀郞女」 谷見來
　　時前立人閑女礼」 乙啄居ㅇ悉工赴」 里ㅇㅇㅇ奔次逍ㅇ」 三壹ㅇㅇ杬ㅇ心
　　麥夫智在」 王ㅇ秒有夫智世ㅇ」 一春夫之世ㅇ一輩三柏ㅇ」 仇丈夫大爲
　　小王三人共來」 小老」)

　　"을축년 545년(진흥왕 6) 9월에 사탁부의 우서부지 파진찬의 처인 아도랑과
딸이 서석곡에 유래하러 왔을 때 앞에는 한여래 등이 서고, 진흥대왕이 왕으로
있을 때 3인이 함께 왔다"로 해석되고 있다. 역시 사탁부의 귀족들이 함께 유
행한 사실을 알려주고 있다.

⑤ 을묘년명(乙卯年銘, 600년)

계사년명 위 갑인년명 왼쪽에 바위가 깨진 부분에 4줄로 작게 새겨져 있다.

　　을묘년8월4일성법흥대왕절」 도인비구승안급이사미」 승수내지거지벌
　　촌중사」 ㅇ인등견기」

　　(乙卯年八月四日聖法興大王節」 道人比丘僧安及以沙彌」 僧首乃至居
　　智伐村衆士」 ㅇ人等見記」)

　　"을묘년인 600년 8월 4일 성법흥대왕기념절에 도인비구 승안과 사미 승수
내지 거지벌촌 선비(여인) 등이 보고 기록한다"는 뜻이다. 여기서 보다시피 성
법흥대왕절은 "성스러운 법흥대왕 때"가 아닌 돌아가서 시호를 받은 대왕이므
로 아육왕 같은 전륜성왕인 법흥대왕을 기리는 기념일이 적합한 것이다. 여기

서 보면 법흥대왕은 전륜성왕으로 최대로 존칭되었고 성군 법흥대왕을 기리는 기념일도 있었던 사실을 알 수 있는 것이다. 그 기념일은 바로 8월 4일임을 알려주고 있다. 불교 종단에서 8월 4일을 불교성일로 지정할 필요가 있지 않을까.

거지벌촌은 언양으로 비정되기 때문에 8월 4일 성법흥대왕절을 맞아 언양의 유명한 사찰의 승안비구와 신도들이 서석을 보러 유행한 사실을 알 수 있다. 법흥대왕이 돌아간 후이기 때문에 돌아간 540년이나 600년일 가능성이 있는데 아무래도 후자일 가능성이 더 높지 않을까.

(2) 신라통일기 간지명문

신라 통일기의 간지는 12점 정도를 헤아릴 수 있다.

　① 정유명: 丁酉年二月」十一日明奈」何」
　② 병신명: 丙申載五月七日」慕郎行賜」道谷兄造作」
　③ 신해명: 辛亥年九月」主陪朗者成三人」
　④ 을묘명: 乙卯年甲子四月十一日喙鳥毛」…
　⑤ 계해명: 癸亥年二月二日」亥年四月四日」
　⑥ 임오명: 壬午年六月十日▨自…(아래 결락)」
　⑦ 을미명: 乙未年九月五日道安兮」春談道權伊就等隨」
　⑧ 술년명: 戌年六月二日」永郎成業」(686년)
　⑨ 병술명: 丙戌載六月卄六日官郎」(746년)
　⑩ 신해명: 辛亥年九月中芮雄妻幷行」(771년)
　⑪ 을사명: 乙巳年」阿郎徒夫知行」
　⑫ ▨▨명: ▨▨年」六月四日」成義郎妻氏曰▨▨」

이들 간지명에 나오는 인명 가운데 화랑이 모두 6명이나 된다. 이 가운데 가장 중요한 명문은 술년(戌年)명의 화랑이다. ⑧ "술년 6월 2일 영랑성업(永郎成業)"명인데 영랑은 신라 화랑 가운데 가장 저명한 화랑의 한 사람으로 손꼽히고 있다. 효소왕 때 승려 안상이 낭도로 따랐던 화랑 영랑 또는 준영랑과 동일인이므로[9], 686년 신문왕 6년이 가장 적합할 것 같다. 특히 영랑은 동해에 유적을 많이 남기고 있는데 속초 영랑호는 화랑 영랑이 유행했던 호수로 유명한 곳이다. 여기에는 6명의 화랑이 보이고 있다.

4) 화랑명문

전 암면 하단에 걸쳐 화랑 이름이 골고루 새겨져 있는 사실을 보면 이 서석(천전리 암각화)은 화랑들의 수련처 즉 유행처로 저명했음을 알 수 있다. 화랑은 모두 18명이나 되는데 간지명에도 6명이 더 있으므로 총 24명이나 되고 있다.

① 金仔郎 夫帥郎」(2명)	⑫ 官郎」(중복)
② 山郎」	⑬ 大郎」
③ 法民郎」露玄」	⑭ 貞光郎」
④ 聖林郎」	⑮ 行水」阿號花郎」
⑤ 法惠郎」惠訓」	⑯ 金郎屛行碧▨」
⑥ 柒陵郎隨良來」	⑰ 暮郎徒于此」貞兮奉行」
⑦ 惠訓」文兪郎」	⑱ 成年(義)郎 宮順王▨▨光峯部典」
⑧ 欽純」(春)	⑲ 想(相)郎
⑨ 建通法師」▨峯兄林元郎」一曰夫智書」 ⑳ 文王郎	
⑩ 渚峯郎」渚郎」(2명)	㉑ 大玄徒人
⑪ 沖陽郎」	

이 가운데 법민랑(法民郎)이 단연 가장 중요시된다. 법민랑은 잘 알려져 있다시피 문무왕(文武王, 661-680)의 태자시절 이름이므로 태종무열왕 시절(654-660)에 이 서석(書石)인 천전리 암각화에 유행했던 것이 분명하다. 혼자 유행한 것이 아니므로 30부분의 행렬도(2)와 연관성이 있을 가능성도 배체할 수 없을 것이다. 행렬도(2)의 경로가 산길인 것을 보면, 화랑의 무리나 관리들을 데리고 산길인 경주-반구대-울산의 고로(古路)로 왕래했을 가능성이 있기 때문이다.

---

9) 《삼국유사》卷3 〈탑상〉第4 백율사조

문왕랑(文王郎)은 무열왕의 3남인 김문왕(金文王)으로 생각되므로 형 법민랑(문무왕)과 함께 동행했거나 잇따라 왔을 가능성이 높다. 태종무열왕의 왕자들이 서석(천전리 암각화)에 유행 온 것은 당시 왕실에서 서석의 중요성을 잘 인지하고 있었던 것으로 생각된다.

문첨랑과 나란히 새겨진 혜훈(惠訓)은 선덕여왕때 제 3대 국통(國統)을 지낸 그 혜훈스님이 분명할 것 같다[10].

흠순은 흠춘으로도 판독되는데 김유신의 동생일 가능성이 높다. 상랑은 이차돈의 묘를 817년(헌덕왕 9년)에 수축할 때 참여한 김상랑과 동일인물로 보기도 하지만 좀 더 숙고할 필요가 있다. 대현도인이 화랑의 무리라면 화랑도 1명이 추가될 것이다.

여기에 기록한 2명의 화랑과 간지명에 보이는 6명을 합하면 모두 26명의 화랑을 알 수 있다. 중요명문의 호세까지 더하면 27명이나 되는데, 관랑이 겹치므로 천전리 암각화에 새겨진 화랑은 총 26명이나 된다. 우리는 화랑의 수가 얼마나 되는지 잘 알 수 없지만 이 서석에서만 26명의 화랑을 알 수 있게 된 것이다. 아마도 대부분의 화랑이 서석(천전리 암각화)에 유행해서 김씨 왕실의 제단에 의식을 행하면서 수련에도 전념하지 않았을까.

5) 중요명문

위에 속하지 않으면서 역사적으로 중요한 명문들이 곳곳에 새겨져 있다.

① 大德公隨下也」人思夫智善作▨」　　⑧ 春夫知世卄」

② ▨▨王七年僧徒▨▨」　　⑨ 宮順王▨▨光峯部典」

③ 水品罡世」好世」僧柱(枉)」　　⑩ 慕谷僧徒于另▨▨」

④ 竹歡曺」有百文人」　　⑪ 六叶夫智」▨作文之」

⑤ 豆世夫知夫人」　　⑫ ▨大爲王▨二癸仙未」

⑥ 貞兮奉行」　　⑬ 馬谷孝信太子

⑦ 道信」　　⑭ 朴号法師

---

10) 《삼국유사》卷3 〈탑상〉第4 황룡사장륙조 참조

이 가운데 ③ 水品罡世·好世·僧柱(枉)는 주명문 바로 위에 굵고 뚜렷하게 새겨 자기들의 위치를 강조하고 있는 것 같다.

수품은 진평왕 때 최고귀족이고 호세는 《삼국유사》 이혜동진에 언급된 혜숙스님이 따랐던 화랑 호세랑으로 보여서 이들은 진평왕대에 서석에 유행했던 것이 분명한 것 같다. 또한 효신태자(孝信太子)도 중요시된다.

6) 불교계

불교계 승속도반들이 개인별 또는 사찰별로 이 암각화에 유행하고 있다.

앞에서 언급한 안장과 허작 혜훈, 거지벌촌의 사찰에서 성법흥대왕절을 기념해서 다녀간 비구 승안, 사미 승수 신도 10여인, 이외에 승주, 도신, 승도, 박호법사, 건통법사 등 승려로 생각되는 인물들도 서석에 유행했던 것으로 중요시해야 할 것이다.

7) 이외에 流水, 母, 道, 大, 孝, 郎, 竹 등 한 글자 또는 두 글자 등의 글자들이 꽤 많이 보이고 있다.

Ⅲ. 문암(文岩=書石=신라 암각화)의 성격

천전리 암각화는 사부지갈문왕의 유행 이전에는 문암(文岩)이라 했고, 사부지갈문왕이 이를 찾아내어 서석(書石)이라 이름했는데, 필자가 발견하여 천전리 암벽조각 또는 천전리 암각화(국보명칭, 각석)로 명명하고 있다.

문암이든 서석이든 천전리 암각화이든 이 바위는 글자 또는 글씨 바위인 것은 변함이 없다. 청동기시대에 문자가 발명되자 그 문자는 너무나 귀중했기 때문에 성스러운 글자로 이해되었고, 그 글자가 있는 곳은 성소(聖所)로 인식했다. 또한 이 문자가 있는 성소는 원래 청동기시대 제의식을 지낸 제단으로 사용된 성소로 인식되었던 것이다. 따라서 이로 말미암아 우리의 역사시대가 활짝 열렸기 때문이다. 바로 우리 역사시대가 활짝 열렸던 고조선 시대의 성스러운 성소였다고 할 수 있다.

이 글자바위 성소는 사락부 김씨 왕실의 제의장소 즉 제단으로 신라시대까지는 성스럽게 인식되었던 것으로 생각된다. 신라 김씨 왕실의 부인 사탁부의 성소로 삼아 사탁부의 남녀노소, 지위 고하를 막론하고 삼삼오오 이곳을 찾아 격식 있는 제의를 지내기도 했지만, 개인적인 참배나 화랑들의 수행차로도 천전리 암각화를 찾았다고 하겠다. 신라 이후 이 유행은 단절되어 1970년까지 1000년의 세월동안 잊혀진 상태였다. 만 50년 전인 1970년 12월 24일 필자가 발견하여 우리 역사의 서장으로 다시 새롭게 빛을 보고 있는 셈이다. 역사는 신묘하다는 말이 절로 나온다.

제6장

천전리 암각화의 의의

지금까지 천전리 암각화를 여러 측면에서 논의하면서 다음과 같은 결론을 얻게 되었다.

첫째, 천전리 암각화의 발견은 시작은 작았지만 결과는 홍대하게 된 역사적 발견으로 역사적 의의가 크고도 심대하다.

둘째, 천전리 청동기시대 암각화는 동물상의 초기 청동기 암각화가 암면의 상단 왼쪽에 치우쳐 있고, 청동기 중·후기 기하학 무늬는 거의 전면에 걸쳐 새겨져 있으며, 하단 전면에 걸쳐 신라시대 선각화와 명문이 분포되어 있고 한 암면에 파노라마처럼 청동기와 고신라 암각화들이 펼쳐져 있어, 수천 년의 예술과 역사가 살아 숨쉬고 있다.

셋째, 청동기시대 암각화는 초기의 동물상과 중·후기의 기하학적 무늬가 기법과 양식을 달리하면서 대조적으로 새겨져 있어서 우리나라 전 청동기의 예술을 한 눈에 판별할 수 있다.

넷째, 이 천전리 암각화는 한국 청동기 암각화를 대표하는 가장 중요한 암각화이자 문자적 성격을 가진 청동기문화의 정점을 이루는 걸작이라 할 수 있다. 이 천전리 암각화의 무늬는 우리나라 고대 문자의 실물을 알 수 있는 중차대한 암각화라 할 수 있다. 따라서 우리나라도 고대 문자를 가진 몇 안 되는 세계적 국가에 편입할 수 있게 된 것이다.[11]

다섯째 천전리 청동기 암각화 문화는 고조선과 겹치는 고조선 시대의 중요한 유적으로 평가된다고 할 수 있다. 따라서 이 암각화는 고조선의 역사가 신화가 아닌 역사시대로 편입할 수 있는 계기를 마련해주고 있는 귀중하기 짝이 없는 유적이라 할 수 있다.

여섯째, 신라시대 선각화는 신라를 대표하는 신라 최고의 미술작품이자 역사적 기념화로 평가될 수 있다.

일곱째, 신라 명문은 신라의 역사를 생생하게 전해주는 살아있는 신라역사로 평가된다고 할 수 있다.

여덟째, 청동기시대인들의 제의식을 행하던 제단이자 고신라시대부터 신라

---

11) 고조선의 문자는 다른데서 찾지 말고 이 천전리 암각화에서 찾아야 할 것이다. 신용하, 〈고조선 문명의 해독되지 않는 문자〉, 《고조선 문명의 사회사》(지식산업사, 2018.8).

말까지 김씨 왕조의 제단이자 화랑들의 제의식 및 수련 장소인, 이른바 성소였다고 하겠다.

아홉째, 따라서 천전리 암각화는 선사 시대와 역사 시대를 넘나드는 한국사 최고의 암각화이자 한국 고대 문화의 표상이면서 청동기시대부터 신라시대까지의 한국의 역사서라 할 수 있는 것이다.

열째, 신라시대 선각화와 명문이 새겨진 암각화의 하단부는 모래 같은 것이 쌓여 청동기 암각화를 새기지 못한 것이 아니라, 하단부를 의식적으로 조각하지 않고 제단 설치용으로 활용했기 때문이라 할 수 있다. 천변의 거대한 그리고 비스듬한 암반의 지형상 모래 등이 쌓이는 것은 불가능하다는 전문가들의 의견은 물론 상식적으로도 불가능하기 때문이다.

도1. 행렬도 왕의 모습, 실측도

제7장

반구대 암각화를
어떻게 보존할까?

반구대 암각화 가운데 보존 문제가 가장 시급한 암각화는 대곡리 암각화이다. 물에 잠긴 문제가 아직 미해결이고 이 문제가 해결되었다해도 물에 잠긴 기간이 60여 년이라는 장기간이므로 그동안의 누적된 암석의 피로감 때문에 이의 보존 문제가 심각한 난제가 아닐 수 없다.

천전리 암각화도 보존이 만만치 않다는 것은 현 상태에서도 쉽사리 관찰되는 문제이다. 이런 문제점과 해결 방안을 독자들이 이해하기 쉽게 보존 방향만을 간략히 제시하고자 한다. 관계 당국에게도 도움이 되었으면 한다.

Ⅰ. 대곡리 암각화의 보존

대곡리 암각화의 보존은 몇 가지 단계로 나누어 해결해야 할 것이다.

1. 1단계, 수위 조절 - 사연댐 철거

첫째 단계는 수위 조절이 가장 시급하다는 것은 누구나 절감하고 있다. 수로 변경, 제방 건설 등 여러 방안이 있지만, 대곡리 암각화의 보존에는 전혀 도움이 되지 않는 비현실적 방안들이라는 것은 이미 입증된 상태이다. 가장 손 쉽고도 반드시 해야 할 보존 방안은 수위를 조절하는 방안이다. 8-10m 정도 수위를 낮추면 되는 손쉬운 방안이지만 울산 시민에게 청정한 식수를 공급해야 한다는 논리 때문에 빈번히 좌절되었다. 그러나 대곡댐 건설로 사연댐의 역할이 줄어들었기 때문에 사연댐의 수위를 8-10m 낮춘다 해도 식수 공급에는 아무런 지장이 없다는 것이 증명되고 있지 않은가.

우선 8-10m 수위를 낮추고 이후 여건이 해결되면 사연댐은 아예 철거해야 할 것이다.

2. 2단계, 빈 공격 충진

대곡리 암각화가 물에 잠기지 않게 되면 암각화의 암면에 기본적 보존 처리부터 해야 할 것이다.

첫째, 암각화 암면 최 하단부의 빈 공간을 메꾸어야 한다. 같은 종류의 돌[셰일]을 다른 곳에서 채취하여 구멍이 난 공격 보위에 알맞게 채워 전체 암각화 암면이 내려앉지 않도록 고일 필요가 시급하다. 50년 전 첫 발견 때만 하더라도 거의 빈 공격이 없었는데 현재는 모두 암각화 밑 부분이 탈락되고 없다. 이런 상태가 계속 지속되면 암각화 암면들에 심각한 피해를 줄 수 있기 때문이다. 또한 암각화 II부분 하단부에 큰 구멍(공격)도 같은 돌로 메꿔야 할 필요도 있으며 I부분 왼쪽 공간도 같은 방법으로 메꿔야 될 것이다. 또한 암면 중간 중간의 갈라진 틈 즉 균열 부분 가운데 심각한 곳도 같은 방법으로 일단 메꿀 필요가 있을 것이다. 이것은 전문가들의 종합적 조사로 이루어져야 한다.

도1. 대곡리 암각화 원경(출처 문화재청)

3. 3단계, 균열·탈락 부위 안정

2단계와 함께 암각화 암면 가운데 갈라진 균열 부위나 떨어져 나가고 있는 탈락 부분을 안정시킬 약품과 접착제를 개발하고 정밀하게 실험하는 공정이 필요하다. 이것은 완급에 따라 달라져야 하지만, 50년 내지 100년 동안 장기간 실험 단계를 거칠 필요가 있을 것이다. 1971년 발견 당시와 50년이 지난 2021년 현재의 상태를 비교해보면 50년 또는 그 이상의 장기간에 걸친 이 셰일 암석에 가장 적합한 약품과 접착제를 개발하고 이를 다른 비슷한 이웃 암면에서 실험하는 장기 계획을 세워 실행할 필요가 있는 것이다.

4. 4단계, 균열·탈락 부위 접착

장기 실험으로 안전하다고 평가된 약품을 써서 표면을 세척하고 안전한 접착제로 탈락 부분과 균열 부위를 접착해야 한다. 셰일 암석 가루를 친환경적 접착제로 버무려 균열 부위를 접착하는 방안 등이 고려될 수 있을 것이다.

5. 5단계, 친환경적 보존

이와 함께 대곡리 암각화 암면과 주변을 과학적으로 정비하여 암각화가 안전하게 보존될 수 있는 환경을 만들어 주어야 한다. 기후, 식생, 세균, 풍화, 인공물 설치 등을 최적의 친환경 상태로 만들어 주는 방안이 끊임없이 모색될 필요성이 있다.

Ⅱ. 천전리 암각화의 보존

천전리 암각화는 물에 잠기지 않아 대곡리 암각화처럼 심각한 상황은 아니지만 수 억 년의 충해나 풍화작용 등 자연재해와 암각화 조성 과정에서 발생한 암면 조타, 또는 그 후 수 천 년 동안의 인위적 피해 등으로 암면 탈락이 심한 편이어서 이 역시 보존 문제가 심각하다고 판단된다.

1. 1단계, 수목 제거

천전리 암각화는 주위 환경의 정비가 가장 시급한 보존과제이다. 우선 암각화 뒷면 주위의 나무들을 모두 제거하고 작은 뿌리가 길지 않은 관목이나 꽃들을 심는 조경 작업이 급선무라 생각된다. 나무 뿌리가 암각화 암면을 파고 들어 파괴할 뿐 아니라 과도한 수분을 공급하여 암면을 훼손할 수 있기 때문이다.

2. 2단계, 물길 내기

암각화 뒷면에 물길 홈을 두세 겹으로 돌려 폭우에 대비하고 아울러 과도한 물이 암면에 공급되지 않도록 차단해야 한다.

3. 3단계, 개방형 지붕 설치

폭우나 빗물이 직접 암면에 닿지 않고 폭풍우에도 견딜 수 있는 지붕 가구를 설치해야 한다. 이른바 풍우에 암각화 암면을 보호할 수 있는 지붕 가구를 설치하는 것이 필수적이라 할 수 있다. 풍우를 방지할 수 있는 견고한 지붕을 설치함으로써 암각화 암면의 수명을 상당히 연장시킬 수 있기 때문이다. 다만, 지붕만 설치하고 벽면은 개방형으로 해야 하며 광선이 적절히 비칠 수 있도록 암면 높이 3m의 배인 6m 높이 이상의 지붕이 되도록 배려하는 것도 중요하다. 또한 오른쪽에 있는 작은 바위의 암각화에도 지붕 설치가 필요하다.

4. 4단계, 암각화 암면의 보존 처리

대곡리 암각화에서 실험한 약품과 접착제를 사용하여 대곡리 암각화와 함께 균열 부위와 탈락 부위에 적절히 보존처리를 해야 한다.

5. 5단계, 암면의 과학적 보존

암각화 암면에 끼는 이끼 같은 식물, 작은 세균, 기후에 따른 풍화 등 자연 재해의 예방을 위하여 친환경 처리를 순차적으로 시행할 필요가 있다. 이런 여러 보존 과정을 철저히 시행함으로써 천전리 암각화의 수명을 최대한 연장해야 할 것이다. 앞으로 암면의 과학적 보존처리기술이 기하급수적으로 발전한다면 수 십 만년의 세월에도 견디어 우리의 먼 후손들에게까지 이 암각화가 전해질 수 있도록 철저히 대비해야 할 필요가 있다고 판단된다.

도2. 천전리 암각화 전경(출처 문화재청)

색인